中小学教师专业发展新论

ZHONGXIAOXUE JIAOSHI ZHUANYE FAZHAN XINLUN

杨寿固 著

·广州·

版权所有　翻印必究

图书在版编目（CIP）数据

中小学教师专业发展新论/杨寿固著．—广州：中山大学出版社，2021.8
ISBN 978-7-306-07184-2

Ⅰ．①中… Ⅱ．①杨… Ⅲ．①中小学—师资培养—研究 Ⅳ．①G635.12

中国版本图书馆 CIP 数据核字（2021）第 065920 号

出 版 人：	王天琪
策划编辑：	张　蕊
责任编辑：	张　蕊
封面设计：	林绵华
责任校对：	陈　莹
责任技编：	何雅涛
出版发行：	中山大学出版社
电　　话：	编辑部 020-84111997，84113349，84110283，84110779，84110776
	发行部 020-84111998，84111981，84111160
地　　址：	广州市新港西路 135 号
邮　　编：	510275　　　传　真：020-84036565
网　　址：	http://www.zsup.com.cn　　E-mail：zdcbs@mail.sysu.edu.cn
印 刷 者：	广东虎彩云印刷有限公司
规　　格：	787mm×1092mm　1/16　15 印张　318 千字
版次印次：	2021 年 8 月第 1 版　2022 年 4 月第 2 次印刷
定　　价：	48.00 元

如发现本书因印装质量影响阅读，请与出版社发行部联系调换

成就更好的自我（序）

习近平总书记指出，教师重要，就在于教师的工作是塑造灵魂、塑造生命、塑造人的工作。一个人遇到好老师是人生的幸运，一个学校拥有好老师是学校的光荣，一个民族源源不断地涌现出一批又一批好老师则是民族的希望。国家繁荣、民族振兴、教育发展，需要我们大力培养一支师德高尚、业务精湛、结构合理、活力满满的高素质专业化教师队伍。

杨寿固先生的著述《中小学教师专业发展新论》理论联系和实际，对中小学教师专业发展进行了概述，并对中小学教师专业发展的意义、路径等方面进行了深入的阐述。在概述部分，作者对教师的内涵、角色定位、知识结构、职业理想等进行了阐述，提出了教师要扮演"五种角色"的见解；并从课程改革推进、教育生态建设、学校内涵发展、教师自身幸福等方面深入分析了教师专业发展的必要性和重要性。为了实现教师的专业提升，作者从行动研究、叙事研究、教学反思、课堂观察、校本研修、专业阅读、区域教研、信息技术等途径解锁教师专业发展密码，每一个途径，作者都在深入剖析的基础上，通过解读真实案例，阐述如何更好地促进教师的专业发展。这种理论与实践相融合的论述增添了著述的可读性，使读者有身临其境的感觉，也使读者回顾、反思自身实践，并在这种反思中实现专业的进阶。

本书行文思路清晰，结构合理，论证深入，文字流畅，实例具有代表性，这些均反映出著述者有较厚实的教育教学理论基础、丰富的教学研究经验和突出的教学研究成果。

教师专业发展是在立德树人的实践过程中实现的，并伴随学生的成长而成就起来。没有学生的成长，就难言教师的专业发展。要促进学生成长，教师需具有良好的教育理想和信念，怀有对教育事业的热爱之心，具有驾驭学校教育工作的知识和能力，具有迎接教育教学挑战的勇气和决心。换言之，是否具有良好的教育理想、教育信念、教育情感、教育意志等是影响教师能否更好地成就学生的重要因素。

教育理想的影响主要表现为"是否想"，例如，是否想把教育工作干好，是否想追求卓越，是否想担当更大的发展责任。一个教师只有怀有不甘平庸、不断超越自我的理想，才会有促进学生成长的行动。

教育信念的影响主要表现为"是否信"，例如，是否相信教育能促进人的成长，是否相信教师能促进学生的发展。一个教师只有深信教育具有促进人成长的功能、深信自己能促进学生发展，才会有促进学生成长的行动意愿。

教育情感的影响主要表现为"是否爱"，例如，是否热爱教育，是否热爱学生,是否热爱自己的工作。一个教师只有对自身工作和教育对象倾注了热爱,才会有促进学生成长的行动力量,才会积极、主动、富有创造性地教书育人。

教育知能的影响主要表现为"是否能",例如,是否能把教育信息技术与课堂教学深度融合,是否能把课程讲授好,是否能把学生引导好,是否能与家长沟通好,是否能对教育现象诊断好,是否能与同事合作好。一个教师只有具备了教书育人以及与他人合作共事的知识和能力,才会有促进学生成长的行动保障。

教育意志的影响主要表现为"是否会",例如,遇上教学挑战时是否会坚持深入思考,遇到学生叛逆时是否会创新教学方法与持续引导。一个教师只有在困难和挑战面前会坚守,才能促进基础各异的学生的成长。

当教师具备了"想、信、爱、能、会"的特质和行为,就有可能促进基础各异的学生的有效成长。

教师专业发展这"五位一体"的要素要求已融进《中小学教师专业发展新论》著述中,体现在"建立职业理想、明确角色定位、丰富职业情感、优化知识结构"的具体分述里。

教师专业发展,正如作者所言,是指教师个体作为专业人员为适应职业要求,主动参与实践的淬炼,通过蜕变与提升的过程来获得专业精神、专业能力,以达专业期望。

这个蜕变与提升的过程是对昨天自我的肯定、对今天自我的革新、对明天自我的实现。唯有这样,才能不断成就更好的自我。

林天伦
华南师范大学公共管理学院教授、博士生导师
2021 年 4 月 11 日于广州南沙

目 录

第一章 教师专业发展概述

第一节 教师专业发展的内涵 ………………………………………………… 2
第二节 教师角色的定位 ……………………………………………………… 3
 一、教师是"发展中"的人 ………………………………………………… 4
 二、教师是终身的学习者 …………………………………………………… 4
 三、教师是教育教学的研究者 ……………………………………………… 5
 四、教师是行为规范的示范者 ……………………………………………… 5
 五、教师是学生幸福的奠基者 ……………………………………………… 6
第三节 教师专业知识的结构 ………………………………………………… 7
 一、教师专业知识的分类 …………………………………………………… 7
 二、教师合理的知识结构 …………………………………………………… 9
第四节 教师职业理想建立的意义 …………………………………………… 11
 一、教师职业理想构成要素 ………………………………………………… 11
 二、建立教师职业理想的策略 ……………………………………………… 12
 三、建立职业理想对教师专业发展的影响 ………………………………… 14

第二章 教师专业发展意义

第一节 教师专业发展促进基础教育课程改革 ……………………………… 16
 一、教师专业发展是课程改革的需要 ……………………………………… 16
 二、教师专业发展是课程改革的必然要求 ………………………………… 18
第二节 教师专业发展促进教育生态建设 …………………………………… 24
 一、教师专业发展促进教育良好生态重建 ………………………………… 24
 二、教师专业发展推动教育法治化进程 …………………………………… 25
第三节 教师专业发展促进学校内涵发展 …………………………………… 26
 一、教师是学校内涵发展的主导力量 ……………………………………… 26
 二、教师是学生发展的坚强保障 …………………………………………… 27
 三、教师是学校行政管理的重要参与者 …………………………………… 27
第四节 教师专业发展成就教师幸福人生 …………………………………… 28
 一、素质教育：呼唤教师职业幸福 ………………………………………… 28

二、专业发展：创造教师职业幸福 ·· 29

第三章　教师专业发展的行动研究

第一节　行动研究缘起与含义 ··· 34
　　一、行动研究的缘起 ··· 34
　　二、行动研究的含义 ··· 35
第二节　教育行动研究类型与特征 ·· 36
　　一、教育行动研究类型 ·· 36
　　二、教育行动研究特征 ·· 37
第三节　教育行动研究的基本步骤及操作流程 ································· 41
　　一、发现问题 ·· 42
　　二、确定课题 ·· 43
　　三、制定研究方案 ·· 44
　　四、实施行动 ·· 45
　　五、总结与反思 ··· 45
第四节　教师如何利用教育行动研究促进专业发展 ··························· 46
　　一、在行动研究中树立先进的教学理念 ····································· 47
　　二、在行动研究中优化学科教学知识 ·· 47
　　三、在行动研究中提升自我效能感 ··· 48
　　四、在行动研究中培养教育教学实践能力 ·································· 48

第四章　教师专业发展的叙事研究

第一节　教育叙事研究的内涵与特征 ··· 54
　　一、教育叙事研究内涵 ·· 54
　　二、教育叙事研究特征 ·· 55
第二节　教育叙事的基本要素及结构 ··· 57
　　一、教育叙事基本要素 ·· 58
　　二、教育叙事结构 ·· 59
第三节　教育叙事与其他教育文体的区别 ······································· 61
　　一、教育叙事与教学案例的区别 ·· 62
　　二、教育叙事与教学论文的区别 ·· 62
　　三、教育叙事与教案、教学设计的区别 ····································· 62
　　四、教育叙事与教学实录的区别 ·· 63

第四节	教育叙事的技巧	63
	一、教育叙事叙"何事"	63
	二、教育叙事"如何"叙	64
	三、教育叙事中的"我"是谁	64
	四、教育叙事的表达方式	65
	五、教育叙事的细节描写	66
第五节	教育叙事研究促进教师专业化成长	66
	一、促进教师教研意识觉醒	66
	二、培养教师的问题意识	67
	三、塑造教师的职业品格	68
	四、丰盈教师的生命意识	68

第五章 教师专业发展的反思性教学

第一节	反思性教学的内涵与特征	72
	一、反思性教学的内涵	72
	二、反思性教学的特征	73
第二节	反思性教学的类型	75
	一、麦伦和范梅南的"层次划分说"	75
	二、格里菲斯和唐的分类	76
	三、按反思的时间分类	76
第三节	反思性教学模型及实施策略	80
	一、国内外有影响的反思性教学模型	80
	二、反思性教学的实施策略	83
	三、反思性教学的基本方法	84
第四节	反思性教学对教师实现专业发展的作用	89
	一、有利于培育教师专业情意	90
	二、有利于提高教师理论素养	90
	三、有利于培养教师科研能力	91
	四、有利于淬炼教师实践智慧	91

第六章 教师专业发展的课堂观察

第一节	国内课堂观察研究发展嬗变	100
第二节	课堂观察特征、流程及框架	102
	一、课堂观察特征	102

二、课堂观察流程 103
　　三、课堂观察框架 106
第三节　课堂观察的技巧 108
　　一、观察视角确定策略 108
　　二、观察点选择路径 109
　　三、观察工具开发与选用办法 110
第四节　划记法与描述法 111
　　一、划记法 111
　　二、描述法 111
第五节　课堂观察对教师专业发展的意义 112
　　一、促进教师教学技能的改进 113
　　二、促进教师合作教研文化的形成 113
　　三、促进教师从经验型向教研型转变 114
　　四、促进教师听评课走向专业化 114

第七章　教师专业发展的校本研修

第一节　校本研修的含义、类型及内容 122
　　一、校本研修的含义 122
　　二、校本研修的主要内容及基本形式 123
第二节　校本研修制度建设与文化构建 126
　　一、建立校本研修活动制度 126
　　二、构建校本研修文化 133
第三节　校本研修活动的组织与策划 135
　　一、校本研修共同体的构建 135
　　二、研修活动主题的确定 136
　　三、研修活动的策划与设计 137
　　四、研修活动的生成与预设 138
　　五、研修活动的反思与行为跟进 139
第四节　校本研修对教师专业成长的影响 140
　　一、有助于提升教师的教学品质 140
　　二、有助于发展教师的实践性知识 140
　　三、有助于培育教师的创新能力 141

第八章 教师专业发展的专业阅读

第一节 "阅读"与"专业阅读"的含义 …… 148
一、"阅读"的含义 …… 148
二、"专业阅读"的含义 …… 148
第二节 教师专业阅读的状态 …… 149
第三节 专业阅读促进教师更新教育理念 …… 149
一、转换教师角色 …… 150
二、转变教师教学观 …… 150
三、转变教师学生观 …… 151
第四节 专业阅读促进教师完善知识结构 …… 151
一、深化教师学科知识 …… 151
二、丰厚教师文化底蕴 …… 152
三、升华教师教学艺术 …… 153
第五节 专业阅读促进教师提升专业智慧 …… 153
一、形成教师课程智慧 …… 154
二、提高教师教学智慧 …… 154
三、提升教师管理智慧 …… 155
四、练就教师行动智慧 …… 155
第六节 专业阅读促进教师构建专业精神 …… 157
一、改变教师精神状态 …… 157
二、建立教师教育信仰 …… 158
第七节 教师，应读哪些书 …… 159
一、学科专业著作 …… 159
二、教育理论著作 …… 159
三、社会人文著作 …… 160
四、教育专业报刊 …… 160

第九章 教师专业发展的区域教研

第一节 发挥片区教研作用，促进教师专业成长 …… 166
一、片区教研的概念界定 …… 166
二、片区教研的功能定位 …… 167
三、片区教研的发展机制 …… 168
四、以片区教育科研助推教师的专业发展 …… 171

第二节　发挥名师工作室作用，打造骨干教师队伍 173
　　一、名师工作室的性质与特点 173
　　二、名师工作室的专业发展思路 175
　　三、以名师工作室引领教师专业成长 177

第十章　教育信息化背景下的教师专业发展

第一节　信息技术、教育信息化含义 180
　　一、信息技术的含义 180
　　二、教育信息化的含义 181
第二节　教育信息化给教师专业发展带来的挑战 182
　　一、教师教育观念受到挑战 182
　　二、教师知识结构有待完善 183
　　三、教师教学方式遭受冲击 183
　　四、教师创新能力亟待提高 184
第三节　教育信息化背景下教师专业发展的机遇 184
　　一、信息化实践有益于提升教师教学能力 185
　　二、信息化实践有益于提升教师班级管理效能 187
　　三、信息化实践有益于提升教师的教育科研能力 188
　　四、信息化实践有益于提升教师对教育资源的利用能力 189
　　五、信息化实践有益于改善教师对教学活动的评价 191
第四节　教育信息化背景下教师专业发展的路径 192
　　一、营造信息化教学氛围 192
　　二、提高教师信息技术素养 193
　　三、建立教师信息技术个人业务档案 194

第十一章　影响教师专业发展的主要因素

第一节　影响教师专业发展的个体因素 200
　　一、教师自主发展的意识淡薄 200
　　二、教师缺乏应有的职业精神 201
　　三、教师专业知识结构失衡 201
　　四、心理因素对教师专业发展的影响 202
第二节　影响教师专业发展的不良文化 205
　　一、教师文化的含义 205
　　二、教师文化的特征 206

三、不良的教师文化对教师专业发展的影响 …………………… 208
第三节　影响教师专业发展的低效的教师培训 ………………… 210
一、入职培训对青年教师专业发展的影响 ……………………… 211
二、在职培训对教师专业发展的影响 …………………………… 212

参考文献 ……………………………………………………………… 215

附　　录

中小学名师成长规律及启示 …………………………………………… 218
中小学校长角色定位及素质要求简论 ………………………………… 223

后　记 ………………………………………………………………… 227

第一章　教师专业发展概述

　　教师是立教之本、强教之基，承担着立德树人、育才兴邦的伟大而神圣的使命。尤其是中小学教师，不但是教育现代化的建设者、实践者，更是提高民族素质、实现科教兴国战略不可忽视的力量。其整体专业程度和发展水平，不但直接决定我国基础教育教学的质量，而且在一定意义上影响中华民族未来的核心竞争力和生存发展的状态。因而，只有坚持把教师队伍建设作为基础工作，矢志不渝地把提高教师的专业技能、专业品质放在重要的战略位置上，着力培养造就党和人民满意的师德高尚、业务精湛、结构合理、充满活力的教师队伍，才有可能把教师的整体素质提高到社会发展所要求的水平之上，为我国基础教育改革与发展提供充足而优质的师资资源，打造高品质的教育。因此，随着素质教育的日渐深入和课程改革不断地向纵深推进，如何进一步提升教师专业素质成为我国学校管理部门乃至整个社会着力研究的热点与趋势。

第一节 教师专业发展的内涵

教师专业发展自20世纪50年代被提出以来，历经半个多世纪的理论研究和实践探索，迄今已经成为世界各国教师教育改革的主流。尽管如此，关于教师专业发展的概念，目前学界仍存在着较大的争议，莫衷一是，概括起来主要有两种倾向：一种观点认为，教师专业发展等同于教师专业化，只是一个概念两种说法而已；另一种观点则认为，教师专业发展和教师专业化是两个性质不完全相同的概念，二者的含义有很大的出入。两种看法上的差异，不但会影响学者的研究结论，而且也有可能在一定程度上影响教育行政部门对教师专业发展的决策。因此，澄清它们各自的内在含义，无论是对教师专业化的研究与实践，还是对教师专业发展的实践与研究，都具有非比寻常的意义。

要理解教师专业发展，首先要廓清教师专业化的本质与内涵。过去，人们往往把教师所学的专业等同于"教师专业"，甚至将教师专业化硬生生地搁置在"学科专业"或"学科领域"之内。其实，教师专业化是一个宽泛而富有弹性的学理概念。国内外不少学者认为：教师专业化是指教师在整个职业生涯中经由自我选择所进行的各种研修与学习，从而不断地更新、演进和丰富其专业知识和专业结构的过程，是教师在教育教学实践中不断提升专业能力、涵养专业品质，最终成为教育工作者的专业成长的过程。从这些表述中，我们可以清晰地看到：教师专业化是一个具有社会学和教育学双重意义的复合概念。它至少包含两个维度的意义：一是指教师整体通过职前培养，从非专业职业或准专业职业向专业职业不断演进的过程；二是指教师个体从一名新手教师逐渐成长为成熟教师乃至专家型教师的专业发展过程。

在初步了解了教师专业化的内涵和本质后，我们再来讨论什么是教师专业发展，也许就容易一些了。

所谓"教师专业发展"，从字面上看，我们认为它至少具有三个维度的含义：一是"教师"的发展，二是教师"专业"的发展，三是"教师专业发展"中的"发展"。在我们看来，"教师专业发展"中的"教师"，不应该将其解读成笼统的、概括化的学理性的"教师"概念，而应该把它看成是一个有具体意蕴的群体，这个群体由"教师"个体组成，他们肩负着立德树人的神圣使命，承载着国家的前途和民族的未来。"教师专业发展"的"专业"是什么呢？关于这个问题，在实践上一直悬而未决或者说未能很好地解决。长期以来，社会乃至学界中的不少人都将教师的"专业"狭隘地划定在"学科领域"，如此的界定，看似有一定的道理，但细细揣摩，总觉得有失偏颇。一方面，教师的"专业"发展，其内涵绝不应局限于教学技能提高这一层面，还应该包括专业信念、专业知识、专业发展意识等多个维度的发展与演进。另一方面，"教师专业发展"中的"发展"，也不应该把它看成是抽象的、泛化的或某一方面的进步，而是指具体的、真实的教师在其教育、教学和学习等方面的提升，这种"发展"是一个矢量，是积聚正能量的改变，或者说是一种不断地朝着良性方向的发展与嬗变。因此，从本质上说，教师专业发展就是教师个体作为专业人员为适应职业要求，主动参与实践的淬炼，从而获得专业精神、专业能力、专业期望的蜕变与提升的过程；是教师个体在教育教学实践中不断实现自我更新，进而达到"全人"的成长过程。

概言之，教师专业化和专业发展从含义上看，既有相同点也有明显不同的地方。至于它们之间有何差异，华东师范大学叶澜教授曾经对此做过一个较为详细的比较。她认为，从广义的角度而言，"教师专业化"与"教师专业发展"这两个概念基本等同，它们都是指教师专业成长的过程。从狭义的角度来说，它们还是有一定的区别："教师专业发展"主要强调教师个体的专业成长，即是教师专业知识、专业价值观等内部专业结构的不断丰富和更新的过程；"教师专业化"则是指教师群体的职业成熟与进步，它所要强调的是一种外在的体系和制度。显然，前者是从教育学维度予以界定，而后者则更多是从社会学角度加以考虑。①

叶澜对"教师专业化"与"教师专业发展"的内涵所作的解读与比较，笔者认为是比较合理而中肯的。从实践上看，它基本符合我国教师专业发展的实际；从学理上看，它较全面地诠释了教师专业发展属性和本质特征，并具有很强的科学性和逻辑性。

第二节 教师角色的定位

心理学中的"角色"，源于西方戏剧舞台用语，是由拉丁语 rotula 派生出来的，原指戏剧舞台上的特殊人物。20 世纪 20 年代，美国著名的社会学家乔治·米德（George H. Mead）率先将"角色"概念引入社会学，于是，角色理论便逐渐发展成社会心理学中的一个重要分支。20 世纪上半叶，角色理论被译介至中国后，"角色"又被定义为"人在社会关系中的特定位置和与之相关联的行为模式，它反映了社会赋予个人的身份与责任"②。目前，尽管人们对"角色"的定义尚有争论，但这并不影响每一个自然人在社会关系或群体生活中所处的位置，更不妨碍社会或者群体对每个自然人所规定与赋予的行为规范和社会地位。教师作为一种既独立又

---

① 叶澜：《教师角色与教师发展新探》，科学出版社 2001 年版，第 199－317 页。
② 莫雷：《教育心理学》，广东高等教育出版社 2002 年版，第 6 页。

独特的社会职业，其劳动的复杂性和职业的特殊性决定了社会对教师的角色期待和角色要求。特别是新一轮课程改革的理念给广大中小学教师带来了前所未有的挑战，不但部分地解构、替换了传统教育中教师原有的角色功能，而且从根本上变革了教育这种特殊社会活动的内外部之间诸多关系。新课程改革要求教师必须与时俱进，顺应时代发展的要求，站在人才培养和课程改革的高度，主动地对自身的角色进行整合、重塑与定位，实现"教育角色"的转型。

一、教师是"发展中"的人

从社会学角度而言，教师既是一个社会人又是一个职业人。其双重身份及职能需要在持续发展中逐渐为社会所认同，这就决定了教师职业社会化过程并非终止在初入职场的那一刻或在教师任教的某一个时间节点上，而是贯穿于每一位教师个体的职业生涯的全部，是一个持续发展的动态过程。主要原因有两个。其一，教师的持续发展是实现其自身价值的需要。随着时代的发展与进步，知识也在不断地迭代更新，教师作为知识的传授者和主要创生者，只有通过实践不断地充实、提高和发展自己，才有可能从新手变成熟手，从行家里手成长为名家高手，如此，才能从容地应对教育改革的挑战，肩负起时代赋予的职责与使命。其二，提升教师素质是实现学校发展的需要。教师是学校构建素质教育模式的主体，是促进学校内涵发展的核心力量，也是一种最为宝贵的、不可或缺的力量。教师只有积极地参与教育教学改革与课程文化重建，并在改革的实践中不断地完善自我，才有可能实现自身教育生命的"蝶变"，创造出更富有生机的教学行为和更为丰沛的教育教学的新成果，从而更好地推动学校的进步，促进学校的内涵式发展。所以，作为一名教师，无论是新手还是行家里手，都应该时刻保持学习、反思的习惯，自觉地、主动地寻求自身的专业成长，不断地向更高层次的专业方向发展。

二、教师是终身的学习者

美国人类学者玛格丽特·米德（Margaret Mead）认为：当今社会，人类正处于"后喻文化"时代。在这个时代，由于科学技术的迅猛发展，学生的学习不仅仅发生在学校的课堂，其获取信息的方式、渠道变得日渐多元化。学生不再是被动地接受知识的"容器"，而是一个个有鲜活生命的个体。他们思维活跃，大胆质疑，勇于展示自己的个性，因此，当下中小学课堂变得难以驾驭。所有这一切，无时无刻不在挑战着教师的学识、经验与智慧。在这些变化的背景下，教师如果不怀有终身学习的态度进行专业素养的提升，与学生共同成长，和时代一起进步，就会落后于学生、落后于社会，甚至还有可能被社会抛弃。换言之，一个不善于学习的教师，是不可能使自己具备广博的知识的，也不能深刻地影响学生的学习。教师的学习很重要，因为教师是人类文明的传递者，是新生一代灵魂的塑造者，承载着传道授业、塑造生命的时代重任。因此，教师必须"要有读书的兴趣，要喜欢博览群书，要能在书本面前坐下来，深入思考"①，要视专业成长为一种不可推卸的责任和义务，自觉进入终身学习这一体系，才能实现自身的可持续发展。

三、教师是教育教学的研究者

新课程的实施，是一个多元的、开放的、创生的动态过程。因此，面对新课程改革所带来的无比巨大的挑战，教师必然会在教育教学实践中，不可避免地遇到一些依靠自身已有经验或现有理论解决不了的问题和矛盾。在这种教育新形态下，教师已不能仅仅满足于经验的获得而不对经验进行反思与追问、凝练与升华，形成解决问题的策略和方法论，更不能只是传统知识的复制者和传递者，而必须是新知识的建构者和创生者。这就要求教师在教好书、育好人的同时，开展教研活动，以研究者的身份置身于真实的教育情境，借助专业眼光和专业力量对教学实践中的各种教育现象、教育事实进行理性的审视，对积累的经验进行系统的总结，进而形成规律性的认识，这是教师角色适应和发展的必要条件。正如英国著名的课程理论家斯腾豪斯（Stenhouse）在《课程研究与研制导论》中所指出的那样，"为了使课程研制的生产或过程模式发展成为一种研究模式，首要的不是使课程研制者成为创造者或使用者角色，而是成为研究者角色"。教师要成为研究者，可以通过以下三个途径：首先，要唤醒自身的科研意识，树立起创造是教师职业要求的信念，养成以理性的目光审视校园、以探究的姿态从事教育、以反思的襟怀走进课堂的习惯，认真地对自己的教育生活、教学工作进行客观的思考，时刻保持"教师即研究者"的工作状态；其次，要通过系统的自学，掌握教育科研的基本方法，懂得如何运用所掌握的方法来解决在教育教学实践中所遇到的问题，并从中积累经验，形成科学的认知和专业的品质，实现教育研究的语体变革；最后，要有深切的实践关怀，要善于对自己的教育教学实践加以省思、研究，及时地将教育教学中的探索与心得、经验与教训进行梳理、总结，从而形成个人的教育认知、教学思想，踩实从实践到理论的每一个脚印。成为教育教学的研究者，能让教师感受到教育生命价值的精彩。

四、教师是行为规范的示范者

教师之所以广受社会尊重，在于教师从事着塑造人的生命、锻造人的灵魂的工作。相对于医生、律师、经济师等专业性职业而言，教师职业具有更突出的示范性和教育性，这就决定了教师的职业道德必须以敬业精神为基础，以乐群、奉献、诚

---

① [苏]苏霍姆林斯基：《给教师的建议》，杜殿坤编译，教育科学出版社1984年版，第5页。

信、博爱作为基本的道德伦理要求。再者，教师作为学生成长路上的引领者，不仅要帮助学生树立正确的价值观、人生观，使学生掌握正确的行为规范，更要严于律己、身体力行、率先垂范，成为学生学习的榜样。倘若真能如此，学生就会在教师高尚德操的熏陶下促成自己道德的同化乃至升华。因此，教师作为行为规范的示范者，其本身就是一种道德化的形象。这就意味着教师既要具备一个公民应有的道德规范，又要具备良好的职业操守，并且要将这些道德内化为具体的道德实践，转化为自身的道德约束和实际行动。教师要充分意识到自己是学生成长中"重要的他人"，在学生成长中具有不可替代的作用，因而必须在思想品德、行为作风、处世态度、文明习惯等方面"一日三省吾身"，以身作则、言传身教，以自己良好的道德品质、行为规范及正确的人生观、价值观影响学生，为学生竖起前行的旗帜，引导学生健康、快乐地成长。

五、教师是学生幸福的奠基者

教育作为人道主义事业，其终极目标是帮助学生提升生命质量，是"立人"的工作。可见，中小学教师的基本任务不仅仅在于授业传道，让学生习得知识和技能，而且应该成为学生人格发展的导师和幸福成长的守望者，引领学生构建独立的个体人格，使其在个体个性化与个体社会化之间达到平衡、和谐的发展，完成从自然人向社会人的转变。这就要求肩负着这样教育使命的中小学教师，务必增强自身的历史使命感和现实责任感，注重打造良好的心理素质，努力成为一个有知识、有良知、有教育尊严和教育情怀的教育者，成为学生终身幸福的奠基人；务必关注每一个学生的精神世界和生活世界，帮助他们回归本质初心，确立合乎人的本质的人生目标，树立远大的志向和崇高的理想；务必遵循教育规律和孩子的成长天性，因材施教，顺天致性，实施个性化教育，鼓励并引导学生学会自我选择、自我构建、自我创造，以实现其自我发展、自主成长。正如教育改革家魏书生所言："教师应具备进入学生心灵世界的本领，不是站在这个世界的对面发牢骚、叹息，而应该在这心灵世界中耕耘、播种、培育、采摘，流连忘返。"

由此可见，角色变化是教师核心职业素养转变和提升的重要原因。因此，教师在专业化发展的过程中，要自觉意识到自身在专业成长中的主体地位和不可替代的角色，把自己看成是"发展中的人"，并且要以主动学习者的姿态出现在教育职场，坚定不移地把教书育人的责任与自身的专业成长有机结合起来。这是教师自身专业发展的需要，也是时代赋予的艰巨而光荣的使命。

第三节　教师专业知识的结构

何谓"知识结构"？这是一个复杂而难以厘清的概念，目前学界仍存有多种不同的解释。有人认为，知识结构就是群体或个体所拥有知识的种类、深度、层次，以及相关知识的逻辑关系；也有人认为，知识结构就是知识层次构成的客观反映或真实图示。不管哪一种说法，教师作为一个特殊的群体，其脑力劳动的创造性、示范性和长效性，势必要求教师具有不同于其他专业领域的特殊知识结构。

一、教师专业知识的分类

教师专业知识的内涵应包括哪些？国外学术界的许多学者均做过比较系统的研究，但迄今为止还没有一个统一的说法。其中，美国学者伯利纳（D. C. Berliner）通过多年的研究，提出教师应具有的三种类型的知识；1986 年，美国教学研究专家舒尔曼（Shulman）在吸纳与改进伯利纳理论的基础上主张优秀教师须具备七个方面的知识；葛斯曼（P. L. Grossman）在其力作《教学和教师教育百科全书》中认为，教师的知识结构应该包括六个维度。（见表 1-1）

表 1-1　国外研究中教师应具有的知识分类

研究者	教师的知识分类
伯利纳	学科内容知识，学科教学法知识，一般教学法知识
舒尔曼	学科内容知识，一般教学知识，课程知识，一般教学法知识，关于学习者的知识，教育环境知识，教育的目的、目标和价值的知识
葛斯曼	学科专业知识，有关学习者和学习的知识，普通教育学的知识，课程理论知识，教学情境知识，关于自身的知识

国内对于教师专业知识的内涵，目前仍有多种不同的定义。其中，影响最大、最具代表性的当推北京师范大学教授林崇德、申继亮等人的观点，他们从认知心理学的视角出发，通过对教师的知识结构和能力结构进行分析研究后，提出了一套比较完善的理论，明确提出教师知识结构应包括四个方面[①]。

---

① 林崇德、申继亮、辛涛：《教师素质的构成及其培养途径》，载《中小学教师培训》1998 年第 1 期，第 10-14 页。

（一）本体性知识

本体性知识指的是学科专业知识，主要包括该学科的基本概念、基本理论和学科体系等内容。对教师而言，这种本体性知识就是"传道"中的"道"，是开展一切教学活动的基础和前提，也是教学活动本身的意义所在。所以，作为一名合格的教师，不但要了解该学科的发展历史、现状、演进趋势，以及在人类生活实践中的各种表现形态，更需要掌握该学科所提供的独特的认识世界的视角、域界、层次及思维的工具和方法等。

（二）条件性知识

条件性知识是帮助教师提高教学能力与智慧的相关知识，主要包括教育科学知识、心理科学知识、信息技术知识等。它是教师教学能力发展的基础，也是一名优秀教师能够创造性地开展教育工作、顺利实现教学目标的关键所在。实践也充分证明，教师只有具备了这些知识，才有可能有效地对其自身的本体性知识进行思考、重组与创生，并以学生喜闻乐见的方式来传授知识。

（三）实践性知识

实践性知识是教师在长期的教学实践中总结出来的，具有个性化的知识，也是教师在面临具体教学情境时，支持其思考、解释与决策的具体方法和独特经验，诸如方法论知识及教师经验的积累。这些个人实践经验和个人知识，往往是通过个性化的语言以"案例知识"的形式呈现。也就是说，实践性知识不是客观独立于教师之外能被传递或习得的一种默会知识，而是来自教师实践，由教师在教育教学实践中构建或创造，是教师作为独特的个体在教育教学实践中获得的人生经验；"它存在教师以往的经验中、现时的身心中、未来的计划和行动中，贯穿于教师实践的全过程"①，具有独特的个体性、开放性和情境性，会潜移默化地影响教师的教学活动、教育生活。所以，实践知识的构建被视为教师专业发展不可忽视的核心环节。

（四）文化性知识

文化性知识，即教师的文化修养，亦可称之为扩展性知识或边缘性知识，它既是"术"也是"道"，是"术"与"道"的有机统一，涵盖了教师个体所拥有的文化和知识的方方面面，包括文化艺术、自然科学、人生经验等诸多方面，反映的是教师的知识储备和文化修养。这种知识看不见、摸不着，但它常常内化为气质、魅力和修养存在于教师的身上，展现着教师本人的品位、涵养、情操，以及教育智

---

① 石中英：《知识转型与教育改革》，教育科学出版社2001年版。

慧。正如古人所云"腹有诗书气自华",句中的"诗书"就是我们所说的"文化性知识"。

在林崇德、申继亮等人看来,教师知识结构的四个维度是互为依存、相互叠加的,它们共同构成了教师综合能力的"金字塔"。在这个"金字塔"中,如果说本体性知识是能力的塔底,条件性知识、实践性知识是塔腰,那么,文化性知识则是塔尖,是教师专业知识结构中最高层次的部分。它不但左右着教师实践知识的建构,而且还影响着教师对新的教育理念、教学方法的接纳与应用。这四者融为一体,共同作用于教学之中,成为教师"传道、授业、解惑"必不可少的文化修养与实践智慧。

二、教师合理的知识结构

任何一个专业领域,都存在着一个最科学、最合理的知识结构,中小学教育亦是如此。合理的知识结构,是专业发展的核心要素和价值追求,但是对教师而言,它不是固化的、恒久不变的,而是动态的、持续生成的,并随着时代的发展、社会的变化而不断地被赋予新的内容。这就意味着,一些传统的知识会在时代的迭变中成为陈旧的知识乃至"虚无"的东西,同时也会有许多新的知识在新的时空条件下形成、产生和发展,并与那些传统的、富有生命力的知识进行嫁接、融合,形成属于当代新的知识及新的知识结构。可见,每一个时代的人都要顺应每一个时代的知识要求,需与时俱进、海纳百川,不断更新、完善自己的知识结构。作为知识的传播者,教师更应当因应社会、教育发展的需求,不断地对自身的知识结构进行调整、充实。

当今时代,科学进步与社会发展日新月异,对人才的培养也提出了更高的要求。作为一名合格的教师,其知识结构也必须顺应教育的发展变化而不断地进行优化、完善,从而达到经世致用。

(一)广博的科学、文化知识

苏联著名教育家苏霍姆林斯基曾经说过,"要让教学大纲和教材成为你最基本的知识"。要践行素质教育,培养学生的创新能力,教师就要以学科专业知识作为坚实的基础,在科学、文化等知识上融会贯通,形成饱读诗书的学者气质,才能表现出自身人格力量的丰富性、多维性和全面性,营造出充满情趣的学习情境,打造一个深刻、丰富、真诚的课堂,带给学生以广博的文化浸染。尤其是近几年来,随着教材的进一步改革、完善,中西文化融汇、文理知识渗透已成为教材发展过程中不可逆转的趋势。因此,教师更应树立"大教学"的教育理念,打破学科藩篱,跨越文理界限,有机整合、互相渗透诸多学科,形成跨学科、复合型的知识结构,以更宽广的视阈为学生创设开放的教学情境,有针对性地启发、引导学生从多维度进行思考，培养学生的创新能力，引导他们走向未来的人生之路。

（二）系统的学科专业知识

学科专业知识在教师知识结构中居于核心地位。因而，学科专业知识的多寡，既在一定程度上决定了课堂的质量和受学生的欢迎程度，也在某种程度上影响了教师的教学效果。正因为如此，苏联教育家马卡连柯曾说："学生可原谅老师的严厉、刻板甚至吹毛求疵，但不能原谅他的不学无术。"一名合格的教师，除了对本学科知识的掌握要有一定的深度和广度外，还应熟知本学科的历史、现状，以及最新的研究成果，懂得这门学科的学习、研究和应用的基本方法。"只有教师的知识面比学校教学大纲宽广得多，他才能成为教学过程的精工巧匠"①，深入浅出，娓娓道来，让学生如沐春风，受益终身。

（三）扎实的教育学、心理学知识

学科专业知识属于描述性知识，可以让教师知道该"教什么"，但不能解决"如何教"和"为什么选择这样教"的问题。可以这样说，知道教什么，只能算是一名合格的教师；懂得如何教、为什么这样教，才是名副其实的名师。如要明白怎样教、怎样选择恰当的方法来教，教师就一定要具备扎实的教育学、心理学知识。苏霍姆林斯基说："教师不懂心理学，这就如同一个心脏专科医生不了解心脏的构造。"任何学科、任何年段的中小学教师，如果教育学缺失、心理知识浅薄，就难以洞察知识所承载的价值观，就不能创造性、批判性地使用教材，更不能舒展学生自由的心灵和精神世界，让学生获得知识，并得到精神的共同成长。

（四）丰富的实践性知识

教学实践表明，与普通教师相比，名师不仅拥有更丰厚的文化底蕴、更娴熟的教学技巧和更敏锐的洞察力，而且还具有大量依靠个人实践与顿悟而获得的实践知识。这种潜隐的、教师真正信奉和依赖的知识，是一种即时的智慧。它整合了多种知识于一体，具有情境性、开放性、复合性等特点。这种智慧一旦被激活和催化，就会在日常的教育教学活动中体现出来，并在不断变化的教育教学情境下以学生乐于接受的方式表现出来，使知识的传递更具情境性和人性化，从而提高课堂的效率和教学的质量。同时，作为教师专业发展不可或缺的基础，实践性知识一旦经过科学的教育理论的沉淀、过滤、淬炼、升华，便可成为一种教育理念。这种理念不仅有助于强化教学活动的理性程度和反思水平，而且能增强教师的主体意识和主体精神，赋予教师个体崭新的生命与意义。所以，不断地积累、提炼、丰富实践知识，并使之日渐深化和"显性化"，应该成为一名优秀教师永恒的追求。

---

① ［苏］苏霍姆林斯基：《给教师的建议》，杜殿坤编译，教育科学出版社1984年版，第5页。

第四节 教师职业理想建立的意义

教师职业理想,是教师以学生、学校、社会的发展需要为导向,以个人条件为基础,借助想象对自己的未来专业和事业的设计和追求,概言之,就是教师个体所渴望达到的职业境界。这种对职业生涯和职业成就的预期乃至超前的反映,不但能有效地支配教师当下的教育教学行为,而且将直接影响其今后的专业发展、人生态度、工作成效乃至生命质量。

一、教师职业理想构成要素

众所周知,每一种职业都会有其职业目标、职业期待,但由于职业不同,其职业理想的内涵与构成也不尽相同。教师的职业理想主要由教师的职业承诺、教育的价值取向和教育生活方式三个部分构成。

(一)教师职业承诺

"承诺",是成员向其组织表示忠诚、信服并为之奉献的一个术语。教师职业承诺,是指教师对自身职业的心理认同程度,以及对其所从事的教学工作的投入程度及满足程度,主要包含"情感承诺""规范承诺""继续承诺"三个维度。它是教师专业发展的动力源,并直接影响着教师的职业选择和专业成长。长期以来,我们对教师职业承诺的研究大多着眼于"情感承诺",而常常忽略了教师职业承诺中"规范承诺""继续承诺"两个维度对教师建立职业理想、实现专业发展的意义。其实,这三个维度都是教师职业承诺中不可或缺的重要组成部分。"情感承诺"是指教师个体对所从事教育工作的喜欢、认同和情感的投入程度,它是教师成就事业、实现自己人生价值不歇的内驱力;"规范承诺"属于教师在道德层面的一种承诺,是教师受到社会责任感和行为规范约束而形成的一种承诺,也是教师职业理想最基本、最坚实的支撑点;"继续承诺"亦称"持续承诺",是指教师在取得一定成绩或者遇到一定挫折后所表现出来的继续从事教师这份职业的执着的意愿和坚守的态度,虽然这种承诺于教师而言是一种责任和义务,但它却是教师维持职业理想的"压舱石"和"定海神针",也是教师个人教育理想自我实现的重要支点。可以这样说,没有"继续承诺",教师一旦产生职业倦怠或者面临更好的职业诱惑,内心就会茫然、摇摆不定,甚至失去继续从事教育工作的初心。

(二) 教师教育价值取向

在教师职业理想的诸多要素中,教育的价值取向无疑是最核心的要素。"师者,所以传道、授业、解惑也",这是古圣先贤对教师职业价值所做的定义。在中国的传统教育里,教师只是实现教育教学目的的载体和工具,而其自身诉求和发展愿望往往被漠视,以致常常湮没在外在目标达成后的掌声和鲜花中。随着时代的不断演进,尤其是新课程改革之后,新时期的教师职业理想被赋予了新的价值观,教师不再是"教书匠",而是人类文明的传承者、创造者,他们在人才培养的活动中,肩负着为党育人、为国育才的神圣使命,这是每一位教师所应履行的职业责任和历史赋予的神圣使命,也是社会对教师的认同。众所周知,教师劳动周期长、见效慢,检验难度大,正如俗话所说,"十年树木,百年树人"。而且这种劳动成果往往隐没在学生的成功里和成功之后的鲜花中,即使教师呕心沥血、桃李满天下,也极有可能终其一生依然是默默无闻。教师职业的固有特点与其教育对象的特殊性,决定了教师职业的特殊价值与劳动意义。因此,教师能否在职业生涯的初期建立起这种职业价值观,必将对其一生的教育生活、从教心态、工作质量乃至职业幸福产生不可估量的影响。

(三) 教师教育生活方式

生命是一种有目的、有价值的存在。教育作为一种关涉人的旨趣和人的精神的活动,无疑具有明确的价值取向和目标追求,是人类社会中最富有挑战性和创造性的复杂工作之一,而教育这种职业行为也决定了教师职业实践的个体性、丰富性和多元化。这就意味着教师的职业不仅仅是获得物质的拥有、职位的提升和他人的尊重,更是一种培养人的生存技能、生活智慧的劳动,是为未来社会、未来生活所做的必要准备。因此,教师的职业理想决不可停留在口头上,而必然要内化于教师的教育生活方式之中,教师的乐趣与幸福也必然蕴涵于所培养学生成功后心理和精神的欢愉之上。一旦缺失了美好的生活方式作为职业幸福感的实体贯穿,教师的工作就会失去情趣与创造,其职业理想就成了一句空洞的口号。

二、建立教师职业理想的策略

在教师专业发展生涯中,构建教师的职业理想的方法有很多,路径也有很多,归纳起来主要有以下几种。

(一) 规划教师职业生涯

教师专业发展是一个连续的谱系,这个过程大致可以分为三个主要阶段:职业初期阶段——新教师,职业成长期——有经验的教师,职业成熟期——专家型教师。不同的阶段，对教师所具备知识及能力的要求都是不同的，其学习任务也各不相同。尤其是新教师，职业初期阶段既是其个人成长的关键期，也是其专业精神、专业伦理的萌芽期，应通过科学的认知和手段，对自己的性格、气质、兴趣、特长，以及发展潜力有一个充分的了解，对自己的专业结构和自我专业意识有一个正确的认知，对影响自己职业生涯的学校、社会的内外环境变化有一个准确的判断。在此基础上，教师综合分析、合理规划，从而确定大致的选择方向和范围，进而划分职业发展的各个阶段，制订各个阶段的合理的发展目标，并按自己的规划逐一落实，不断前行，以实现自己的美好职业理想。由此可见，不管是处在何种阶段的教师，规划好自己的职业生涯，是实现自身专业成长、成就美好人生必不可少的前提条件。

（二）检测教师所处专业发展阶段

教师专业发展不仅具有持续性、多样性，同时也具有模糊性。不同的成长阶段，教师发展的目标迥然不同，其学习、研修任务也必须因时而变，随事而制，切不可"脚踩西瓜皮，滑到哪儿算哪儿"。因此，教师必须运用相关的手段和技术，对自身的专业结构和专业发展意识进行有效的检测与评估，正确判断当前自己所处的专业发展阶段及现有的发展水平，为自己制订一个规划，设想自己四五年后的情境，并规划实现这些发展的可能途径；为自己的专业发展的具体方面做出安排，找一些重要的、有利于发展的时机[1]，以实现自己的专业成长。

（三）设计符合教师自身发展的路线与行动方案

选择一个正确的发展方向，制订合理的职业生涯规划，对教师专业成长而言固然重要，因为方向不仅决定所要选择的道路，更在一定的程度上左右其成败。但是，教师专业发展仅仅有一个大的坐标定位还是不够的，要走向成功的彼岸，还必须静下心来，花点功夫，把远景目标转化为行动策略，设计自己专业发展的方案，拟订实现专业发展具体的行动计划，并有效地付诸行动。要制订出可行的行动计划，教师要考虑以下几个问题。

一是目标取向："我"该往哪条路线走？
二是能力取向："我"最适合往哪条路走？
三是机会取向："我"走哪条路线最有希望到达目标？

这三个问题就是通向目标的路径。如果把这三个问题都想清楚了，教师就可以根据学校发展定位与自身发展条件，确立自己的专业发展目标，并且可以基于苏联心理学家维果斯基"最近发展区"的理论，设计实现专业发展的可行方案，拟订

---

[1] 郑友训：《第三条途径：教师专业成长的新观点》，载《高等师范教育研究》2003年第4期，第34—39页。

每一个阶段的行动计划和落实目标的具体举措。

三、建立职业理想对教师专业发展的影响

教师是学校管理和教学活动的主体,其教育、教学及管理手段在很大程度上就是以自身的文化素质和道德品行影响、引导学生的成长,因此,教师在参与学校教学与管理的过程中,既要"言传"又要"身教",坚持知行合一。这就要求教师一方面要"德高为范",具有"立德树人"的教育情怀和社会责任感,把教书育人的事业交织于自身生命当中,以身立教,为人师表,光明磊落,谦虚谨慎,说实话,办实事,如此才能以良好的师德品质和人格魅力影响和熏陶莘莘学子;另一方面,作为先进文化的传播者,教师又要"学高为师",因为教育教学管理离不开知识,而且这种知识不再局限于"学科知识+教育学知识"的传统模式,而是一个由不同的知识链所组成的知识网络系统。教师只有实现自身的专业发展,具备宽广的专业知识、厚实的人文底蕴、丰赡的实践经验,才能实现有效以至高效的教学,提升教育质量,打造高品质的教育。要达成这一目的,加强职业理想教育,坚定职业信念,铸造不朽师魂,对于教师专业发展来说,便成了不可或缺的基础和前提。

教师职业理想建立的过程,实际上就是教师理想信念、职业认识、行为习惯等诸要素从无到有、从低到高、从旧知到新知的持续发展与不断更新完善的过程。因此,要实现美好的职业理想,教师就必须解放自己,开启心智,锲而不舍地奋斗。

第二章　教师专业发展意义

教育，尤其是基础教育，其发生、发展乃至变革的根本目的是提升人的素质、促进国家的发展、推动社会的文明进步。教师是教育活动的主体，教师的责任不仅在于"传道、授业、解惑"，以自己良好的人格操守持久地熏陶学生，成为学生成长过程中最具有影响力的重要"他人"，还要通过传播思想和真理，引领社会风尚，弘扬真善美，为实现中华民族伟大复兴提供强大的精神力量。因此，在当下教师队伍由数量的扩张向质量的提升、课程改革从"摸着石头过河的浅水区"到"没有石头可摸的深水区"的关键时期，对教师专业发展的探讨就更具有多方面的意义了。

第一节　教师专业发展促进基础教育课程改革

新一轮基础教育课程改革,与前七次的课程改革截然不同,不再是小打小闹、修修补补的课程改变,而是我国历史上最重要的一次"横向到边、纵向到底"的全方位、系统性的教育革命。它不仅在教育思想、教学理念、教学目标上给我国基础教育带来深刻而长远的影响,而且在课程结构、课程内容、课程实施、课程评价等方面也给教师提出了全新的挑战。华东师范大学钟启泉教授说过:"教育改革的核心环节是课程改革,课程改革的核心环节是课堂改革,课堂改革的核心环节是教师专业发展。"由此可见,教师专业发展与基础教育新课程改革有着千丝万缕、难以割舍的关系,甚至可以说,教师的教育理念、专业才能、教学智慧不但决定了新课程改革的质量和深度,而且在一定程度上影响了新课程改革的走向与成败。正因为教师专业发展对促进我国基础教育改革有着非比寻常、不可替代的意义,所以随着新课程改革的不断深化,教师专业发展的质量问题引起了教育界乃至整个社会的关注。而这场波澜壮阔的教育改革,对教师而言既是严峻的挑战,也是千载难逢的发展机遇。如何把握新课程改革的有利契机,找准专业发展的突破口,在课程改革实践中不断提升自身的学科素养和专业品质,实现与课程改革同行,完成党和人民赋予的"立德树人"的使命,这是每一位教师都应该且必须认真思考的问题。

一、教师专业发展是课程改革的需要

我国这一轮基础教育课程改革,是一场革命性的变革,它不但对原有的课程体系进行了反思、批判与重构,而且极大地提高了中小学教师劳动的复杂程度和创造性质,还相应地提出了更多、更新、更高的标准和要求。长期以来,由于受体制、历史、经济以及政策导向等诸多因素的影响,我国现有的中小学师资水平明显偏低,已成为"现实性的存在",诸如观念陈旧、知识老化、科研能力不强、课程整合能力不尽人意,甚至连最基本的教学方式和组织方式等自身素质也不能够适应新课程改革的要求,这些问题严重制约了新课程改革向纵深发展。因此,打造一支高素质的中小学师资队伍,已成为我国新时代教育改革的强烈呼唤。

(一)教育教学理念落后

进入21世纪以来,随着新一轮基础教育课程改革的不断深化,我国基础教育的教学理念发生了重大的"范式转换",不再像以往那样单纯地强调对科技至上、技术至上的"无个性文化"的科学主义教育,而是转向对学生个体生命、个性化

成长的关注，崇尚以科学精神为基础、以人文精神为价值的有机融合的科学人文主义教育。客观地说，对于这种教学理念的"范式转换"，我们不敢断言绝大多数的中小学教师都愿意接受，但应该承认，对其排斥或抗拒的教师毕竟还是少数。然而，关于如何将新课程改革所提出的全新理念转变为日常的课堂教学行为并贯彻到具体的教学实践中，不少教师仍是无从把握，以致一旦回到教学实践又常常左右摇摆、无所适从乃至出现偏差。很难想象，经过多年的新课程改革洗礼，为何有相当多的教师依然"穿新鞋走老路"，沿袭着他们早已习惯的教学行为？课堂教学为何还是因循守旧、墨守成规，缺少创新精神？可能原因诸多，但说到底，就是一些教师并没有真正树立起先进的教育理念，更没有把这种课程改革的理念扎根在心田里，融入血脉中，落实在行动上，使其成为指导教育教学实践的理论基础。

（二）学科教学能力不足

面对新课程改革，不少的中小学教师不仅教育观念滞后，而且知识储备不足，能力结构失衡，创新意识薄弱，难以满足新课程改革的要求，主要表现在：专业精神不强，放松了自己"身正为范"的教育追求与对自我优秀"人格"的塑造，欠缺奉献精神和敬业情怀，只把教育当作糊口谋生的职业，得过且过，不求有功但求无过；实践能力差，对如何正确处理好新旧教育思想、新旧教学方法的矛盾缺乏必要的经验与实践的历练，以致面对新问题、新矛盾时不知所措，甚至进退失据；创新意识不强，对如何依据学生成长的需求和社会发展的实际实现国家课程校本化、校本课程特色化缺乏正确的认识与果断的行动能力，常常心有余而力不足，甚至束手无策；科研能力薄弱，对如何构筑学习的支持系统和评价系统以促进学生自主、合作、探究性学习缺乏深度的研究与有效的引领，只会照葫芦画瓢。新课程改革是一场前所未有的教学革命，既没有现成的可资借鉴或复制的经验，也没有任何一位专家或者一个部门能够研制出一个或几个适用于一切教学情境的模式。它需要广大的中小学教师具备深厚的教育理论和敏锐的分析能力，具备厚实的文化品格和宽广的学术视野，具备勇于创新的精神和自我解放的态度。只有这样，教师才有可能在面对课程改革中出现的种种问题、矛盾时处变不惊，从容应对，妥善解决，才有可能以自己的聪明睿智在平凡的教育实践中创造出不平凡的业绩，在帮助学生成长和进步的同时实现自己的人生价值。这也从一个侧面印证了华东师范大学叶澜教授所提出的观点：没有教师生命质量的提升，就很难有高的教育质量；没有教师精神的解放，就很难有学生精神的解放；没有教师的主动发展，就很难有学生的主动发展。

（三）教育智慧亟待提升

教育的真谛在于启迪智慧、润泽生命，而课堂每一个教学行为，每一个教学环节，每一个突发的教学事件，都存在着太多偶然的因素。故而，在教育教学实践中，如何面对这些不期而遇的教学事件？如何面对越来越开放的课堂？如何因势利导，随机应变，利用各种知识、技能、手段和方式创造各种契机及时化解意想不到的困难，从容地走出教学的尴尬，使师生彼此都达到精神的愉悦？如何建设一个自由、民主、富有创造力的教育教学生态，以教育者的智慧尊重生命、关注个体、彰显人性，满足学生差异化发展需求，促进学生个性化成长？实事求是地说，要使日常教育教学工作臻至这等境界，对当下绝大多数的中小学教师而言绝不是一件容易的事情，更不可能一蹴而就。这是一个非常漫长而艰辛的过程，因为它不仅需要教师具备深厚的理论知识、娴熟的教学技巧，更需要教师具有宽容、民主、开放的精神，以及通过对具体的教学情境和教学事件的反思、沉淀、淬炼而形成的教育智慧。遗憾的是，长期以来由于教育评价体制的不完善，教育管理者、教育者、受教育者为追逐各自的利益而进行的不合理甚至不当的博弈，导致了教师教育智慧的普遍缺失。所以，提升教育智慧，做一名有思想、有情怀、有担当的教育实践者，主动地适应新课程改革的要求，既是当务之急，也应是每一位教师不懈的教育追求。

（四）改革的焦虑感需要改善

时代变动不居、社会持续转型，基础教育改革也在不断的嬗变与发展中一步步地走向了纵深，由此而形成的新的课程理念正在不断地冲击着教师的教学观念、教学行为。同时，知识经济和信息化社会的迅猛发展与持续演进，无不给教师带来巨大的挑战与困扰：师生关系、课业负担、升学质量、劳动强度、职称评定、评优评先，以及教育部门及学校设置的各种评价、考核，甚至社会上对教育的诸多需求与期待也无不转移到教师身上。复杂的环境、苛刻的要求等种种因素都会在一定的程度上影响教师对职业、对教育教学工作的感受，并促使这种感受扩展、延伸到教师全部的生活中去，以致一些中小学教师越发感到难以适应时代的变化和教育发展的要求，不由自主地产生了孤独、无助、焦虑的情绪。如何改变教师当下的教育、生活状态？如何消除社会转型和教育急剧变革给教师带来的巨大压力与挑战，让他们体面地、有尊严地、负责任地生活，精神高贵和优越地生活[①]？这已经成为教育行政部门、学校和教师必须面对，也应该着手解决的问题。

二、教师专业发展是课程改革的必然要求

新一轮基础教育课程改革对教师的专业素养、个人能力乃至教学理念均提出了严峻的挑战。教师个人专业发展在很大程度上成了新一轮基础教育课程改革成败的决定性因素，正如一些专家所言：课程改革的失败不一定在于教师，而成功一定源于教师。要满足和适应新课程改革的要求与挑战，教师要做好充分的思想和能力准

---

① 肖川：《教育：让生命更美好》，北京师范大学出版社2015年版，第4页。

备，认真学习新课程改革理论，转变学习观念，主动规划职业生涯，自觉走向专业发展的道路，最大限度地实现自身的专业成长。

（一）教师必须更新教育观念

观念不只是行动的先导，更是一切行动的灵魂。树立先进的教育观念是教师为师之本、立教之根、育人之魂，作为新课程改革的实施者，教师必须与时俱进，敢于挣脱传统教育观念的束缚，勇于立足教育的新时代。

1. **目标观**

教育目标，也称教育目的，是所有教育的灵魂与主题，也是一切教育工作的出发点与归宿。在中国特色社会主义新时代背景下，基础教育的新目标就是引导学生树立共产主义远大理想和中国特色社会主义的共同理想，增强学生道路自信、理论自信、制度自信、文化自信，立志扎根人民、奉献国家，肩负起民族复兴、国家富强的时代重任。因此，教师必须树立正确的教育目标观，准确把握新课程改革的内涵，勇于承担人民和时代所赋予的使命，坚信每一个学生都是"成长中的人"，是追求进步的和可完善的、可塑造的人才。在教育教学实践中，教师不但要关注学生的学业成绩，更要重视学生内心世界的价值冲突，强调学生的思想道德修养、身心健康和人格素质的教育，要把立德树人作为一项中心工作融入学校的思想道德教育、文化知识教育、社会实践等各个环节并贯穿于教育的整个过程，引导学生积极践行社会主义核心价值观，努力成为德、智、体、美、劳全面发展的社会主义建设者和接班人。

2. **课程观**

何谓"课程观"，简而言之就是对课程的认识或看法。教师要有怎样的课程观？早在19世纪的英国，人文主义教育学者斯宾塞（H. Spencer）在《什么知识最有价值》一文中就做过精辟而完整的论述。他认为，课程设置的目的就是要通过设计不同的学习内容、选择不同的学习方式来促进学生对知识的自我体验、自我建构，从而实现全面发展和个性化成长，为人的未来完美生活做准备。这就意味着，不同的课程观体现着不同的课程价值取向，并形成不同的、具体的课程形态，它直接或间接地影响着课程内容的选择和课程目标的设置。在我国，"课程观"一直是学界"围观"的话题和教育部门关注的热点。2001年，教育部出台的《基础教育课程改革纲要（试行）》对课程的功能作出了新的定位："要从单纯注重知识、传授知识转变为体现引导学生学会学习、学会生存、学会做人。"这就意味着，教学不仅仅是知识传递的过程，更是促进学生认识自我、建立自信、实现全面发展和个性化成长的过程。所以，作为新时代的人民教师，必须具备一定的课程意识，形成正确的课程观念及课程思维方式，既要努力把先进的新课程理念渗透到具体的教育教学行为之中，引导学生实现对知识的构建，又要善于将现有的"文本课程"转化为富有个性化的"体验课程"，构建动态的、创造共生的课程文化，帮助学生

"形成正确的价值选择，具有社会责任感，努力为人民服务，树立远大的理想"①。

3. 教学观

由于社会发展和人们认知的差异，不同的时代乃至相同的时期，都可能存在不同的教学观。新一轮新课程改革的教学观认为，所谓的"教学"，就是教师以学生为主体，通过对教学内容合理的开发、转化与创生，引导学生对知识与技能、过程与方法、情感态度与价值观进行反思体悟、整合建构的过程。其实质是要把学生培养为学会做人、学会学习、学会生存的人。因而，教师要教好书、育好人，完成新时代的教育使命。首先，教师要重构师生关系，正确处理好教与学的矛盾，要把教学看作课程创生与师生共同成长的历程；在教学实践中平等对话、彼此启发、交流互鉴，实现本真意义上的教学相长，切忌高高在上、颐指气使。其次，要处理好知识传授与能力培养的关系，强调以学生成长过程中遇到的问题为依据，用具体而真实的教学情境或故事呈现问题，努力创设解决问题的环境和条件，帮助学生在解决具体问题过程中获得新知识、活化知识，从而形成创新能力和创新思想。最后，要关注学生学习活动的水平、结构、方式的个体差异，搭建能够满足不同层次学生学习所需要的平台，引导学生学会如何反思、质疑与探究，在实践中学习，在学习中进步，促进学生个性化发展。要达成这些目标，就需要教师必须主动扬弃传统的教学理念，树立正确的教学观，坚持以学生发展为本，立足学生成长实际，不遗余力地对国家课程和地方课程进行创造性地开发、生成与转化，实现对课程价值的提升与个性化的创造；需要教师回归教育的本质，尊重学生的成长规律，改变原有的单一、陈旧、僵固、落后的教学方式，实现由"重教"转向"重学"，由重"育分"转向重"育人"，由重统一规格教育转向重差异性教育等教学行为的转变。

4. 学生观

"学生观"是什么？简而言之，就是如何对待学生，把学生看成是什么样的人。新课程改革所倡导的学生观包括两方面的含义，一是学生是发展中的人，二是每个学生都是独特的个体。在我们看来，新一轮基础教育课程改革的一大贡献，就是颠覆了传统教育对学生的认知，强调了学生在教育教学活动中独特的主体地位，承认每个学生都是一个发展的独特的个体，既有多样性也有差异性。这就要求教师：①关怀学生当下的生存状态和生活方式，尊重每一位学生的尊严与价值，自觉地将学生的健康、健全成长及其未来福祉作为教育的出发点与归宿，关注学生的爱好和兴趣、感受与体验，切身地体悟学生情感、态度、价值观，从心底里把学生看作一个完整的人，一个具有独立意义、富有鲜活生命力的人，宽容学生在成长过程中幼稚的行为甚至偶尔的失误；②要明了学生的成长既需要大自然的教化也离不开文化历史的熏陶，其成长需要时间和过程，因而应学会用"慢"的心态等待学生

---

① 钟启泉、崔允漷、张华：《为了中华民族的复兴　为了每位学生的发展：〈基础教育课程改革纲要（试行）〉解读》，华东师范大学出版社2001年版，第8页。

的成长、成熟，尊重学生的认知水平，肯定其自身的内在价值，珍视每一个个体在发展中存在的差异，并基于学生生命的完整性、差异性，积极、主动地为学生创造发展条件，搭建展示平台，使每一层次的学生都能在原有的基础上得到应有的发展；③要在教育教学活动中坚持"以生为本"的理念，"一切为了学生的发展"，不能总以教育者自居、以学生尚未成熟为由主宰学生的人生，而必须主动还给学生一个完整、自由的生活世界，给予学生全面发展的机会和展现个性力量的空间，不断充实和丰富学生的精神生活，促进学生人格的发展与完善，引导每一位学生开启走向未来的大门。

5. 教材观

在新课程的理念中，教师、学生、教材和环境都是课程的重要组成要素，不同的是，前两者是人的要素，后两者是物的要素。对新课程改革背景下的教师来说，转变对学生、对自身的认识是必要的，但是，如果仅仅滞留在对人的认识维度，是片面的，是难以完成新课程改革所赋予的任务的，因此，教师需要对物的要素——教材进行重新认识和准确把握。教育家叶圣陶曾经说过，教材是教学的范本和案例，"无非是个例子"，而不是教学内容的全部，它只是教学的材料和资源，是帮助学生学习、促进学生成长的工具或载体。因而，在教学中教师不必也不能完全拘泥于教材、囿于课本，一味地照本宣科，而应对教材进行再认识、再理解、再开发，并要有所创新，要立足学情、教情，以及学生的认知特点和知识需求进行增删、取舍与创生。这就意味着教师要以改革的态度和发展的眼光，充分认识到教材不是教学的风向标，而是引导学生探索知识的发生、发展与形成的载体，决不能把教材的功能仅仅定位在"控制"和"规范"这两个层面上，而要把教材变成创造性地开展教学、促进学生身心发展与成长的重要力量。

6. 评价观

所谓的教育评价观，即是对所实施的教育活动、教育过程、教育结果的判断或看法。因此，评价观正确与否，将直接影响学校的教育教学质量。传统的教育只重视考试、分数、升学率，容易对学生造成片面的评价，人为地约束、浇灭了学生的创造热情，降低了学生的学习动力，甚至导致学生的畸形发展，成为新课程改革向深层次推进的瓶颈。尽管新课程改革在吸纳传统教育评价优点的基础上，建立了促进学生全面发展的评价体系，强调课程评价"不仅要关注学生的学业成绩，而且要发现和发展学生多方面的潜能，了解学生发展中的需求，帮助学生认识自我，建立自信"[①]，但在新课程改革的路上，课程评价一直磕磕绊绊，得不到实质性的改变与有效的突破。究其原因，乃是学校、教师还没有真正树立科学的评价观，仍然把分数作为最重要的评价手段。要改变这种"以分数论英雄"的单一化评价制度，

---

① 钟启泉、崔允漷、张华：《为了中华民族的复兴　为了每位学生的发展：〈基础教育课程改革纲要（试行）〉解读》，华东师范大学出版社 2001 年版，第 7 页。

突破多年来所形成的传统和习惯，教师就应当站在民族未来和学生发展的高度来定位教育，自觉地摒弃陈旧落后的评价观念，主动地树立科学发展的课程评价观，创造多元主体共同参与的评价氛围，合理地设置评价标准、评价内容，进一步强化过程评价和综合评价，充分发挥和放大教育评价的诊断、改进和激励功能，把即时评价与延迟评价、终结性评价与过程性评价、增值评价与结果评价有机地结合起来，既重视结果又兼顾过程，不断地增强评价的科学性、客观性和发展性。而以新课程评价理念培养与锻造的学生，其精神是独立的，心灵是清净的，生命也必将是灵动而丰盈的。

（二）教师必须具备新课程实施技能

随着新课程改革的不断深化，我国基础教育已经从"应试教育"进入了"素质教育"的新时代。一方面，基础教育的课程改革在课程目标、课程评价等方面提出了许多崭新的理念，要求教师主动转变观念、重塑角色，自觉地融入新课程改革的大潮之中，勇当新课程改革的"弄潮儿"；另一方面，新课程改革打破了以往课程管理过于集中的格局，从中央集权改为中央、地方与学校三权分立，赋予了学校、教师在"课程研制"方面更多、更大的权利和更自由、更宽广的空间。这就要求教师务必尽早适应课程改革的挑战，树立正确的教育观念，不断提高实施新课程改革应有的素养和基本的技能，实现从课程的解释者、实施者向课程的研制者、创生者转变。

1. 课程参与的能力

新一轮的课程改革历经了近二十年的努力。虽然国家课程、地方课程、学校课程三级管理体系业已成形，新课程理论体系也已初步建成，但迄今为止在全国绝大多数地方，国家课程还是"一统天下"，而最具价值、最富有活力、最具有新课程改革指标意义的校本课程依然举步维艰，即新课程改革在实践层面仍远未形成一套较为成熟、科学的操作流程。因此，要完成新课程建设的艰巨任务，教师就不能只是课本知识被动的接受者和忠实的执行者，而要带着自己对学生和课程的经验来体认课程的实践与创生，成为新课程的研究者、建设者和创造性的实施者。这就要求教师因应时代变化，在教育教学实践中逐渐增强自身的专业能力，不断提升参与课程开发、决策、实施和评价等活动所必需的综合性素质，主动、积极地介入课程的全程运作，与专家、学生等一起共同开发课程、研制课程、实践新课程，不断丰富课程内容，完善新课程实施的操作流程。

2. 课程整合的能力

课程整合，即调整因学科分割而造成的知识支离破碎的状态，将不同学科的内容或相关的各学科知识和能力要求作为一个整体，以框架、图式等方式有机地整合在一起。课程整合一般以两种方式呈现：一是基于信息技术的学科间的整合，二是以学科知识作为载体进行整合。课程整合能力，是新课程改革对教师的基本要求，也是教师实现"用教材教"的前提条件。中国地域辽阔,学生人数众多,东西部教育发展很不平衡,城乡学校师生素质也存在明显的差异,因而教材编写需要兼顾地域性和学生差异性,教材内容也需要体现一定的弹性和灵活性以满足不同地域、不同学校、不同层次学生的不同需求。这就使教师在处理教材的过程中有了更大的发挥余地和更大的创生空间,可以视教情、学情的需要,采用自己认为最合适的教学形式和最恰切的教学方法,在完成国家规定的必修课程的前提下决定课程资源的利用方式。教师如果具备了较强的课程整合能力,就可以根据教学目标及教学要求对不同学科或相关学科的内容进行调整、重组与改造,从而拓展和充实学习内容,使学生在习得知识的同时获得更为丰富的情感体验。

3. 信息技术与课程教学融合的能力

《基础教育课程改革纲要(试行)》要求:中小学教师要充分发挥信息技术的优势,推进新技术与课程教学的有机嫁接与深度融合,"逐步实现教学内容的呈现方式、学生的学习方法,以及教学过程中师生互动方式的变革",诱发学生深度学习,提升教育教学质量,促进学生的个性化发展。可见,以信息化引领构建以学习者为中心的教育生态,既是变革传统教与学的方式的重要举措,也是实现教学方法创新的不可或缺的内生力量。而信息技术与课程教学能否无缝对接,实现有机融合,进而有效地创新课堂教学、推动课堂革命,给学生创造更多活用知识、孵化智慧的机会,能否有效地创新课堂教学、推动课堂革命,关键在于教师。可以这样说,教师对信息技术的认知程度、对多媒体手段的运用水平,很大程度上决定了信息技术在课程中的应用效果。因此,作为新时代的教师,必须要认识新技术,尊重新技术,学习新技术,掌握新技术,不断提高自身的信息技术素养,娴熟地运用多媒体设备,科学而合理地将信息技术与其他学科课程有机整合起来,为学生的学习和发展提供更加丰富多彩的学习内容和更为广阔的成长空间,这必将有助于培养学生的创新思维、创造能力和创新品质。

4. 班级管理的能力

班级是学校教育工作的最基层组织,然而,班级管理却是一项复杂而又富有挑战性的劳动,是一项系统的综合性的教育工程,不但需要社会、家庭和学校三个方面共同的努力,还需要所有教师的密切配合、通力合作,才能使班级管理达到理想的效果。当然,在班级管理中,班主任无疑是核心、是灵魂,扮演着引导者和管理者的重要角色,需要其主动作为、事必躬亲,担负起主体责任;还要积极地与科任教师配合,形成教育合力,营造良好的班级氛围。同时,科任教师也是一支不可忽视乃至不可或缺的力量。实践也充分证明了,若科任教师对班级管理工作袖手旁观,缺乏积极的参与和热情的协助,即便班主任使出浑身解数,结果恐怕也是不尽如人意。俗话说得好,"一个好汉三个帮",班级管理工作也是一样,绝不是班主任一个人就可以完成的事情,还需要科任教师的理解、支持与协调一致的努力。更何况,学校教育的根本任务是立德树人,而"树人"是每一位教师责无旁贷的共同义务，需要全体教师主动服务于学生良好品德的养成，服务于学生个性化发展的需求。正如苏霍姆林斯基所说："每一位教师不仅是教书者，而且是教育者。"所以，作为科任教师，应当摆脱传统的思想局限与禁锢，不仅要传授知识、完成教学任务，而且要主动地参与到班级管理之中，与班主任通力合作，密切配合，共同承担起班级管理的任务。

教师专业发展与课程改革是互为条件、相辅相成的，一方面，课程改革给教师专业成长带来了千载难逢的机遇，激发了教师实现自身专业发展的强烈动机；另一方面，只有教师的专业发展了、成长了，才有可能为课程改革提供强有力的师资保障，素质教育也才得以稳步推进。

第二节　教师专业发展促进教育生态建设

"生态"一词源自希腊语，是由 Oikos 派生出来的，其最初的意义是"住所或房子"，后来引申为"生物在一定的自然环境下生存和发展的状态"。从这一角度看，作为人类社会发展的产物，教育无疑也是一种生态。只不过"教育生态"与其他的生态系统有所不同，它不是一种自然环境产生、存在和发展的状态，而是更多地受到社会环境的制约和调控，尤其深受教师专业发展持久而长远的影响。所以，要改变"教育生态"，还教育一片"绿水青山"，就必须在净化社会环境的同时，培植教师专业能力，促进教师专业发展。

一、教师专业发展促进教育良好生态重建

教师的社会地位具体表现在两个方面，一是社会政治地位的尊卑，二是经济地位的高低。前者体现了社会对教师职业及从业人员社会价值的认可程度，后者标志着教育从业人员对社会贡献的大小。自古以来，中华民族就有"尊师重教"的优良传统。例如，吕不韦言"古之圣王未有不尊师者也"，荀子亦言"国将兴，必贵师而重傅"，甚至把"师"与"天地君亲"同列为五尊。然而在很多时候，"尊师重教"只是读书人的一种奢望，是天边那一抹可望而不可即的流云，以致唐代的韩愈曾无可奈何地慨叹："师道之不传也久矣。"到了近代，传统的"尊师重教"受到前所未有的挑战，教师的权威日渐式微。当前，尽管党和政府已然十分重视教育，甚至把教育看成是关乎国家发展、民族振兴的头等大事，出台了一系列重大的方针政策，以改善教师的工作和生活条件，努力提高其社会地位、政治地位，让广大教师在岗位上有幸福感，在社会上有荣誉感，在事业上有成就感，使教师成为受社会尊重的职业；但遗憾的是，迄今为止，有些教师与公务员、律师、医生等职业

相比较，其经济收入和政治地位还是有一定的差距。由此可见，要完整修复和深度改善我国当下基础教育的生态，解决教师社会地位不高的现实问题，让"尊师重教"重新回归，光靠政府政策的推动、全社会的努力等外在力量是远远不够的，还需要教师自身专业水平的不断提高，或许这才是"尊师重教"回归与重构的真正力量。因为，社会职业有一条不成文的规律，就是任何职业的社会声望很大程度上都是由这一职业的从业人员的素质所决定的。教师职业也不例外，要想获得社会的充分尊重，享受较高的政治、经济地位，就必须要提升其作为专业人员的整体素质。而教师专业发展，就是教师提高自身执业水平，实现从非专业人员成长为专业人员的最好路径。

二、教师专业发展推动教育法治化进程

教师的专业发展不但有助于树立"尊师重教"的良好的社会风气，而且有利于教育法治化建设，进一步完善我国教育法治生态环境。因为教师专业发展与国家人事制度的改革是密切相关的，是在教师队伍建设的总体框架下进行的。改革开放以来，为进一步推进教师专业建设，实现教师教育的专业化，我国从中央到地方都加紧了全面的立法工作，先后颁布了一系列的法令法规，从法律、政策层面为教师的专业发展提供了强有力的支持与保障。1994年1月1日实施的《中华人民共和国教师法》第三条明确规定："教师是履行教育教学职责的专业人员"，首次从法律层面正式确认了教师的性质，保障了教师的合法权益，从而吸引了一大批德才兼备的人员进入教师队伍；1995年国务院颁布的《教师资格条例》，通过立法建立了"教师资格证书制度"，体现了国家赋予教师的尊严与荣光；2000年教育部颁布的《教师资格条例实施办法》，为教师资格制度在全国范围全面实施提供了政策依据。尤其是在2001年，国家从这一年的4月1日起首次实施教师资格认定，不但对教师资格、文化素养、心理素质、道德品质等一系列的要求做出了明确的、具体的规定，建立了严格的职业伦理规范，确保了教师队伍的先进性、纯洁性，而且以法律的形式结束了我国长期以来教师资格认定工作的无序与混乱状态，为教师的任职聘用、培养培训、考核管理走上法治化和规范化的轨道奠定了坚实的基础。所以说，教师专业发展与教师教育法治化建设是互为条件、互相促进、相得益彰的。一方面，教育法律制度建立健全，保障了教师专业发展的有序推进，促进了教师素质的整体提高；另一方面，教师专业发展又有效地推动了教师教育法治化的进程，为实现依法治教、建设良好的教育法治生态发挥了积极的乃至不可替代的作用。

第三节 教师专业发展促进学校内涵发展

1993年2月13日印发的《中国教育改革和发展纲要》明确指出:"振兴民族的希望在教育,振兴教育的希望在教师。建立一支具有良好政治业务素质、结构合理、相对稳定的师资队伍,是教育改革与发展的根本大计。"在推进新课程改革的背景下,学校走内涵式发展道路是实施素质教育的必然选择,也是唯一选择。这是因为,内涵式发展是学校发展的最核心要素,标志着以师生身心发展为基础的教育质量的全面进步。而学校内涵发展的着眼点首先应定位在教师的专业发展,正如清华大学前校长梅贻琦所言:"所谓大学者,非谓有大楼之谓也,有大师之谓也。"的确如此,学校内涵发展一旦离开了教师专业技能、专业品质、专业思想的提升,离开了教师锲而不舍、持之以恒的奋斗,即使教学楼再高、再大、再华丽,现代化设备设施再好、再完善、再先进,也难以打造优质的教育,创造不出一流的教学质量。所以,教师是学校内涵发展的核心力量,只有促进教师专业成长,学校的发展才有前途,学生的发展才有希望。

一、教师是学校内涵发展的主导力量

学校的发展涉及诸多因素,概括地说,主要体现在两个方面:一是精神方面,包括学校的办学理念、学校精神以及学校整体目标等;二是物质方面,例如学校的办学条件、教学环境等。学校的办学理念、办学思想、办学目标是精神的内涵,也是学校教育之魂、发展之本,很大程度上决定了学校的办学走向,但它一般不能外显于物质,需要通过教师的身体力行、为人师表来体现;学校的育人环境,无论是显性的还是"隐性"的,都是学校精神文明建设的重要组成部分,也是提升学校文化品质的物质基础,具有暗示性、渗透性和愉悦性等特点,起着启迪人、教育人、提升人、发展人的重要作用,对青少年的身心发展产生着广泛而深刻的影响,它需要依靠教师智慧的劳动来创造与完善。可见,教师是促进学校内涵发展的首要资源和决定因素。因此,学校要基于自身内涵发展的长远需求,引导教师学习教育教学理论,学习有关教育改革政策法规,了解教育发展的动态和时代要求,不断增强教师立德树人的使命感和社会责任感;要有计划、有步骤、系统地推进教师的专业化建设,通过校本研修、专家引领、同伴互助等形式多样、内容丰富的教研活动,增进教师的工作能力、管理能力,提升教师教书育人的综合素质,促使教师真正成为学校内涵发展的主导力量。

二、教师是学生发展的坚强保障

"教育就是解放心灵",其本质就是"从内部将人的能力展开"①,培养人的生存技能和生存智慧,为其终身幸福奠基。要完成这个神圣使命,教师作为实现教育意义的人,除了需要广博的专业知识、精湛的教学技艺外,还必须树立正确的价值观和先进的教育理念,具有高远的教育境界,在教育教学实践中坚持以生为本,根据学生的身心特点,采取恰当有效的措施,创造性地唤醒学生的主体参与意识,多层次、多角度、多形式地发掘与培育学生的兴趣特长,促进学生个性化发展;需要具备创新精神与创新能力,能自觉地在教育教学实践中通过揭示新思想、新知识、新方法的真理性和合理性,激发学生的创造热情,培植学生的创新品质。要达到或接近这样的专业境界,教师就得勤于学习,善于思考,敢于突破传统及惯性思维的约束,审视和反思各种教育现象和教育事实,以探索的心态和批判的勇气检视、省思自己的教学实践;需要不懈进取,追求永续发展,加强自身学习,重视专业发展,以更充沛的精力、更积极的心态、更刻苦的精神去提升专业素质,不断地自我更新、自我完善。只有这样,教师才会解放心智、舒展个性,坚守教育使命,以批判的意识和时代的精神烛照教育,革故鼎新,创造适合学生发展的教育;才会激励学生进步,引导和帮助学生扣好人生的"第一粒扣子",实现德、智、体、美、劳全面发展,成为社会所期待的合格公民。所以说,一个不断发展的教师,才有可能在教学实践和立德树人中体现知识的纯粹魅力,彰显教师的人格力量;才有可能关注学生的理想与未来,自觉地维护学生的权利和权益,乐意为他们的快乐、健康、幸福的成长千方百计地创造条件。

三、教师是学校行政管理的重要参与者

教师是学校的主体,也是学校发展的灵魂;教师的积极参与是学校管理的关键,也是学校管理民主化的重要体现。《中华人民共和国教师法》第七条明确规定:教师"对学校教育、教学、管理工作和教育行政部门的工作提出意见和建议,通过教职工代表大会或者其他形式,参与学校的民主管理"。可见,教师参与学校决策既是学校发展的需要,也是法律赋予教师的权利和义务。以往,不少学校无论大事小事一般都由学校领导集体确定,或者是由学校行政部门拟出了具体的管理方案,教师代表大会(简称"教代会")只是象征性地举手表决,教师的参与与其说是履行自己职责,倒不如说只是走过场。学校这种行政化的管理模式,不但有悖于依法治校的法治方向与改革预期,而且疏远了学校领导与教师之间的情感,容易造

---

① [印]克里希那穆提:《教育就是解放心灵》,张春城、唐超权译,九州出版社2010年版,第23页。

成领导与群众的隔膜乃至对立，不利于干群的团结，更妨碍、阻滞了学校的可持续发展。根据现代学校的管理理念，学校民主管理就是要把教师当成学校的主人，让教师以一种法定的形式和正常的渠道参与学校的管理，充分发挥教师的主导作用，凡是涉及学校发展的重大事项或教师切身利益的事项，都必须交由教代会讨论、商量，广泛听取教师的意见，最后达成共识，并进行集体决策。事实也告诉我们，教师参与学校民主管理，不但能有效调动教师工作的积极性、主动性、创造性，而且能够在一定的程度上保证学校决策的周密性、可行性、合理性和科学性，促进学校更快、更稳、更好、更健康地发展。诚然，教师有效地参与学校管理并非一件容易的事情，教师既要掌握专业知识，也要懂得法规政策，这就要求教师必须与时俱进，加强政治理论学习和业务学习，不断增强责任意识，提高参政、议政能力。

由此可见，教师专业发展既有内在的价值，也有外在的价值。其内在价值是在三尺讲坛上以自己执着的坚守实现人生理想、完成职业使命，而外在价值则是通过自己辛勤的耕耘促进学校的内涵发展和学生的健康成长。

第四节 教师专业发展成就教师幸福人生

美国宗教哲学大师威廉·詹姆斯（William James）说："如果要问，人最主要关心什么，其中一个回答就是幸福。"可见，教师专业发展首先不是为了学校的发展、学生的成长，而是为了持续地改善与扩展教师自身的文化修养和生活情趣，维持并提升自己的日常生活和教育生活的幸福。虽然教师专业发展的目的不在于其个人生活的外部，但它必定作为一种不可忽视的外在力量，渗透并参与到学生的生活之中，并深刻地影响着他们的成长。教师是学生成长的促进者和引航人，只有由衷地感受到幸福与快乐，其心中才会充满美好，进而自然流露出对学生的关爱和呵护，让每一个学生都能快乐地学习、健康地成长。所以说，教育要给学生以幸福，就必须有充满幸福感的教师。

一、素质教育：呼唤教师职业幸福

教育虽然说是"必要的乌托邦"，但其精神绝不能被简单地理解为虚无缥缈或子虚乌有的空想，而是一种对现实的超越、对理想的追求，体现人的美好理想的精神活动。现实中的学校，由于传统与现代的冲突、西方文化与经济大潮的浸染与冲刷，已不再是与世隔绝的"世外桃源"。不少教师越发感到师道尊严受到严重的挑战，学生越来越难教，家长越来越难缠，教师也似乎越来越难当，加之教学的竞争、升学率的压力、前途的渺茫等诸多因素，常常使教师产生职业倦怠甚至引起各种身心疾患。据中国人民大学公共管理学院组织与人力资源研究所开展的"2005年中国教师职业压力和心理健康调查"显示：在被调查的教师中，有86%的教师至少出现轻微的工作倦怠，58.5%的出现中度的工作倦怠，29%的符合高度工作倦怠，而心理健康状态较差的教师竟占38.5%。更让人忧虑的是，教师对自身工作的满意度调查结果显示，对自身工作满意度较高的仅占15.4%，满意度中等的占20.2%，而满意度较低的高达64.4%。这些问题的存在，不仅严重地削弱了教师获得职业的幸福感，而且还会影响他们教书育人的质量。

教育也是一项人道主义事业，关涉人的精神和人的旨趣的活动，具有明确的目标追求和价值取向，是为了学生的幸福而存在的。正如著名教育家叶澜教授所说："教育是师生共度生命的历程。"这意味着教师的职责不再只是授业、解惑，还需引导学生精神世界的成长，启迪他们对人生和世界充满美好情怀，给他们的幸福人生奠定良好的精神基础。教师的幸福与学生的幸福是相辅相成的，学生在教师发展中实现快乐的成长，教师也在学生的成长中获得幸福的发展。的确，由于种种原因影响，现实中的教育离幸福尚有一定的距离，但教师依然是一种朝向幸福的职业，能借助劳动实现自身的价值，使教师获得精神的愉悦与内心的幸福，而教师这种幸福，无疑是教育幸福的归宿，也是学生幸福的前提。我们难以想象，一个内心灰暗、自私自利的教师，一个终日身心疲倦、心力交瘁的教师，一个焦虑沮丧、意志消沉的教师，一个没有教育理想、缺失教育情怀的教师，何来快乐与幸福？从这一意义上来说，做一个快乐而幸福的教师不只是教师个体生命的需要与发展愿望，也是素质教育发展的必然需求和新时代的强烈呼唤。

二、专业发展：创造教师职业幸福

教师专业发展旨在促进教师专业性成长。苏霍姆林斯基认为："如果你想让教师的劳动能够给教师带来乐趣，使天天上课不至于变成一种单调乏味的义务，那你就应当引导每一位教师走上从事研究的这条幸福道路上来。"这样看来，如果教师不想只做"教书匠"混日子，而想从职业中获得幸福感、成就感，打造美好的人生，就必须重塑教育的信仰，激活潜藏的力量，在教育改革的实践中实现自己的专业发展。

（一）重塑教育信仰是创造幸福的前提

信仰是人的精神、生命、行为的终极依据，也是对人生最高价值和社会最高理想的反映、评判和指导。从这点来看，教师需要教育的信仰。因为教师教育的对象是人，是一个个鲜活的生命体；教育活动是生命体之间情感的交流与平等的对话，是"一棵树摇动另一棵树,一朵云推动另一朵云,一个灵魂唤醒另一个灵魂"[①],而非理性知识的堆积。我国改革开放以来,由于受经济浪潮的冲刷和西方多元文化交汇激荡的影响,享乐主义、虚无主义盛行,不少教师的价值观错位,教育情怀缺失。加之工作压力大,经济收入不尽如人意,教师整天疲惫不堪地穿行在备课、讲课和评改学生作业等烦琐的事务之中,年复一年的劳作,到最后就难以避免地陷入了物质与精神的双重生存困境。教育的本质是培养人的"精神",扩展和提升人的生活意义和生命价值,它需要教师全身心投入,需要教师发自内心的热爱和朝气蓬勃的激情。否则,教育就不是真正的教育,甚至还有可能变得索然寡味,犹如鸡肋。因此,重建教育信仰,提升教师人生境界,建立其对教育的科学认知,使教师的教育信仰回归教育的本源,这应该是教师和学校关注并着力解决的问题。只有这样,教师才有可能关注人的发展、人的完善和人的幸福,自觉地把精神的重心守望在立德树人上,由衷地关注学生生命成长的质量,聆听潜藏在学生内心的真实想法,自觉地在教育教学实践中凸显道德伦理、价值观念、思想文化、人文情怀、体育健美、审美意识、创新激情、儒雅风范及理想追求;才有可能理性地认识自我、确证自我,科学地规划自己的职业生涯,在审视自身优势、爱好与现实的起点的基础上找准自己的发展方向,突破人性、认知的局限;才有可能让自己的心灵变得丰富与深刻,让自己的胸怀变得开阔与博大,进而从内心感受到教书育人的非凡意义,在精神上体验和享受到无与伦比的幸福。

(二) 认同教师职业是成就幸福的根本

教师职业认同,就是教师对所从事职业的社会价值的内在认可度和满意度,也是教师对自身的职业发自内心的尊重并且心甘情愿地为之奉献的一种专业状态。教师职业认同,是教师职业精神、职业道德稳固的基石,也是教师自身幸福感的源泉。它不但体现了不同层次教师的教学信念,而且决定了教师工作行为的基本态度,影响着教师对自我、对所从事工作的感受。因为教师职业认同不是来自外在的名利驱使,而是由内在的认同感支撑,是教师自我实现的精神与情感需要,它承载着教师的教育理想和教育追求。从心理学的角度来看,教师职业认同一般包含两个方面。一方面是对学科的自我认同。首先是教师热爱并忠诚于自己所执教的学科,愿意在这个学科上辛勤付出与终身发展;其次是对本学科的教学与研究有着浓厚的兴趣和独到的见解,并将该工作视为对自己人生的挑战。另一方面是他人对自己工作成效的认同。教师也是普通人,有七情六欲,也渴望自己的工作能得到他人的尊重,包括学生、同事的肯定,家长、学校领导的认可。教育作为一种生命的存在方式,在师生生命共度的历程中,都会给对方以生命的润泽,因而教师在引领学生走向幸福的教育生活的同时,也必然会感受到来自学生的热情和期待,体会到"被

---

① [德]卡尔·西奥多·雅斯贝尔斯:《什么是教育》,邹进译,三联书店1991年版。

尊重"的快意和满足，而且这种满足与喜悦往往能转化成精神的力量，不断焕发教师自身生命的激情与创造的活力，并驱使教师致力于教育科研，谋求自身的专业发展。在这样的生命状态下，教师心中就会自然而然升腾起幸福的暖意，感受到职业带来的幸福与生命的价值。

（三）实现专业成长是提升幸福的动力

教师的内在快乐很大程度来自专业的成长与自我实现。教师在教育教学工作中快乐与否、幸福与否，将在很大程度上决定其工作的情绪、投入的程度及工作的意义。如果教师在教育活动过程中体验到的不是幸福，而是乏味、厌倦、冷漠和痛苦，就会失去对专业的追求和发展的愿望，从而产生职业倦怠与抱怨，甚至还会滋生出厌教、弃教的念头。这就要求教师在整个职业生涯中，必须因应教育发展的要求，自觉走在终身学习、自我教育、自主发展的路上。德国哲学家费尔巴哈说过："一切的追求，至少一切健全的追求都是对于幸福的追求。"每个教师，无论有无成长的自觉，在课程改革中都被赋予了职业的担当和成长的责任，如果失去了职业的担当和成长的责任，也就意味着放弃了对教育幸福的向往与追求。这就恰恰说明了，教师的幸福不仅仅局限于享受幸福的那一刻，更存在于不断追求幸福的过程中。因此，要成为幸福的教师，就得积极参与新课程改革，坚持开展教育教学研究，努力探求教育教学的规律和方法，并从思想观念、知识结构、工作方式和行为方式等方面挑战自己、改变自己、超越自己，不断优化自身的生活状态、工作状态，创造性地形成解决问题的能力、智慧，使专业持续地向更高层次发展。如此，教师才会沉浸在幸福的海洋里，感受到职业生涯的丰富多彩，享受教书育人给自己带来的幸福和快乐。

总之，教师就是不断地在教育教研过程中实现专业发展，散发出生命的灿烂光华，并把自己的幸福感传递给学生，传递给学校，传递给社会。要实现以爱塑造爱，以幸福传递幸福，固然需要学校为教师搭建发展平台，提供发展的机会，创造展示的舞台，让教师感受到爱和尊重，更需要教师通过自身专业的发展，感受职业带来的挑战和乐趣，唯有如此，才能创造出幸福的教师生活。

第三章 教师专业发展的行动研究

教育行动研究是一线教师和专业研究者从实际工作的需要出发,在教育教学实践中寻找课题并展开研究,旨在解决发生在学校现实情境中教育教学现实的、紧迫的问题,以提高教育实践的有效性、合理性的一种教研范式。这种范式正是把"研究"与"行动"结合起来,把教师的个体发展与教育价值作为整体考虑,并以此作为制定行动策略的依据,所以,它既是弥合教育实践与教育理论之间鸿沟的一种重要方式,也是变革传统教师教育、促进教师专业成长不可或缺的力量。

第一节 行动研究缘起与含义

追寻行动研究的缘起，理清其历史沿革的来龙去脉，把握其内涵及本质，对于完整而准确地运用其基本原理来诠释教育教学现象，解决教育教学实践中真实的、具体的问题，从而进一步提高实践的效果，无疑具有重要的意义。

一、行动研究的缘起

从语言的角度而言，"行动"与"研究"既是不同范畴的两个概念，也是两种不同性质的活动，前者指的是实践性活动，后者更多指的是学术性的探索。长期以来，在教育科学研究中，"行动"与"研究"由于常常处于二元分离状态，甚至成为互不相干的"两张皮"，以致教育理论研究与教育实践相脱节，这点在中小学教育教学研究的实践中表现得尤为突出。最早将这两个概念联系在一起的是美国人约翰·柯利尔（John Collier），他在1933—1945年任美国联邦政府印第安人事务局局长期间，为改善印第安人与非印第安人之间的关系，曾组织了专家和人事局相关人士展开研究。研究伊始，他就敏锐地意识到，种族关系是一个棘手而复杂的问题，涉及不同的历史、文化、生活习惯以及宗教信仰，要想妥善解决，如果仅有印第安人事务局实际工作者而没有研究人员的参与，是难以奏效的；反之，只有社会科学研究人员而缺失实际工作者的支持，其研究成果也不足以满足社会实践的需求。因而必须要两者的通力合作。后来的事实也证明了，这种为解决工作中实际问题而进行的研究，必须由专家和实际工作者共同组成，而且研究成果只有回到实践，经由实际工作者反思、验证、修正、完善，方有可能获得正确的结论。此后，这种研究方法经过不断地运用、改进而日臻完善，在一定程度上弥补了理论与实践的差距，并在解决实际问题中显示出显著的优越性，因而被越来越多的人所接受。

几乎在同一时期，美国另一位著名的心理学家勒温（K. Lewin）为缓解因第一次世界大战所带来的生活物资匮乏的状况，曾对不同种族的家庭主妇进行了膳食改革的调研。参与该项研究的人员不仅人数众多，而且来自不同的阶层和种族。这些研究者均以实践者的姿态参与其中，并力图在改变他人境遇的同时改善自己的人生际遇。研究中，勒温结合参与者的能力与经验，设计了"制定计划—实地调查—贯彻执行—修订计划"的研究路径和操作模式，带领他们展开了长达数年之久的研究，取得了预期的研究效果，据此，他提出了"没有无行动的研究，也没有无研究的行动"的理论。然后，他又根据行动研究的性质和研究过程的需要，再将行动研究细分为诊断性研究、参与性研究与实验性研究三种类型。至此，行动研究

（action research）便正式诞生。而系统地将行动研究定义引入到教育领域的，则是时任美国哥伦比亚师范学院院长柯瑞（S. M. Corey）等人。1953 年，柯瑞出版了《以行动研究改进学校实践》一书。他认为："所有教育上的研究工作，经由应用研究成果的人来承担，其研究结果才不至于白费。同时只有教师、学生、辅导人员及家长、支持者能不断检讨学校措施，学校才可能适应现代生活之要求。因此，此等人员必须个别或集体地采取积极态度，运用其创造性思考，指出应该改变之策略，并勇敢地加以试验；且须讲求方法，并系统地搜集证据，以决定新措施之价值。这种方法就是行动研究。"这一时期，教育行动研究由于得到诸多研究人员和广大教师的认可而纷纷展开，在理论和实践方面都得到了快速的发展，形成了一个高潮，并出现了一批颇具影响力的研究成果。

直到 20 世纪 80 年代，行动研究才作为一种全新的、有效的研究方法被介绍到我国，而后又被广泛地应用于教育科学研究之中。进入 21 世纪以来，随着我国基础教育进入新一轮的课程改革，这种建立于建构主义理论之上的"草根式"的行动研究，其秉持的方法、理念以及反思实践理性的认识论，越发受到广大教育工作者的重视，尤其为一线中小学教师所青睐，成为广大教师克服狭隘的专业化理念和促进自身专业成长的重要载体。

二、行动研究的含义

"行动研究"自 20 世纪中叶诞生以来，经过半个世纪的发展，产生了诸多的含义，甚至还存在多种变体的说法，例如合作行动研究法、应用研究法、实地试验与作业研究等，名目混乱繁多，并形成了丰富的内容层次和类型。迄今为止，国内外对"行动研究"的解读仍存在较大的分歧。

（一）国外学者关于"行动研究"的界定

作为行动研究创立人，美国著名的心理学家勒温是这样定义它的：行动研究是"将科学研究者与实际工作者之智慧与能力结合起来以解决某一实际问题的一种方法"。该定义看似把"科学研究者"与"实际工作者"当作二元分离的个体，但实际上勒温却特别强调两者之间的"共同合作"，以解决具体情境中的实际问题。

美国教育学者柯瑞指出：所谓行动研究是实际工作者根据科学的方法来研究他们自己的问题，以期引导、改正、评价。

澳大利亚学者卡尔（W. Carr）和凯米斯（S. Kemmis）认为：行动研究是由社会实践工作者在社会情境下开展的自我反思的探索，目的是提高他们自己的实践能力、他们对这些实践的理解，以及这些实践得以展开的背景和公正。

柯瑞关于"行动研究"的内涵与卡尔、凯米斯所给出的定义，虽然文字上的表述略有出入，但他们有一个共同点，即都是强调实际工作者在行动研究中的主体地位,并承认行动研究的动力主要来自实际工作者。

(二) 国内学者关于"行动研究"的界定

国内学者对"行动研究"的内涵也有不少的提法或解读。

华东师范大学教授郑金洲认为:行动研究是在人们行动的社会实践领域中产生的,它一方面指的是人们为达到提高社会生活质量、改变自身境遇的目标而设计的一系列渐进活动,另一方面又试图确定这些活动的标准、提供行动的处方,使渐进活动系统化。[1]

北京教育科学研究院研究员陶文中指出:行动研究是指教育实际工作者(教师或教育行政人员),或与研究者合作,在教育情境中,以解决教育教学工作中的实际问题为目的的一种教育科学研究类型。[2]

实事求是地说,彼时对于"行动研究"的理解,我国学者尚未形成中国本土化认识,所提出的定义仍未跳出西方理论的窠臼,因而其影响力都不是很大。目前,被我国学界普遍认可的是由《国际教育百科全书》"行动研究"词条的撰写人、澳大利亚著名学者凯米斯所给出的概念:行动研究,是指由社会情境(教育情境)的参与者,为提高对所从事的社会或教育实践的理性认识,为加深对实践活动及其依赖的背景的理解,而进行的反思研究。

第二节　教育行动研究类型与特征

教育行动研究也称"教师行动研究",是由行动研究衍生出来的一种新的研究方式。我们之所以更乐意将其称为研究方式,是因为从严格的学理意义上来看,教育行动研究并不是一种具有真正独立意义的研究方法,而是一种教研活动。这种教研活动,以教师为主体、以问题为导向,将自然科学的实验特点与人文科学的思辨性特点有机地结合起来,通过聚合、运用多种研究手段,旨在解决学校或教师在教育教学中所面临的具体而实际的问题,促进学校的内涵发展和教师专业水平的提升。

一、教育行动研究类型

作为一种以实践情境为研究场所、以解决教育教学实践中的真实问题为导向的

---

[1] 郑金洲:《行动研究:一种日益受到关注的研究方法》,载《上海高教研究》1997年第1期。
[2] 陶文中:《行动研究的基本理念》,载《教育科学研究》1997年第5期。

研究方式，教育行动研究具有不同的性质和多种的形态。就目前而言，在教育行动研究领域影响比较大的有以下四种类型。

（一）试验型行动研究

试验型教育行动研究强调以科学的理论为指导，运用多种研究方法探导、分析、解决教育教学问题，以促进教育教学实践的合理化。它要求教师在开展教育行动研究时，能自觉、主动地使用测量及统计等科学的研究方法来验证有关的理论假设，以理性和谨慎的态度来审视、验证研究过程及结果是否具有科学性和合理性。这种研究，可以是小规模的实验研究，也可以是较大规模的验证性调查。

（二）专业型行动研究

这种类型的教育行动研究，往往是以教师在教育教学中遇到的具体问题作为自己研究的对象和研究的着力点，并借以对问题的探索、解决和反思，培养自己对教育教学实践的判断、思考和分析能力，不断丰富、发展自身的实践性知识，以形成完善的知识结构和比较系统的教育教学理论，努力实现由"教书匠"向"研究型""学者型"专业人才的转变。

（三）支持型行动研究

在教育行动研究中，研究者和实践者看似都是行动研究的参与者，其实他们是从事两种不同性质活动的主体。他们在行动研究中的参与方式、参与程度均有所不同。实践者的主要任务是在教育现场情境中发现问题，收集整理资料，拟定研究的基本内容；而研究者则根据研究的需要在理论假设的形成、行动方案的拟订及结果的评价等方面对实践者给予指导。他们在行动研究中相互支持、相互帮助、相互鼓励，最终圆满解决问题。

（四）合作型行动研究

相对波澜壮阔的课程改革和日新月异的教育发展形势而言，教师个体的知识、经验、能力都是有限的。所以，作为教育行动研究的实践者，中小学教师想要超越个人的经验、水平对自己的教育教学实践进行深刻的解剖和深入的研究，就必须要以开放的胸怀积极、主动地寻求与他人合作，尤其是与高等院校和相关研究机构的理论研究者合作，因为中小学一线教师一开始往往缺乏足够的理论储备和在研究规范方面的必要训练，难以深入、有效地研究问题，更难以保证研究成果的质量。

二、教育行动研究特征

在教育教学研究的实践中，我们常常看到不少中小学的一线教师由于对教育行动研究的内涵、特征把握不准,以致错误地把它与教育实验研究混同起来,甚至盲目地效仿专业研究人员,选择过于完整和系统的方向作为自己的课题,如此既浪费了时间和精力,也影响了研究的质量。其实,教育实验研究和教育行动研究是两种不同质性的研究,前者发轫于 19 世纪末的欧洲,由德国教育学家梅伊曼 (E. Meuman)等人率先提出,后者肇始于美国,最早由美国教育学者柯瑞所倡导。它们虽然同属于人类的实践活动,均强调、凸显实践性,但因研究的目的不同,从而导致它们在研究样本、结果运用、操作者的要求等方面都存在着明显的差异。为便于教育工作者更好地区别、理解、掌握和应用,以达到解决实际问题、提升研究质量的目的,我们将这两种教育研究方法放在一起进行系统的比较和分析。[①] (见表 3-1)

表 3-1 实验研究与行动研究操作差异

范围	教育实验研究	教育行动研究
研究人员	以专门的学术研究人员为主; 要求拥有较为深厚的教育学科理论知识,具备扎实的研究能力; 应在测量、统计学和教育科学研究方法等方面接受过专业训练	以一般教师为主,专业研究人员协助; 对教育教学理论有一定了解,通常不需要严格的教育研究方法训练,故提倡有专家的咨询协助
研究问题来源	借助各种途径提出研究问题; 研究者必须了解问题,但通常并不直接介入其中	教育者在每日教育工作中所产生的实际问题(而不是去迎合一些流行的学术语或理论),这些问题足以困扰教育者
投入运作	一定时间、资金、人员投入,这些投入主要考虑能否成功完成实验	研究者的时间、精力等投入要与学校的教育规划、教师的工作条件等有相容性,即研究运作要符合实际条件
研究设计	事先做出严谨、详细的计划和方案,明确实验因素,增持加以对比的条件;注意控制无关变量,尽量减少误差	弹性的、灵活的; 按一般程序做出大体设计即可; 不强调严格控制条件或进行对比; 在总目标的指引下,研究实施过程中常常根据具体情况边行动边调整方案; 但由于教师的自我投入,可能出现偏见

---

① 张斌:《教育实验研究与教育行动研究之比较》,载《教育科学论坛》2006 年第 2 期。

续表 3-1

范围	教育实验研究	教育行动研究
抽样	尽量在研究总体中选择随机的、无偏向的、具有代表性的样本	存在所要研究问题的周遭的人群，一般就是研究者所教的学生
文献资料	研究者多查阅一手资料，且要广泛地了解该领域的研究现状，并对文献加以分析	主要阅览二手资料，以求对所研究领域的基本情况有所了解
资料搜集与分析	搜集资料时特别关注其对研究信度、深度的影响； 对资料要进行较复杂的分析，常采用量化分析； 由于要追求研究结果的普遍化，非常强调统计上的显著性	注意搜集参与人员的主观感受、意见等资料； 做一些简单分析； 由于追求对实际问题的解决，故强调教育上的实用性
测量评价	努力选取或设计最有效的测量工具，并在研究前进行测试	较不严谨
研究结果应用	理论上讲可以普遍使用； 研究者会提出应用建议	可立即用于研究者的班级，但结果很难应用到超越研究范围的情境中
研究报告	规范的学术研究论证	形式不拘一格

通过对表 3-1 进行分析，我们可以发现：若单就实践性这一角度而言，教育行动研究实际上是综合了传统教育实验研究的优点，融合教育理论与教学实践于一体，因而较之于传统教育实验研究更具有实践上的优势；若从理论这一层面上来看，教育实验研究更注重运用科学原理和方法，论证教育现象中变量之间的因果关系，以揭示教育规律。因而在学术上，教育实验研究较教育行动研究更为严谨、客观、科学。总的来说，两者还是存在较大的差异，且各有长短、互有优劣。尽管如此，其研究的精神和经验还是可以互鉴、互通的。

教育行动研究不仅与教育实验研究有着显著的不同，而且较之其他传统教育教学研究，也有其明显的特征。

（一）问题性

教育行动研究是以"教师"为主体，以"问题"为中心，以"解决问题"和"构建自己的知识"为旨归，在教师真实的教育教学环境中，以及在教育生活自然状态下所进行的一种研究模式。这也是一个从问题到行动、以行动来解决问题的过程。换言之，教育行动研究重在聚焦教学、聚焦课堂、聚焦师生活动，它要求教师在广泛收集信息的过程中发现问题，在行动中不断地认识并廓清与问题相关的因素,提出改进、优化策略,并最终在实际情境中达成对问题的有效解决。而其他类型的研究往往只侧重某一方面,很少像教育行动研究那样,把问题研究和问题解决有机地结合起来,并贯穿其全过程。所以说,解决教育教学实践中的问题是教育行动研究最根本的任务。

(二)实践性

教育行动研究生成于实践,研究于实践,且最终指向教育教学实践的改进和参与者能力的成长。它不但与教师本人日常的教学生活密切联系,而且要求教师从自身的条件和教学环境出发,通过"研究"与"行动"的双重活动解决教育教学实践中所面临的问题和困惑,以改进教学实践、完善课堂生态、提高教学实效,而不是对现有的教育理论进行验证或重构。也就是说,教育行动研究既是一种基于教育教学实践的研究,也是一种具有研究性的教育实践。它旨在破解教师理论知识与实践分隔的二元结构,实现理论与实践的有机结合,从而提升教师自身的实践能力、行动质量,以及由此所产生的对学生身心发展的实际效果。可见,教育行动研究是连接教育理论与教学实践的桥梁,具有明显的实践性。

(三)改进性

教育工作是一项十分复杂的综合性劳动,各种教育问题、教育现象层出不穷,需要教师以科学的教育理论为依据,运用多种方法和技术,探索教育规律,解决新问题、新情况,这是传统教育研究所要达成的主要目的。教育行动研究虽然也遵循一定的研究规范,重视理论在研究中的指导作用,但它更多的是关注教育教学中微观层面的问题,这些问题往往都是实际情境中有待解决的。而且,教育行动研究的样本有特定的对象,例如一个班级或一个人,因此,教育行动研究是以优化课堂教学结构、改进教学绩效、提升行动质量、扩展教育教学实践的合理性和正当性作为自身价值追求和行动目标的。这一点和传统的教育研究有着显著的区别。

(四)合作性

教育行动研究重视并要求作为实践主体的中小学教师和作为研究主体的大专院校专家学者结成研究的共同体,围绕一个具体的实践问题协同攻关、合作研究、共担责任,同时又允许两者保持各自的利益,这种合作能在一定的程度上弥补两者研究之不足。但在以往的研究活动中,专家、学者是课程知识生产的主体,居于研究的核心地位,而实践主体的中小学教师只负责将专家预先设计好的理论框架加以实施,并将专家研究的成果进行转化、应用,是他人研究成果的消费者。近十年,随着教育行动研究的兴起,中小学教师作为研究者的主体意识才有所觉醒,逐渐以研究的态度与方式走进了教育教学研究;同时,大专院校的不少专家和学者也开始抛弃了"指导者"的角色,尝试从理论的高地走向实践的前沿。由此,传统的"指导—被指导"关系发生了本质性的改变，合作关系不再是一方帮助另一方，而是"联合起来做事"，在共同的愿景下，发挥各自的优势，努力促成合作目标的实现。可见，教育行动研究是在行动者和研究者双方均可接受的伦理框架下和合作范围内进行的。

（五）指向性

教育行动研究，是直接指向特定的、真实的教育教学情境，为解决教育教学中此时此地的实际问题而进行的研究。它能够有效地促进教学实践活动的客观化、合理化，助推教师的专业成长。但是，由于教育行动研究对研究样本、研究假设、条件控制、数据比对等不做诸多的限制和严格的要求，故而在一定程度上削弱了研究的严谨性、规范性、科学性，以致所得出的结论仅适用于特定的教育教学情境。所以，不能无限制地将从小规模的教育教学实践活动中获得的结论普遍运用、推广到其他不同的地方，以免犯下以个别代替一般、以特殊代替普遍的错误。这既是教育行动研究的显著特点，也是教育行动研究区别于其他研究方法的地方。

总而言之，教育行动研究作为一种实践的、技术的、思辨的研究方法，其区别于其他的研究不是在于运用的是质化或是量化的方法收集材料，而在于是否以问题为中心、以改善教学实践和改造教育生活作为直接目的。

第三节　教育行动研究的基本步骤及操作流程

行动研究自诞生以来，国内外学者经过了深入的探索与研究，提出了许多颇具影响的操作模式。

行动研究的先驱勒温指出：行动研究的过程包含了"计划—行动—观察—反思"四个重要的环节，并由此建立了行动研究螺旋上升的操作模式。

凯米斯在继承和借鉴勒温研究成果的基础上，对行动研究过程步骤进行了些许的改进，认为行动研究是一个螺旋式发展的过程，每一个螺旋发展都是由"计划—行动—观察—反思—再计划"所构成，这五个环节是互相联系、互为依赖。从表面看，凯米斯的五个环节并没有突破勒温的操作模式，实际上，当凯米斯添上了"再计划"这一环节后，行动研究便形成了一个既相对独立又无限循环的单元。虽然凯米斯模式只是作了稍稍的改动，但它更精确地体现了行动研究的发展逻辑及内在机理。

20世纪末期，我国学者、华东师范大学教授陈桂生对凯米斯的研究成果进行了补充、修正和完善，提出了新的四环节模式，即"计划—执行—检查—总结"。陈桂生教授之所以把凯米斯模式中的"观察""反思"分别改成了"检查""总结",是因为在他看来:"观察"是反思、修订计划和进行下一步行动的基础和前提,"反思"则是促使教育理论与教育实践交互生成不可或缺的要素,因此,两者均不应作为一个独立的环节,而应贯穿于行动研究的全过程。陈桂生的教育行动研究新的四环节模式,应该说是对凯米斯成果的进一步完善与发展。

综合国内外学者的研究成果,再结合笔者多年的观察研究,从方便中小学一线教师的操作要求着眼,笔者认为教育行动研究是一种开放的、系统的循环研究,其研究过程应该设计为如下五个步骤,即"发现问题—确定课题—制定研究方案—实施行动—总结反思"。

一、发现问题

教育生活也是生活,还是会存在这样或那样的问题。然而在现实生活中,不少教师由于各种原因,总是对存在的问题视而不见或熟视无睹,从而导致他们难以从行动中发现有研究价值的问题。

那么,如何才能在纷繁复杂的教育生活中发现行动中研究的问题呢?

(一)善于观察

观察是以视觉为主、融其他感觉为一体的综合感知活动,是研究者从具体的教育情境中获取信息,掌握教育科研实证资料的最直接、最有效的途径。作为研究的一个重要组成部分,观察法也是人们感知世界、认识世界、发现问题、开展教育研究的经典方法之一。就教师而言,留心观察正在发生、发展和变化着的教育生活,善于用敏锐、疑问的眼光看待教育教学中的种种现象和事实,不断地进行思考、探索,多问几个为什么,认真地分析其存在的合理性和正当性,就有可能从费解、困惑,以及反思中养成发现问题的习惯与分析问题的能力。

(二)换位思维

换位思维,就是调换角色、转换立场来看待和思考问题。换位思维的基本形式有三种:一是视角置换,二是处境转换,三是角色互换。不管哪种形式,其目的都是为了重新设定或沟通双方的地位与关系。实践证明,这是一条发现问题的重要途径。在现实生活中,倘若我们能够善于换位思维,那么发现和解决问题的方法、途径就可能截然不同。教育行动研究也如此,只要教师能够放低身段,换位思考,想学生之所想、急学生之所急,就可以在平时的教育现象、教育故事中发现许许多多有研究价值的新问题。而实践也一再证明,许多教育教学问题往往都是在转换身份、置换处境、改变思维方式、更新教育观念后才得以重新发现与进一步的认识。

二、确定课题

课题的确定既是教育科研的逻辑起点,也是课题研究的关键环节,因为它不仅关系到课题研究的方向、价值与成效,也关系到研究方法和路径的选择。因此,如何从教育改革和发展所面临的困惑中捕捉、提取、筛选出有意义的"问题",然后又如何通过现代教育思想的过滤,从而去粗取精、去伪存真,将其中有价值的"问题"转化为行动研究的课题,这是每一位从事教育行动研究的教师都应该考虑的问题。具体来说,应从以下四个方面来确定课题。

(一) 科学性

选择研究课题必须要考虑它的科学性。一方面,科学性表现在问题要以科学的基本原理为基础。因为科学的理论对选定的研究课题起到定向、规范、选择和解释的作用;欠缺科学理论依据的课题,必然起点低,盲目性大,研究价值不高。另一方面,选题的科学性还表现在要有充足的客观事实或实验结果作为实践的依据。教育研究的课题一般存在于实践,解决于实践,作用于实践,为教学改革服务,为学生的成长服务,具有很强的针对性和实践性;而已有的客观事实和科学的实验结果又能为课题的形成提供深入研究的依据,那种大而空、浅而浮、东拼西凑、实践性不强的课题往往科学性也较差。事实上,当下中小学的一些教育研究,就有不少的课题存在着理论依据比较单薄、不成体系,或理论层次较浅、理论内容陈旧乃至过时等问题,这也是中小学教师课题研究质量不高的一个重要原因。

(二) 创新性

"创新"是科学研究的灵魂与本质,也是课题研究最根本、最突出的价值和意义所在。所谓选题要有创新性,就是要站在前人的肩膀上,通过收集、研判已有的研究成果,从而遴选出那些前人尚未认识而又需要探讨、未曾解决或尚未完全解决的问题作为课题研究的对象。对中小学教育科研课题而言,"创新"可能因研究者理论水平、科研经验等条件所限,未必能够真正做到言人所未言、见人所未见、发人所未发,取得原创性的成果,哪怕是对已有理论的应用、验证、修改、完善其实都并非易事;但我们决不可因此而放弃对创新的孜孜追求,必须遵循教育教学规律,以新课程理念为导向,用教育者的良知和责任对教育本质进行重新审视,瞄准新课程实施过程中出现的新问题、新困惑、新矛盾展开研究攻关,着眼于解决影响、制掣课程改革的突出问题,推动学校内涵式发展,力争实现研究方法、研究成果新的突破。

(三) 可行性

所谓可行性，是指课题研究所需具备或经过努力可以达到的结果。一般来说，完成一项课题研究，往往需要从三个基本条件或要素来考察其是否具备可行性，即主观条件、客观条件和时机条件。主观条件包括研究者本人所具备的知识、能力、基础、经验、专长，所掌握的与本课题有关的材料，以及对此课题的兴趣等；客观条件包括必要的人力、物力、财力等有关方面的条件；时机条件是指选题必须抓住的关键时期，例如，课题所支撑的理论或模式是否成熟、是否科学，等等。所有这些物质上和精神上的条件都必须予以考虑，如果连这些最基本的要素都不具备或者在研究的过程中无从解决，那么即使该课题具有科学性和创新性，也难以取得好的效果，甚至可能半途而废。

(四) 必要性

课题研究要有现实的需要，这点对中小学教育科研来说尤为重要。教育科研的最终目的，是解决教师教育教学中所遇到的各种问题与困惑，为提高教学质量服务，为师生的成长助力。因此，选题必须要立足于师生的成长和学校的内涵发展，围绕教育场域中的真实情景和真实事件，从教材使用、教学设计、学习方式、课堂效果、考核评价等方面，以及由此带来的相关要素或延伸的领域，选择那些具有针对性、现实性的问题作为课题展开研究。这样，教育研究的成果才有可能经过转化而介入到教育教学实践，成为学校发展的内生的驱逐力和增长力。切忌华而不实、哗众取宠，不要为追求所谓的"高大上"而脱离现实的需要，更不要耕了别人的"自由地"，而荒了自己的"责任田"。

上述四个方面，既各自独立又相互联系，所以，我们在具体确定某一科研课题时，必须通盘考虑、全面权衡，再谨慎地做出行动选择。

三、制定研究方案

教育科研在完成选题后，必须要设定课题研究的总目标，并围绕总目标科学、合理地设计课题的研究方案，理清研究思路和程序。研究方案，即是对课题研究工作的行动安排与解决问题的设想，它是完成课题任务、达成研究目标的路线图和时间表。研究方案包括远期的工作目标、中期的行动策略、近期的具体行动步骤等等。一般而言，一份完整的课题研究方案的基本内容包括课题名称、课题研究的目的和意义、课题研究的对象、课题研究的达成目标、课题研究的重点与难点、研究方法的选择、研究步骤与时间的安排、研究人员的分工、课题研究的组织与协调、研究成果的呈现形式等。在制定课题研究方案时，一定要全面考虑，既要对当前已知情况和条件进行客观的分析，也要对行动中可能出现的新情况做出适切的预判，以免顾此失彼。

四、实施行动

行动研究的实施过程,是一个"计划—行动—反思—调整—再行动"动态的循环过程,也是一个开放、发展与不间断完善的过程。其最核心、最关键的环节是——行动。这里所说的"行动",就是对研究对象进行必要的干预。换言之,就是在教育理论的指导下,研究者按照实施方案,聚焦研究问题,开展课题研究。具体表现在以下几方面。一是做好开题论证。借助集体智慧和专家的学识、经验进一步对课题的整体设计进行可行性论证,以完善课题研究方案。二是选择研究方法。根据课题研究的目标和内容,选择适切的研究方法,以确保课题研究的可信度和有效性。三是调控研究质量。即收集研究信息,完善研究过程,通过步步深化、层层推进、由表及里、去伪存真的过程,不断提升研究质量。四是物化研究成果。运用教育理论分析现象,解释经验,揭示教育规律,形成具有一定借鉴和推广价值的研究成果。需要我们注意的是,在实施行动的过程中,绝不能囿于方案而作茧自缚,必须与时俱进,因地制宜,根据方案实施后结果的变化对自己的行动策略做出相应的修正、调整、监控和完善。

五、总结与反思

总结和反思,对教师而言是一个高度个性化、情景化的教育思考的过程,其内涵为教师个人对自己教学行为的合理性、有效性进行分析与判断,具有澄清、改善自身日常教学行为背后的思想理论、思维方式,以及追寻与感悟教育生活的意义。它是教育行动研究的重要环节,也是教育行动研究深化的关键。其内容主要包括以下三个方面。

(一)整理与描述

教师对观察到的、感受到的与实施计划有关的种种教育现象、教育事实进行梳理、归纳、整合,并以形象、准确的文字真实地描述出本次循环的过程及结果,这是教师开展教学反思的前提条件。所谓描述,即描写与叙述,是一种常见的文学表达方式,成功的教育叙事描述是将教育现象、教育事实等"实然"事件进行真实的反映与客观地呈现,因此,教师须在尊重事实的基础上进一步优化细节描写,并且讲究文采和艺术性。但也要注意,描述不是以沉溺于对事件的自我陶醉为目的,而是用文字的形式将生活体验、教育现象、教育事实物化成实证的材料,以作日后评价、反思之用,因此,描述绝不可为追求文本的可读性、生动性而削弱或牺牲了对事件真实性、客观性的叙述或再现。

（二）评价与解释

所谓"评价"，乃是一种持续不断地对某事或某人进行判断、分析、监控的历程。在教育行动研究中，教师需要将事实判断和价值判断有机地结合起来，采用统计的方法对各种实验数据或者教育事实进行估计、描述、验证和分析，以提取有用信息，评判研究目标所达成的程度及成果质量；或者通过数据统计，进行合理的归因推断，及时发现存在的问题，从而改进行动策略，提升行动质量。其实，评价的品质不是在于评价教师的长短、优劣，更不是要将他们分出个三六九等，而是对行动过程进行反思、体悟，这就是解释。通过解释，对自己的行动研究做出恰如其分的思考和说明。这种解释，是教师在已有的经验基础上对行动研究的思考和领悟，是评价的自然升华。

（三）撰写结题报告

结题报告是一种专门用于课题结题验收的实用类文体，它对整个行动研究进行整体、客观、全面的评估，也是科研课题结题验收的主要依据。一篇规范的结题报告，通常需要回答好"为什么要选择该项课题进行研究""这项课题是怎样进行研究的""课题研究取得哪些成果""还存在哪些问题""今后的努力方向"这几个问题。因此，结题报告的撰写不但要符合格式、合乎规范，做到纵横有序、材料翔实、条理清晰、言简意赅，更要做到实事求是、客观全面，切忌人为拔高、夸夸其谈。

第四节　教师如何利用教育行动研究促进专业发展

教育行动研究是一种在基于问题解决的教学实践中促进教师转变教研工作的有效方式，也是让学校教研活动回归到本意的理想选择。它针对教学实践中出现的问题，制订计划，系统地搜集资料，分析问题，提出改进方案，付诸实施，检验和反省成果，并将研究的成果直接用于教学实践的改进。它把教育理论与教育实践融于一体，把学习与培训、研究与行动有机地结合起来，要求教师务必充分发挥身处第一线的优势，在日常的学校生活和真实的教学环境中边研究边行动，在行动中研究"行动"。因此，行动研究对于提升教师的教育教学实践能力，促进教师专业化成长，具有十分重要的意义。

一、在行动研究中树立先进的教学理念

教学理念是一切教学行动的指南，它不但决定教学行为的性质，而且还影响教学效果的走向。要实施素质教育，推进并完成新课程改革这一千秋伟业，教师就必须具备新的教育观、人才观、课程观和评价观，具备与新课程改革相一致的教学理念。然而，教师先进的教学理念不是凭空产生的，也不是偶然获得的，它需要教师在"行动—研究—再行动"，以及在不断地探索与实践中，通过行动研究对自己的教学行为、组织形式、技术运用、评价手段等进行审察与省思，才能达到对教学本质、教育规律的正确认知和准确把握，才能促进教师构建开放、动态的教育思维方式和认知方式。而且，在这种循环往复的行动研究中，教师必然会通过实践的反思唤醒自主发展的意识，从而主动地将自己的教学经验、教学思考融入日常教学之中，并经由教学实践的检验、修正，以及自我孵化的不断完善、蜕变，才有可能产生最活跃的思想和敏锐的思考，并最终形成符合新时代发展的教学理念、教育情怀。有了这样先进的教育理念，有了这样的一种教育情怀，教师才有可能改变自己的工作方式、生活状态和角色形象，找到自我发展的方向和道路。

二、在行动研究中优化学科教学知识

学科教学知识，即是"教师在教学过程中融合学科知识与教学知识而形成的一种特殊知识"（苏尔曼）。作为知识的一种特殊形式，它关乎教师专业发展水平的高低，也决定教师教育教学质量的优劣，是每一名优秀教师所应具备的基本素养。学科教学知识主要包含两大类知识：学科知识和教学知识。在这两者中，学科知识既是教师专业发展的基础，也是教师开展教学实践活动的前提；而教学知识则是教师专业发展的集中体现，在教师的知识结构中居于核心地位，支配着教师的实践活动，为教师的教学实践提供最终的解释性框架，具有整合性、建构性、转化性和生成性等特点。由此可见，学科教学知识不但是影响教师有效教学的关键因素，同时还对教师的专业发展起着至关重要的作用。但是，这种知识不能直接从阅读或他人的传授中获得，而必须依赖教师个体在实践的过程中经过与教育情境对话、交流与体悟中转化、升华而生成，需要通过教学实践来帮助教师选择、组织、互动和反思，从而实现对教学知识的整合、建构与优化。而教育行动研究恰恰具备了跨越理论与实践"断裂处"的可能，是实现教育理论向教学实践互为转化最好的介质和最为便捷的"管道"，促使教师将所学的理论知识用于实践、指导实践，把研究的过程变成实际的行动过程，有效地改进和完善自己的教学实践性知识，并最终达成对自身学科教学知识的更新、优化。

三、在行动研究中提升自我效能感

教师是学校发展的内源性力量，这种力量直接影响着学校的教学质量和办学成效。然而长期以来，一说到教师专业能力的提升，人们总会提到教师的"在职培训"，强调外驱力对教师专业发展的推动作用。这种说法固然有一定的道理，但却忽略了教师专业发展的自主力量，漠视了教师在专业成长中的主体地位和能动作用。正因为教师这一职业劳动具有自主性、创造性等特点，这就决定了教师成长的根本动力来自其自身的教学效能感，即源自教师对所从事的教育教学工作建立起来的教育信仰、专业信心和职业认同，源自教师自身对教育教学问题的真实感悟和体验，源自教师对未来的教育生活的美好憧憬和期待。实践证明，如果我们不能从根本上唤醒教师专业成长的主体意识，不能通过增强教学效能感来触动隐藏在教师内心深处的灵魂，那么，一切外在力量都是微不足道的，甚至是徒劳的。正如一些学者所言：教师的教学效能感与其工作的倦怠存在显著的负相关，说明中小学教师的教学效能感越高，他们的工作的倦怠感越低。[①] 而这种体现职业自主性的行动研究，不仅可以帮助教师直面现实问题，反思教学实践，形成改进策略，提升教学质量；而且能改变教师作为主体自觉发展的态度，重建职业认同，重拾专业信心，重塑教育信仰，不断丰富教师的精神生活，改善教学效能感，扩大教师发展的自主权，实现自身的专业成长。

四、在行动研究中培养教育教学实践能力

教育行动研究是教师作为研究主体，在真实的教育教学情境中，通过"发现问题—解决问题—反思问题"改进教育生活、提升教学质量的实践性研究。因此，教育行动研究所关注的重点并非学科中的纯理论研究者认定的"理论问题"，也并非以新的理论产生或某一普遍规律的发现作为价值追求，而是指向教师个体教学实践问题的解决，为一线教师缓解科研与实践的紧张关系提供可靠的解决方案。更何况，教育教学实践问题纷繁复杂，没有一成不变的解决办法，也没有现成可抄的标准答案。所以，作为教学活动"教"的主体，教师不只需要对"理论问题"有所认识、感受和体悟，更需要通过教育行动研究将经验反思和理论探索创造性地结合起来，积极、主动地在教学实践中"对行动反思"和"在行动中反思"，不断加深对实践活动的理解，增强实践能力，生成解决问题的行动方案，从而为破解教育研究"两张皮""瞎子摸象""隔靴搔痒"等现象提供可靠的策略。而教育行动研究

---

① 徐富明、朱从书、邵来成：《中小学教师的工作倦怠与其相关因素的关系研究》，载《心理科学》，2005年第5期。

这种应用性研究，不但能有效地解决教育教学实践中产生的问题，改进教学质量，而且能把理论与实践有机地结合起来，实现教学与教研的双向良性互动，在促进教师个人实践知识的概念化、理性化的同时，培养教师教育教学实践的理解力、感受力、洞察力和行动力。

[附件3-1]

陌上花开静心行　不负芳华不负卿

清远市新北江小学　张春锋

你若问我，幸福是什么？我将告知，心中有梦即为幸福。因为有梦，人生将充满各种惊喜、快乐。我因梦想而踏上三尺讲台。而今，我在这条道路上已经走过了10年，一路走来，一路成长，一路芬芳。

濡染：在行动中成长

从私立学校到公立学校，我遇到了很多有爱的好老师。是老师们的博学多才吸引了我，是老师们的言传身教感染了我，是老师们的诲人不倦激励了我，使我在三尺讲台上越走越远。

"师徒结对"，幸福成长。我的师傅是曾获得清城区英语青年教师基本功大赛一等奖的陈秀环老师。记得有一天，陈秀环老师突然从教室后面走进我的课堂，紧跟着，李璇主任和英语科大组长汤森连老师也进来了。我因为过于紧张而上了一节自认为失败的课。课后，三位老师和我面对面进行评课，帮我分析了讲课中存在的问题，找准了课程的重点、难点，优化了上课流程，并鼓励我及时记录教学反思。从听我的第一节推门课开始，我的师傅陈老师便坚持每周与我互听两节课。陈老师有着扎实的专业知识、丰富的教学经验。从课内到课外，从思想到行动，从教学技巧到班级管理，她都事无巨细地指导着我。正是在"青蓝工程"中，我得益于师傅的引领，得到了扎实的成长。

潜心教研，收获成长。在学校教研活动的推动下，我经历了各种课："师徒结对"课、教导处"推门课"、新教师展示课、"一师一优课"、骨干教师观摩课等。我们研课、磨课、上课、听课、评课、反思……共同探讨、集思广益，不同的思想碰撞出绚丽的火花，集体的智慧填补了个人的空白。就这样，我不断地学而思，思而行，行而进，且教且成长。

勇于锻炼，别样成长。在教育教学中，我积极参加各种类型的比赛，曾获"校经典美文朗诵比赛一等奖""校板书设计比赛二等奖""清城区优秀课例设计比赛一等奖""清城区课件制作比赛一等奖""清城区英语青年教师基本功能力大赛一等奖"等。在各种系列比赛中，不断地磨炼内功，提升个人素养，我仿佛听到了自己生命拔节的声音。

臻善：在引领中成长

如果说一系列的校本教研活动，让我成了一个懂得如何上课、评课的合格的老师，那么，清城区教研室组织的教研活动则让我的视野更加开阔，使我迅速成长起来。

成为"爱种子"一员，遇见美好。2018年，我非常荣幸地成了"爱种子"课堂教学改革英语导师团中的一员。英语科教研员王芳老师寄予我厚望，她时常勉励我既要做学生的好老师，也要做青年教师的"领头羊"。我深知"一个人的精彩不算是真正的精彩，一群人的成长才是真正的成长"。于是，我们开始了为期两年的飞来峡镇下乡教研之旅。每隔一个星期的周四，我们都会早早地坐车来到飞来峡镇。在这里，我们导师团的老师和飞来峡镇实验学校的老师们一起备课、听课、评课、研讨，一起钻研"爱种子"课堂教学改革的先进理念。我们一边挥洒着汗水，一边收获着成长。

专家示范，拨云见日。在研究的道路上，我们遇到了很多新问题，产生了新困惑。区教研室为我们搭建桥梁：广州名师团队的老师们、从化"爱种子"课堂教学改革的导师和实验老师们、中山"爱种子"课堂教学改革的导师和实验老师们与我们齐聚一堂，一起分享在实际教学中的所思所想。最难能可贵的是，每当我们遇到困惑或者停滞不前的时候，大爱无疆的叶惠文教授、知识渊博的林君芬博士、端庄儒雅的匡昱主任都会给我们在理论上进行精准指导，甚至一度来到飞来峡镇学校听课，再根据实际情况给出合理有效的建议，为我们指明方向，引领我们成长。

在"爱种子"的研修之旅上，多思、多悟、多问、多学，勇敢走向新模式的英语教育成了我的新梦想。于是，面对专家的讲座，我细细品味；面对研究新困惑，我陷入沉思而难以入眠；面对团队研讨中解开困惑，我也因茅塞顿开而高歌一曲。总而言之，研修路上拨云见日的惊喜不时充盈心间，这种感觉真好！

博爱：在引领中收获

2020年新冠疫情突如其来，学校停课不停学，清城区教师发展中心按照上级教育部门的指示，决定组织清城区的骨干教师开展网上直播上课。事不宜迟，清城区英语教研员王芳老师结合当前形势，火速建群。清城区一众骨干英语教师纷纷开始了网上教研活动，并且进行得如火如荼。我接到了录播六年级第一节直播课的任务，这一次，逐渐成长起来的我承担起了我应尽的责任。

接到任务后，我们线上录播小组全力以赴、紧锣密鼓地召开会议，进行研讨，如教学的重点和难点是什么、采取什么样的形式进行课前热身、整节课的主线该如何设定等，你一言我一语，很快就形成了第一稿的教案。第一稿的教案发到群上后，大家再次进行仔细的研究，有人提出开头的引入部分不够自然、有人提出环节之间过度生硬、有人提出语法操练部分过于枯燥、有人提出新授部分形式过于单一等，于是就有了第二稿教案、第三稿教案……好不容易教案定下来了，接着开始制作课件，得益于之前我对信息技术的学习，课件很快就完成了。但是，这一次轮到了课件的核查阶段，于是又有了第一稿课件、第二稿课件……终于，要录课了！可是，第一次卡住了，第二次出现了口误，第三次出现了杂音，第四次……团队成员把工作当战役去打、去拼，一次次加班加点，甚至通宵达旦的研讨、修正、创新、完善，让我深刻理解了何为坚守与担当、责任与使命。所幸的是，线上课程播放之后，获得了广大学生、家长的喜爱和城区教师们的一致好评。

接踵而来的是很多老师的"求助"，如自主学习课该如何设计、课件中的配音功能是如何实现的、用哪个软件制作微课比较好、录课时出现明显杂音怎么办等。面对这些线上提问，我耐心解答，逐一指导。

这样特殊时期的经历，怎能忘怀？这样一个个录课的不眠之夜，怎能忘怀？这样的一次次碰撞一次次成长，怎能忘怀？……

撑一支长篙，向青草更青处漫溯！我是一名普通的"撑篙人"，将满船的星辉送给孩子们，让孩子们璀璨的生命在星辉斑斓里放歌！这不正是我选择做老师的初心吗？

出道十年有余，蓦然回首，原来我早已不再青涩，原来我已茁壮成长，感谢那一路陪伴我成长的良师益友们！我愿意在这条道路上不忘初心、砥砺前行，唯有此，才不会辜负我们的芳华岁月。

第四章　教师专业发展的叙事研究

　　教育叙事研究又称为"教育故事研究",是一种基于反思和理性力量唤醒叙事者的主体意识和自觉意识,以转变教育理念、改进教学行为的研究方法。它以中小学教师为研究主体,以课堂教学实践为思考对象,以提升教学质量、促进学生发展为行动旨归。这种植根于日常教育生活、扎根于课堂实践的研究方法,不仅使教育研究的话语权重新回到教师手中,成为教师解决教育教学中的实际问题的最好载体,而且还能有效地激发教师的自我发展意识,从而获得持久的发展动力和不竭的灵感。

第一节　教育叙事研究的内涵与特征

教育叙事研究自进入教育领域以来，因其"深描"的研究方式能较好地反映教育事件的丰富性、复杂性、形象性，以及人们复杂而丰富的心理世界，近年来越来越受广大中小学教师的青睐。为便于更合理、更科学地选择和运用教育叙事研究方法，我们有必要厘清教育叙事研究的内涵及特点。

一、教育叙事研究内涵

"叙事"（narrative）虽然是由英文动词"narrate"变化而来的，却有着拉丁文的深厚根源，其原意是知识、技能。早在公元前4世纪，即柏拉图生活的年代，人们就已经开始对"叙事"展开了讨论。然而，其真正作为一门学科——"叙事学"，直至20世纪后半叶才由法国著名的文艺批评家托多罗夫（Tzvetan Todorov）正式提出。他在1969年出版的《〈十日谈〉语法》一书中曾这样写道，"这部著作属于一门尚未存在的科学，我们暂且将这门科学取名为叙事学，即关于叙事作品的科学"。或许是为了方便读者理解，托多罗夫还特地在书中对这门新兴的学科作出了清晰的定义：叙事学是"关于叙事结构理论。为了发现结构或描写结构，叙事学研究者将叙事现象分解成组件，然后努力确定它们的功能和相互关系"。此后，叙事学理论蓬勃发展，其研究成果蔚为壮观。20世纪80年代，加拿大著名学者康纳利（Connelly）和克莱丁宁（D. J. Clandinin）将"叙事研究"导进教育研究领域，并在1990年发表了《经验的故事和叙述研究》，标志着教育叙事研究的正式诞生。20世纪90年代初，"教育叙事研究"才作为一门学科被译介到中国来。尽管国内外的教育叙事研究卓有成效，专著迭出，取得了较为丰沛的成果，但中外学者对教育叙事的内涵、概念依然没有统一的看法，目前仍众说纷纭，具有代表性的观点主要有以下几种。

教育叙事研究的先驱康纳利和克莱丁宁认为：叙事是基于反思并通过个人的经验来制造意义，具有整体主义的品质。

加拿大著名教育学者马克思·范梅南（Max van Manen）提出："教师从事实践性研究最好的方法就是说出和不断说出一个'真实的故事'。"

冯晨昱、和学新认为：教育叙事的研究是以故事为手段，通过对过去事件的发生、现在的影响以及对未来的期待的描述来构建生活的意义的研究方式[①]。

---

① 冯晨昱、和学新：《教育叙事研究述评》，载《上海教育科研》2004年第7期。

丁刚认为：教育叙事是表达人们在教育生活实践中所获得的教育经验、体验、知识和意义的有效方式①。

傅敏、田慧生等人认为：教育叙事研究是研究者通过描述个体教育生活，搜集和讲述个体教育故事，在解构和重构教育叙事材料过程中对个体行为和经验建构获得解释性理解的一种活动。②

综上所述，我们发现，尽管国内外学者研究的出发点和视角有所不同，对教育叙事研究内涵的文字表述也有较大出入，但其主要思想基本上是趋于相同的，即教育叙事研究必须以真实事件、活动、体验和感受为素材，通过对这些教育现象、教学事件和活动体验的叙述来发掘或解释这些现象、事件、活动等教育生活背后的教育机理和教学理念，以揭示教育教学的本质、规律和意义。

二、教育叙事研究特征

教育叙事研究是以"质的研究"的方法论为基础的一种研究人们体验教育生活的形式，是"质的研究"方法在教育教学研究中的具体运用。它除了具有其他教育研究方法的一般特点外，还具有自己独特的研究思维、行动路径和鲜明特征。这种特征主要表现为以下内容。

（一）时空性

对教育叙事研究来说，时间不仅是叙事文本分析中的技术需求，而且从根本上讲，叙事的冲动就来自于寻找失去的时间。叙事的本质是对神秘、易逝的时间的凝固与保存，变得具体可感。③ 教育叙事研究所叙述的故事，绝不是叙事者主观臆造或道听途说的，也不是对现在正在发生或将来即将发生的教育教学事件、教育现象的展望与期待，它是对过去某一时间节点，某一特定空间发生过的、有意义的教育事件的追溯或再现，是用生活的话语把教育实践与教育理论连接起来的桥梁。简言之，教育故事必须是研究者在教育教学实践中实实在在"做出来的"，而不是无中生有、信口开河"编出来"的。而且，叙述故事的目的是让听者或读者穿越时空，借助所叙述的故事进行想象、加工、黏合，感受教育过程的快乐与艰辛，把握这一真实事件的本质，体悟其中所蕴含的教育思想和教育哲理，最后生成属于自己的教育、教学智慧。

（二）主观性

教育叙事无论是"所叙之事"还是"所用之叙"，包括环境的渲染、细节描

---

① 丁刚：《教育叙述的理论研究》，载《高等教育研究》2008年第1期。
② 傅敏、田慧生：《教育叙事研究：本质、特征与方法》，载《教育研究》2008年第5期。
③ 龙迪勇：《寻找失去的时间：试论叙事的本质》，载《江西社会科学》2000年第9期。

绘、情节的取舍与选择，以及对人物形象的评价褒贬都难免夹带着叙事者个人的主观因素。究其原因，是教育叙事研究所关注的点在于叙述者个体的亲身经历，因而在叙述某一故事尤其是对某个事件或行为进行解构、重构、解释、评价的时候，必然会烙上叙述者个人的情感色彩印记或渗透着个人崇尚的教育理念，体现出叙述者的价值观念和教育信仰，同时，也是叙事者有意识地将自己潜意识中的教育观念推到意识的前台。正因为如此，若要对教育事件做出客观的评价，最大限度地保持故事的真实性，叙事者就必须秉持"价值中立"的原则，既要恰当地调控好个人的情绪，注意克服先入为主的偏见，直面真实的情景，以客观的、冷静、理智的态度对事件的情节发展进行整体性、形象性和动态化的呈现，又要发挥人的主观能动性，"真正使教育叙事处于未完成的、不断生长的开放状态，从而给读者根据自身的知识基础、文化背景、认知风格等实际情况作出多元、开放的解释提供足够的空间"①。从中我们不难看出，只有将客观的过程与主观的阐释融为一体，并且实现互为构建，教育叙事才有可能在客观与主观、控制与开放中找到平衡点，否则，教育叙事就会有损其应有的价值。

（三）故事性

教育叙事研究离不开故事，这些故事通常都不是日常生活中普通人的情感纠缠、风花雪月或快意恩仇，而是在教育生活中曾经发生或正在发生的教学事件和动人故事。它是真实的，并且含有疑难问题和具体的教育情境。这些源自某一教学实践中的事件、故事，看似平淡无奇，其实都是鲜活而真实的，是教育生活中不确定的波折或偶然性的变化；它不但有时间、地点，有起因、经过、高潮、结局，情节跌宕有致、起伏曲折，还有似曾相识的主人公，以及他们生活的波澜壮阔的时代背景，这诸多要素联结起来，共同构成一个故事的载体，真实地还原事件经过，有效地展示矛盾冲突，客观地表述研究者自己在实践中的亲身经历或内心体验，深刻地反映了丰富的教育现象背后的真正意义。可以这样说，一个好的教育叙事就如同一出好的电视剧本，故事性强，情节精彩，悬念重重，引人入胜。相反，那些情节简单、毫无情趣的教育生活故事，即便蕴藏着教育契机和教育哲理，也必然是乏味的、单调的，更无法使读者或听者产生心理的互通，激起情感的涟漪。

（四）实践性

实践是教师专业发展的根基和生命。教师每天的生活、工作、学习都与教育实践息息相关，与教育叙事有着千丝万缕的联系。因此，教师的专业发展不可能在"远离课堂的地方生长"，更不可能脱离日常的教育教学活动，而必须立足于教育

---

① 王会亭：《近十年来我国教育叙事研究：回顾与反思》，载《河北师范大学学报（教育科学版）》2011年第12期。

教学的实践才能得以实现。这也意味着，只有把教育叙事研究放在鲜活的教育教学的实践中来进行，与身边朝夕相处的教师和活泼的学生联系在一起，与丰富多彩的校园生活融合在一块，教育叙事研究才有可靠的驻足点和强大的生命力。也只有"这种'从生活出发，从事实出发，从教育实践出发'的叙事研究，真正把教育问题的学术研究回归到鲜活的现实中，使理论研究回归思想的故里，使教育研究融入实践的滋养"[1]，才能有效地促使教师对自身的教育理念、教育行为进行理性的审视和反思，并在自我审视及反思中对自己在教育教学实践中面临的困惑进行进一步的澄清或者获得一种解释，进一步增强教育的自觉性、敏感性，从而重建自己新的教育生活，塑造出一个崭新的自我。所以说，实践性是教育叙事研究的重要特征。

（五）个体性

教育叙事是教师个人心灵轨迹的实录，也是重塑和建构教师专业人格的过程，它以形成教师自己独特的个性化教学作为价值追求。因而，教育叙事研究主要不是聚焦在"群体"的共性上，而是把目光投放在"个体"的存在状态的观察上，通过采撷个体的教育故事以建构现场文本，旨在揭示隐藏在具体教育事件中个人的教育教学实践经验不可重复或不可复制的情感、认识和生活体验，探索情景化背景下教育故事的真实意义。这就意味着，要构建起具有代表性、典型性和深刻度的教育世界，研究者不但要走进具体的教育活动的场域，精心选择与重构教育故事，准确地把握"事实"本身所承载着的客观属性，更要将这些富有个体价值的教育教学实践与教育教学理论进行有机融合。在基于先进的教育思想、科学的教学理论对教育实践进行深度剖析的同时，研究者进一步挖掘解决这些个性化的教育问题经验的独特意义，并在充分挖掘、分析、概括个体所蕴含、积淀"经验事实"的基础上，采用自己惯常使用的、用来表达他们看待教育世界的方式和方法。教育叙事研究一旦丧失了个性化的思维、情感和话语方式，就会有违其作为专业研究方法的本质属性。

第二节　教育叙事的基本要素及结构

要运用好教育叙事，提高教育叙事研究的实践解释力及研究成果的理论品质，无论是研究机构的专业研究人员还是广大的一线教师，都应该把握好教育叙事研究的基本要素及其结构。

---

[1] 刘亚军：《教育叙事研究：高校青年教师专业发展的有效途径》，载《现代教育科学（高教研究）》2009年第6期。

一、教育叙事基本要素

叙事是一种文学样式,"叙"是记叙、叙述,"事"是事件或故事。因而,从本质上讲,教育叙事虽然具有研究成分,但其主要理论基础是文学中的叙事理论。即便是教育叙事已由经典叙事学向多元叙事学发生了新的转向,但其基本要素还是在于"叙"和"事"两个方面。这些"叙事"要素,具体来说有以下几点。

(一)人物

人物是教育叙事中的一种基本要素,无论其在故事中扮演的是具体"组织者"还是直接的"参与者",他们都是"行动者",是表达研究者思想、情感的主要载体,也是体现教育叙事意义或价值的重要介质。这些教育叙事研究中的人物,往往都是学校的教师、学生、校长或者是家长,在日常教育教学生活中,这些人或许都属于"沉默的大多数",羞于自我张扬和自我表达。尤其是在三尺讲台上默默耕耘奉献的教师,看似没有显赫的学历,也没有耀眼的光环,更没有惊人的业绩,但是,他们在教育教学实践中所产生的方法经验、行动图式却具有普遍的借鉴与启迪意义。所以,教育叙事研究常常需要从他们当中选择一些"失语者"作为重要的研究对象,通过对他们在具体的教学事件和教育情境中的行为表现、心理活动、情感变化等方面的描写,来表达他们对教学思想、教育哲理的理解。

(二)场域

"场域"一词为法国著名社会学家布迪厄(P. Bourdieu)所首创,是指由许多社会位置间的关系所构成的虚拟的网络,或一个构型。而教育叙事研究的"场域",固然脱胎于社会学,含有社会学所指的意义,但它后来的发展却与文学意义上的"场域"更为密切,甚至有着千丝万缕的联系。在教育叙事研究中,"场域"既指文化环境,例如社会规范、价值信仰和人生理念,也指自然环境,例如水土、地域、天气等,它不是"空"的场所,也不是"死"的结构,而是各种要素相互交织、彼此渗透形成的一个人类生存的空间和生活的栖息地。毫无疑问,场域在教育叙事中具有不可或缺的意义,不仅能诱发教育事件中人物的行动,影响其情感及诉求,甚至有可能制约事件发展的走向。如此说来,一切的教育事件都应该是在一定的场域中发生、发展的,离不开场域中各主体的协调和努力。换言之,只有在具体的场域之下,这些发生在教育生活中的具体、真实、鲜活而富有意义的事件,才具备了教育叙事的本质。所以,教育叙事研究只有对事件发生的时空等场域要素进行合理的烘托、渲染和呈现,才能完整地展示事件的发展进程,让读者看到事件的来龙去脉,理解故事发生的前因后果。

（三）情节

"情节"与前面所述的故事在内涵上尽管有所不同，但它同样也是教育叙事构成的基本要素之一。教育叙事的"情节"，其实是指教育故事中表现人与人之间或人与环境之间相互作用、相互影响、相互制约的发展过程，一般包括开端、发展、高潮、结局等部分，必要时，还可以在开端之前加个序幕，在结果后面添上个尾声。虽然说教育叙事的情节源自生活，但它又高于生活，是现实生活的艺术浓缩，甚至很多时候，教育叙事的情节还以一定的逻辑规则将事件的冲突、矛盾和悬念串联起来，形成一种序列性和相对完整性的有机结构，而不是某种偶然性的节外生枝或简单的描述。苏联作家高尔基说过，情节"即人物之间的联系、矛盾、同情、反感和一般的相互关系——某种性格、典型的成长和构成的历史"。在教育叙事中，情节不仅能够叙述事件，设置悬念，展开认知的冲突，显示人物的性格，推动故事向纵深发展，而且还能在故事的不断演进中使体验得以进入意识的层面而清晰化，使思想逐渐明朗、丰富起来，从而拓展、深化故事的教育内涵，建构对教育意义的真正理解和诠释。

（四）主题

虽然教育叙事研究是一种研究活动，但它毕竟是以教师日常教育教学实践活动作为研究对象，以叙事的方式来揭示教育本质、探寻教育规律的一种方法。因此，在教育叙事中无论是问题的提出，还是问题情境的建构，都必定孕育在某个特定的教育情境之中，而且其背后必定有一个照亮整篇题材的主题。如果没有一个鲜明的主题贯穿其中，即便情节如何跌宕起伏、曲折有致，也构成不了教育故事。但是，这个主题不是简单地将某个教育理论问题作为一个"框"，然后根据主题的要求选择若干个教学案例、教学事件填进去，而是在教育故事中自然包含的、生成的概念，是研究者对过往教育或教学活动中经过审视、省思、过滤、升华所形成的理性认识，也就是我们平时所说的"道理"。它贯穿于整个教育故事的始终，成为教育叙事研究不可缺少的思想灵魂。正如华东师范大学刘良华教授所言："每一个故事都是由一个事件和一个道理构成。"只是，教育叙事的主题往往不是直露地、泛滥地溢于表面，而是巧妙地寓于教育故事或教育事件所叙描的情景、细节和艺术形象之中，以一种藏而不露的方式表达某种关于教育或人生的哲理。正如"道可道，非常道""道隐无形"，因此，它需要读者自己去发现、领会和体悟。

二、教育叙事结构

从结构上看，教育叙事主要分为回顾、关注、反思和重构四个部分。

（一）回顾

"回顾"语出东汉末年文学家、书法家蔡邕《翠鸟》一诗："回顾生碧色，动摇扬缥青"。其词语释义为回过头看。后引申为：回想过去，思考过去发生的事件；对某一时期事态的总的观察；等等。事实上，教育叙事中所说的"回顾"，并不是我们平时所说的简单地回想过去，将自己的教育教学生活的历程重新梳理一遍，用口述、笔写或梦境等诸种方式表达出来；而是在此基础上，叙事者以欣赏、思辨或批判的眼光通过教育叙事对自己过往的教育理念、教育行为、教育过程、教育结果进行检视、分析、反思、批判。这种回眸、顾盼，其主要目的不在于总结过去，积累素材，为日后研究"自我"提供基本的背景和实证材料；而在于借助回顾、思考去寻找自己在教育教学上的缺陷与短板，发现自己的优势与长处，以便扬己之长、避己之短，从而准确地找到自我专业发展的方向与实现的路径。

（二）关注

在教育叙事中，"关注"是教师对教育教学实践中所获取的经验再现、交流、反思、分享与增值的一种便捷、有效的表达方式，也是连接回顾与反思的桥梁。正因为"关注"是触发教师开展教育叙事研究不可或缺的媒介，所以作为兼具行动者和研究者双重角色的教师，首先要培养自我关注的意识，学会如何关注，如何透过纷繁复杂的教育生活现象，提炼出那些自己应该关注的有意义、有价值的事件。这些能够引发教师对教学活动进行深层次的反思的事件，既可以是正面的、成功的，也可以是负面的、失败的，但不管是积极的还是消极的，它都应该是"原生态"的、"原汁原味"的，是教师个体在自己的教育生活中所经历的事件或者发现的问题。例如，课堂中有趣、难忘或难堪的事件，教育生活中成功的体验、扰人的烦恼，骨感的现实与丰满的理想之间的矛盾，专业潜力与发展方向不相一致的无奈，等等。因此，教师在日常的教育教学活动中应处处留意身边存在的问题，时时关注身边发生的事件，时刻保持着敏感、敏锐、敏捷的状态，练就一双发现问题的慧眼，养成勤于关注、乐于关注的良好习惯。

（三）反思

教育叙事研究的旨归是改进自己的教学实践，改善自身的日常教育生活，因此，关注其本身并不是目的，它只是教师对自身的教育理念、教学实践反思的基础，"反思"才是教育叙事研究的核心和灵魂，是提升原有经验、实现改进教学行动这一目标的重要途径。教学实践具有复杂性、情景性、个别性和不可预测性等特点，再优秀的课堂教学也不可能毫无瑕疵。正是因为教学是一种带有遗憾的艺术，它才富有改进的空间和反思的价值。因此，教师必须以积极的态度审视、分析、反思、研究自己的教学行为，才有可能及时发现教学中的缺点与不足，调整教学实践行为的偏差，形成知识呈现的崭新方式，促进教学状态的进一步优化，引导教学实践不断地走向完善；才有可能帮助教师重新看待现实场景中的自己，扬长避短，化劣势为优势，变优势为强势，不断释放教学潜能，实现教育教学方法的再创造，进而获得专业成长的空间；才有可能使自己的教育教学研究走向深入，准确把握教育教学规律，获得对教育的最本真的认识，引导学生幸福的成长。由此可见，就教育叙事而言，反思不是盲目的猜疑，更不是粗暴的否定，而是植根于教育实践并面向于教育实践的批判与重构。所以说，教育叙事研究一旦缺乏反思的参与，就难以发掘隐藏于其中的教育理论、教育信条和教育思想，难以引发教学改进与教学重建，也就背离了其促进教师专业发展与学生学习之旨归。

（四）重构

作家周国平说过，思想如同风中的纸屑，其中只有一些落在幸运者的手上，大部分都随风飘散了。教师教育生活中的许许多多故事也是如此。因此，重构过往的教育故事就成为教育叙事的前提。如何才能将这些已经消失的、富有启迪意义的往事完整、逼真地呈现出来，让人如临其境、如闻其声、如见其人，这就需要研究者走进具体的教育场景，唤起往日的生活状态或生活记忆，寻找相关的线索、证据及观点支撑，重新组合、编排、构造，形成一个与原故事起因、发展、结果相同或相似的闭环。同时，研究者也要注意，事件、故事、场景的重建并不是重构的最终目的，而只是叙事研究的一种技术手段，所以不必过分地追求"形"的真实。重构的真正意图，乃是通过呈现和表达教育生活经验的本真状态，追寻参与者行走的足迹，倾听过往教育生活中"那一个"事件变化进程的足音，促使教师反思自己的生活史和教育生活世界，并"让教师学习如何描述学校知识、生活史和思想发展之间的关系，从而达成自我转变"，实现个人的体验的变革。

这四个部分，既各自独立又前后勾连，互为一体，共同作用于教育叙事研究之中，成为教育叙事研究不可分割的一部分。

第三节　教育叙事与其他教育文体的区别

教育叙事的形式多种多样，诸如教育叙事、生活故事、个人档案、个体自传、叙事访谈等，但无论是哪种形式，它都有着自身的特征，并且与其他的教育文体有着明显的区别。

一、教育叙事与教学案例的区别

教育叙事与教学案例都是以故事的形式呈现，所叙之事往往都是教学实践行动者本人的亲身经历，或者以"记叙者"的身份对教学实践行动者所提供的"文本"进行述说。因此，从"情景故事"这一意义上来说，教育叙事也可被视为一种"教育案例"，只是"教育叙事"所叙述的大多是某一个有意义的教学事件，例如，一堂课、一次活动、一项实验，甚至可以是课堂中临时生成的一次教学实践，属于个案；而教学案例则是从改进教学策略出发，有意识地选择含有问题或者疑难情景进行多角度的描述和适度的加工并经由执教者分析、反思，以展现其在教育理论指导下获得的解决问题的策略、智慧，属于综案。此外，教育叙事偏重于故事的叙述，突出故事的相对完整性，而教学案例虽然也对教学的特定情境及其意义进行诠释或叙述，但这只是案例分析和问题讨论的基础和前提，它要突出的是问题与问题解决的过程，尤其是要强调讨论、反思在问题解决的过程中的研究导向，因而较之教育叙事更具有研究的色彩和理性的分析。

二、教育叙事与教学论文的区别

教育叙事与教学论文的主要区别在于：一是从文体看，教学论文是将平时教学中的一些做法、经验或者研究进行总结，并综合运用教育理论进行讨论、推理、判断与淬炼形成的阐述教育观点的文章，表达手法以说理和议论为主；而教育叙事则是通过讲故事来说明道理，甚至还可以借助教育心理学，对某一个体或某一群体的教育行为做出合理的分析、想象和推断，其中虽兼有议论和说明，但主要的表达方式仍是记叙。二是从写作思路看，教育叙事是通过对事件的叙述、描写，寻找理论，阐发观点，思维方式是从具体到抽象；而教学论文则往往是理论先行，先亮出观点，然后摆事实、讲道理并加以论证，思维方式是从抽象到具体。

三、教育叙事与教案、教学设计的区别

教育叙事与教案、教学设计最大的不同在于撰写的时间节点上。教案、教学设计都是课前设想的教学思路，是教师实施教学的路线图、时间表，所反映的是执教者的教学设想和预期，而不是结果，它们撰写于教师授课之前。而教育叙事则是对已经发生的教育教学过程的描述，反映的是教学的过程与结果，是教师授完课之后所撰写的教学的反思。

四、教育叙事与教学实录的区别

教育叙事与教学实录都是教育教学情景的描述。教学实录是把教学的整个过程原原本本地记录下来，常见的形式有两种，一是剧本对白式，二是叙事描述式。但不管是何种形式，教学实录所强调的只是事实判断，不能反映教师的反思，以及反思之后对教学行为、教学策略的改进和完善。教育叙事尽管也是以事实为基础，以接近经验为基本追求，但它允许研究者根据不同的主题选择叙述内容，也可以对事件中某一情节、某一片段和某一方面进行"夹叙夹议"，将自己对这一环节、这一堂课的反思乃至对某一种教学理念的理解插入相关的教学环节，其目的是通过"叙事"来审视、反思教育实践，在经验中升华教育理论，建构自己的教育生活世界，所要突显的是价值判断。

第四节　教育叙事的技巧

教育叙事因为借鉴了文学理论中的"叙事学"，以讲故事、叙事等形式来叙述教育问题，表达对教育事件、教育现象的解释和理解，从形式上看，它是一种记叙文文体，而非议论文或说明文。掌握教育叙事的技巧，有助于把一个事实或事件的发展过程客观、真实地叙述出来，以便更好地阐述流动在现象背后的事实，让读者深刻地体悟到这一客观事实后面所隐含的丰富的教育意义和深刻的教育哲理。

一、教育叙事叙"何事"

教育叙事应叙何"事"，目前学界的看法基本一致。学者们普遍认为，这个"事"，可以是学生成长中的一段心路历程，可以是教师对教育实践中遇到的突发事件或困惑的一次记录，也可以是因为某个成功或失败的案例而触发的思考和反思。无论所叙之事为何事，都一定是基于教育生活中真实存在的具有"情境性""事实性"和"过程性"等特点的某一鲜活生动的案例。这就意味着，臆造与虚构的故事不能称之为"事"，缺失"场景"和"情境"的故事也不能称之为"事"。甚至可以这样认为，即便是教师写的自己的教育故事，如果没有启示意义和教化价值，没有冲突、矛盾、误解、困惑、争执或其他任何使教育事件复杂的因素等所构成的"情节"，那也只能算是教育生活的流水账。所以，选择记叙教育情境中发生的教育、教学事件要有所考虑。一般来说，那些令人诧异不安、激动不已的事件，那些让人感慨万千、思绪万端的事件，经过叙事者思想的过滤、沉淀，既有生动的故事陈述,又有基于事实判断或采用心理学理论的深刻分析,从而具有一定的可读性和教育价值,方可视为教育叙事所应述之"事"。

二、教育叙事"如何"叙

教育叙事该"如何"叙?迄今为止还没有形成一个可套用、可复制的基本范式。就教育叙事本身而言,它具有题材广泛、内容丰富、写法灵活、语言生动、结构独特等特点。因此,自叙事研究走进教育领域以来,不少的教育叙事理论研究者都在"如何"叙这一问题上进行了诸多有益的探索,企图为教育叙事研究建立起"叙事"的基本框架或范式。例如,加拿大学者康纳利和克莱丁宁将叙事流程分为三个阶段:现场工作—生成现场文本—转化为研究文本。我国学者王枬认为,教育叙事研究应包含以下流程:确定研究问题—选定研究对象—进入研究现场—进行观察访谈—整理分析资料—撰写研究报告。通过梳理这些国内外学者的观点,我们可以发现,不管是康纳利和克莱丁宁的"三个阶段"还是王枬的"六个流程",其主要结构均包括场域、主题、情节和结果。也就是说,教育叙事流程起码要具备三个程序:首先要把握现场体验,然后将现场文本转为研究文本,最后推出一个诠释性的结论或揭示研究文本所隐藏的意义,这应该是中外教育学者所认同的教育叙事的基本流程或写作范式。需要注意的是,作为一种质的教育研究,研究者如果不是亲身经历者,他是不太可能直接进入叙述者的经验中的,而必须借助谈话、文本及解释等诸多形式来完成对叙述者经验的呈现,因此,教师在叙事时应该融入个人的情感体验、经验,特别是伴随这种体验感受而带来的思考与反思。唯有如此,才能使叙述者的体验得以进入意识的层面并日渐明朗而清晰,从而建构过去的事件,阐述教育、教学行为的意义。

当然,教育叙事的方式、技巧远不止这些,但只要把握了这两点,也就基本上懂得教育叙事该"如何"叙了。

三、教育叙事中的"我"是谁

在教育叙事中,作为叙述者,"我"是一个高频出现的词语,因此有必要弄清楚"我"究竟是谁?"我"在叙事研究中扮演着怎样一个角色?

"我"是谁?在哲学上是一个经典的问题,也是一个抽象的概念,但在教育叙事研究中,读者所看到的"我",却是一个血肉丰满、栩栩如生的个体,既可以是一线的中小学教师,也可以是校外科研机构的研究者。若是中小学教师,"我"便同时充当了故事的叙者和听者,这种以双重身份参与的教育叙事研究,既以自我叙事的方式来审视、清理、反思自己的教育教学行为,又常常通过描写"我"在教学事件发生时的心理状态,折射出"我"在反思某一个具体的教育事件时的教学理念、教育思想，以寻求对日常教育实践和教育生活改进的研究，这种教育叙事研究就是我们通常所说的"教师叙事的行动研究"。若"我"作为校外的研究者，"我"便是一名纯然的叙事者，研究的方式则是以中小学教师作为观察和访谈的对象，或者以中小学教师的想法或提供的文本作为"解释"的对象或蓝本，这种教育叙事研究可视为研究者叙事的观察。这两类叙述方式中的"我"，虽然所指代的对象有所不同，但都是作为教育叙事研究中的关键人物或情节上的关联人物，把所见、所闻、所想、所感、所悟有机地串联起来，推动情节向前发展。采用第一人称叙述方式，以"我"作为叙述者，其好处是将自己恰当地置于其中而成为事件的讲述者、参与者，有助于充分展示叙述者的心理体验与感受，更真实、更客观地将故事呈现给读者，拉近叙述者与读者的情感距离。但是，以"我"作为第一视角来叙述，在一定程度上遮蔽了叙述者的视野，局限了其所见所闻，影响了其对事件意义的深度挖掘和充分的展现。因此，作为叙述者必须加强教育理论学习，准确把握基础教育改革与发展的趋势和动态，不断提高发现问题、分析问题的敏锐度和深刻性，保持对教育的一片赤诚情怀，这样才有可能站在更高的视点上审视、思考、内省，从而获得对事件或事实的一些解释性的意见或独到的见解。

四、教育叙事的表达方式

从体裁来看，教育叙事应属于叙事文范畴，其结构常常表现为"故事＋议论"，并以两种形式呈现：一种是故事的主线与研究者的分析交叉出现，叙事与议论融为一体；另一种是文本的前半部分为故事，后半部分为思考、反思或点评。从表达方式看，教育叙事主要以叙述为主，辅之描写和议论。"叙述"，作为教育故事写作的重要表达方式，其作用主要是要清晰地交代教育事件的背景、人物、场合、事件，以及事件发生的前后经过、来龙去脉。特别是对那些情节曲折变化的事件，如果人物活动有增减、场景转换有变化，则更要把这些变化说清楚，切忌对活动过程做笼统的、概括化的说明。"描写"，是展示空间状貌的艺术，也是撰写教育故事的重要手段，因而在写作时也须善于运用，要通过这一表达艺术，惟妙惟肖地展现出教育故事中一幕幕精彩的场面，使读者产生身临其境、如睹其人、如闻其声的感觉，从而增强故事的真实性。教育叙事中的"议论"，一般是缘人、因事而发，着墨不多，但往往是点睛之笔，因此，要紧紧围绕人物、事件以简明、妥帖和准确的语言进行阐发、评析，或揭示故事中人物的内心世界，或展示故事背后所蕴含的教育哲理，让读者或听者从故事中探寻到教育活动发生、发展的轨迹以及内在的逻辑联系，从而获得对故事本质的诠释。

五、教育叙事的细节描写

细节决定成败,教育叙事研究报告是否"出彩"、是否有魅力、是否具有潜在的可读性,关键在于叙述者是否把细节写得"精彩"。教育叙事聚焦的虽然多是一线教师关注的教育现场,但它真正的目的不是讲故事或告诉别人发生了什么事,而是在于研究,在于通过描写特定的教育场景,或"再现"教育事件中偶发的现场因素,以揭示教育生活中的某些特征,以及教育发展的一般规律。要"再现"这些特定情景和发掘这些偶然因素,我们不能以笼统的文字或苍白的言语来描述教师的日常生活故事及故事情节,而必须对人物、景物、事件等富有特征的细枝末节进行"深度"描写和生动刻画。作家李淮说得好:"细节在揭示人物性格与特征的作用上,有时与一个情节、一场戏有着同样的作用,这正如平常所谓的'于细微处见精神'"。没有细节就没有艺术。只有把关键性的细节描写清楚、生动、形象,以至惟妙惟肖、活灵活现,才有可能充分地反映人物丰富的内心世界,塑造有血、有肉、有个性的人物形象,增强作品的艺术性、感染力和真实感;才有可能丰富和深化故事的主题,展现教育的本质,引起具有同样生活体验的读者产生情感的共鸣与心灵的悸动。

第五节 教育叙事研究促进教师专业化成长

教育叙事研究作为一种质的研究方法,其本质在于以人们身边发生的"真实故事"为载体,以一线教育实践者为主体,通过对教育现象、教育事件的解读,直接指向教师个体的教育生活和心灵世界。其意义不仅仅是为教师在心灵深处保留一隅属于自己的空间,在现实生活中找到一条自由表达的可能途径,而且是以教育实践场景的生成性促使教师在面对教育过程中无法预知的突发事件时必须采取有效的应对策略,并及时地付诸行动。因此,教育叙事研究越来越被认为是一种有助于校正教育认知、改进教学实践、促进教师专业发展的形式。

一、促进教师教研意识觉醒

一直以来,一些专家、学者过于强调教育科研的规范化、科学化,这种纯粹的学术性的教育研究方式,不但没有给中小学教师带来多少实惠和收益,反而造成了人们对教育科研心存敬畏、望而却步,甚至产生了"教育科研恐惧症"。所以,在过往的中小学教育教学研究中,很少看到中小学一线教师的身影,即便有为数不多的教师，他们也常常处于被动的边缘地位，甚或成为专家研究方案的"实验品"。久而久之，教师的科研意识和科研能力就越发弱化和衰减，以致严重相悖于新课程改革对教师科研能力的要求。而教育叙事研究，作为一种以讲述故事的方式来描述教学经验、诠释教育哲理、体悟教育真谛的研究方式，由于其突出的生活性、平民性，不仅容易为广大教师所掌握，使教育研究回归教育生活的本身，而且能为一线教师提供在实践、反思、质疑、判断的过程中发出个人声音的绝佳机会，成为中小学教育教学研究核心的学术话语方式，从而让教育科研的话语权、主动权恰当地让渡到每一个教师的手中。更难得的是，在教育叙事研究中教师能借助教育场域中的不同节点记录下来的"故事"，经由回顾、思考、省思，发表成熟或较幼稚的看法而无所顾忌，从而深切地感受到自身在教育叙事研究中拥有的话语权。对每一个教师而言，只要找寻到这种主动权和话语权，就会唤醒、激发潜藏在身上的主体意识，从而增强从事教育科研工作的自信，重塑参与教研活动的主体性，继而使原本处于无意识自发的教研状态转变为有意识自觉的教研行动。而且，这种可贵的觉醒绝非专家的若干场培训或讲座所能奏效的，它是教师对自己的角色及主体性的重新定位与认识，更是一种全新的教育生活方式、思维方式的开始。

二、培养教师的问题意识

教师专业发展，始于对问题的敏锐发现，终于对问题的有效解决。而现实却是，不少教师对教育教学场域中无所不在的问题视而不见。他们不但缺少一双发现问题的慧眼，甚至对问题的发现、解决了无兴趣。不妨设想一下，一个欠缺发现问题的意识及行为状态的教师，如何能够主动地审视与思考教育的昨天、今天与明天？如何能够理性地认识自我、评价自我，自觉地实现自身的专业发展？因此，培养教师的问题意识乃是促进教师专业成长的当务之急。要达成这个目标，教育叙事研究无疑是一条很好的路径。这是因为，与其他自上而下的思辨式研究范式不同，教育叙事研究"以其事实有特色、丰富，情景生动鲜活，思想开放多面和实践突出的明确特点，在无形中，为教师的教研之路打开另一扇窗"[①]。这就要求教师不但要敏于事、善于思，关注生活，而且还须具备对人们在自然情境下的"教学冲突"和"教学问题"进行生动的描述与反思性解读的能力，能够透过纷繁复杂的教育事件和斑驳陆离的教育现象发现有意义、有价值的问题，并经由审察与省思直抵问题的本质，才有找到解决问题的有效策略、独特思路的可能。如果教师欠缺问题意识，是不可能及时觉察到问题所在的，也不可能有效地触动大脑的思维因子，更不要说在教育叙事的活动中选择并确定具有实用性又有价值的教育教学问题来展开研究了。正是因为教育叙事研究是行动者直接融入并成为主体的研究，它能让每

---

① 邹晓明：《教育叙事：一条有效的教育智慧生成路径》，载《现代中小学教育》2015 年第 7 期。

个参与的教师都经历发现问题、思考问题、分析问题、解决问题等过程的历练和打磨，教师由此才有可能在实践中不断地积累阅历、丰富经验，增强对问题的敏感度、敏锐度，养成一种新的思维习惯和教育生活方式，进而自觉地把问题意识的培养与提升作为自己终身的专业去发展和追求。

三、塑造教师的职业品格

教育不是简单的操作性行为，而是一项人道主义事业，是一份升华人的精神、塑造人的灵魂的工作，它需要维护和关注受教育者的尊严、价值、命运和幸福，需要对其理想与人格作出肯定与塑造。因此，教师专业发展不能仅仅被视为专业知识、专业技能的提升，更应该被视为教师人文精神的成长。而具有人文主义色彩的教育叙事研究方式，深深地根植于教学实践和教师的日常教育生活中，并以"实然"的教育生活故事作为研究的对象，以教师自己的生命历程做背景，促使教师通过不断反思在教育自然情景中发生的真实事件，倾听源于自己内心深处的声音，在达成对教育本质、教育规律、教育价值的深刻认识的同时，提升并实现了自身道德实践的善与生活取向的美。当教师一旦豁然开朗，真正理解了自己所从事的教育工作的意义，他们就会自觉地把人的个性发展和人的自身完善放在教育价值的首要位置，真诚地把学生看作鲜活的、性格各异的、思想独立的人，充分尊重学生的主体性、差异性和多样性，并在教育教学中自然而然地流露出对生命的关爱和呵护。无数的实践证明，教育叙事研究不但能有效地促使教师专业生活方式发生变化，满足教师学习研究的欲望和改进实践的诉求，而且还能唤醒教师的人文理性，提升教师的人文精神，塑造教师的职业品格。

四、丰盈教师的生命意识

德国诗人荷尔德林（Holderlin）曾经说过："世界充满劳绩，然而人诗意地栖居在大地上"。这是一种诗化的生活，也是一种人生至上的境界。对教师而言，要达到"诗意地栖居"的境界，固然需要通过优化生活环境和社会关系来延伸自身自然生命的长度，拓展社会生命的宽度，但更需要教师依靠自身的努力以促进自我精神生命的高质量成长。这就意味着，教师必须要不断地"'改变'教师对实践的理解，包括改变教师的'内隐理论'或'个人化理论'"，提高教育技能，让教育成为一项富有情趣、富有诗意、富有神奇美妙体验的工作。但客观地说，如果仅局限于教学专业能力的提升，教师还是难以"诗意地栖居"在这片教育的热土上。因为，教育不只是"传道、授业、解惑"，更是对生命的点化与润泽，这就需要教师在提升自我教育教学技能的同时，还必须具有追求诗和远方的教育情怀，把职业当成自己的事业，把本职当作天职，将教育实践转化为教育生命，在平凡而神圣的工作岗位上实现自我精神生命的成长。教师倘若能达到这样的人生境界，带着满腔热情从事教育工作，教书育人便不再是一项辛苦的劳作，而是一种富有意义的劳动创造，一种高尚的生活与精神享受。而教育叙事研究作为一种个人精神世界建构的工具和过程，它在引导教师以对话与反思的方式改进教学实践、实现专业发展的同时，还能通过时间、地点、情节和场域的协同让教师回归真实的教育世界和生活世界，寻求对世界、对生活的直接体验，从而进一步思考人生的意义，拓展生命的疆域，丰盈生命的意识，进而永葆对个体生命价值的永恒追求。

[附件4-1]

亦师亦友　教书育人

冯剑英　杨寿固　竹影

"老师，那天我迷路了，是您找到了我，背着我回家，您的手好暖，您的肩好宽，让我觉得很幸福，谢谢您，我会好好学习的！"帅气、开朗的阿布都扎依尔自信而微笑地站在讲台前，用他越来越流利的普通话响亮地说道。他的目光注视着我，使我的心底不禁泛起丝丝的暖意。

阿布都扎依尔是个新疆孩子，十二三岁，一头稍黄的小卷发，眼窝内陷，样子显得有些与众不同。他一个人远离父母寄住在清远亲戚家，只会听、说维吾尔语，因为语言不通，又不适应新环境，学习有些吃力，三天两头不交作业，散漫、贪玩甚至经常搞恶作剧，再加上脾气有些倔，同班的孩子们都不喜欢他，胆小的女同学更是在上学、放学的路上远远地躲着他。我刚接手这个班时，他着实让我头疼、心忧。

一个冬天的深夜，一阵急促的电话铃声把我从梦中吵醒。原来是阿布都扎依尔父亲的电话，他说他从新疆来到广东清远，父子俩吵了一架后，儿子不见了。又冷又黑的天，阿布都扎依尔去哪里了呢？我顿时慌了，来不及细细思索就穿着拖鞋跑下楼，在大街小巷里呼喊着他的名字，一遍遍寻找，但找遍了大街小巷，都找不到他，我快急疯了。

天快亮的时候，才好不容易在公园的湖边找到了他。他又怕又饿，正在瑟瑟发抖。看到我那一刹，他奔跑过来，扑进了我的怀里大哭起来。我也心疼地直流眼泪：他还是个语言不通、人生地不熟的孩子呀！这几个小时，他心里该有多恐惧和难过啊。我不忍心责怪他，只想给他温暖的肩膀。"来，我们一起回家。"我拖着疲惫的身体，背着阿布都扎依尔深一脚浅一脚地往家走。

正是这次送他回家，我才知道阿布都扎依尔寄居在亲戚家的出租屋里。那是一间20平方米左右的老旧房子，挤了5个成人，七八个小孩，居住条件很差，而且只有一个20岁左右的姐姐能听懂普通话。我才意识到这个孩子身处他乡，远离父母，缺少完整家庭的温暖，日子过得很不容易。于是，我非常耐心地跟他的亲戚做了沟通，嘱托他们一定要重视孩子的学习和管理。

从此，我对他多了一些关注。要想他尽快适应新环境，真正变得阳光自信、热爱学习，就必须得帮助他过语言关。好在还是一年级，一切都不晚。我从拼音抓起，利用休息时间给他补习，引导他学拼音、识字，并在课堂上尽量多给机会让他发言，多练习说普通话。此后，孩子虽然偶尔也会不交作业，甚至犯些小错误，但相比以前已是非常努力了，有时还主动跟我谈他的学习心得。功夫不负有心人，一个学期不到，他就能用普通话和大家正常沟通了，同时，他也慢慢地融入了班级这个大家庭。这让他找回了自信，也让他找到了久违的快乐。

…………

看到眼前自信阳光的阿布都扎依尔，我心里十分欣慰，同时也感到肩上那一份沉甸甸的责任。作为一名小学班主任，对于后进的学生，只有寻找到师生之间的真情实感，心灵默契，做到亦师亦友，才有可能真正地读懂学生的喜怒哀乐、所思所想，才能走进他们心灵的深处，感知和体察他们内心的快乐或疼痛，做他们的知心朋友和坚强后盾，用爱心和理智引导他们走出那片茫茫的沼泽地，帮助他们建立起生活与学习的自信，幸福而快乐地成长。

第五章 教师专业发展的反思性教学

　　随着新课程改革的进一步深化，经验反思的重要性也随之被提到一个空前的高度。这就意味着，教师需要主动地对自己在新课程改革中所扮演的角色进行重新的认识与定位，需要对自身在长期的教学实践中所累积的教育方法、教学经验进行审视、反思。新课程改革背景下的教师，再也不是传统意义上的"教书匠"，而是教书立人的导师，不能只是长期维持于原有的教育、教学和教研水平，而必须对自己的教学理念、教学行为进行恰当的、深刻的内省，不断地重构自己对教育理论与实践的基本看法，努力提升与扩展教学实践的有效性和合理性，进而形成与新课程理念、要求相一致的个人化教育哲学。

第一节　反思性教学的内涵与特征

反思性教学是教师以自己的教学活动作为反思的对象，以提高专业素养和提炼教学经验为主要出发点，通过对自己的教学实践，以及由此产生的教学伦理、教学结果进行检视、分析并做出理性的判断，从而提升教学实践质量的过程，它是促进教师专业成长的核心要素。因此，我们有必要从内涵和特征两个维度对反思性教学进行梳理与定位，从而有效地运用与实践反思性教学的方法、策略为教师专业成长和课程改革服务。

一、反思性教学的内涵

"反思"一词最早见之于西方古典哲学，本意为"思维""思考"，又译为"反省""反映"，是西方哲学的一种认识论。德国哲学家黑格尔（G. W. F. Hegel）认为，反思是把握绝对精神发展的辩证概念，是从联系中把握事物内部对立统一本质的概念。荷兰哲学家斯宾诺莎（Spinoza）指出，反思是认识真理的比较高级的方式。由此可见，反思是一种思辨性思维，即通过对当前认识的审视、分析、批判来洞察事物本质的思维形态，其本质是理论与实践的对话。在我国，早在春秋时期，大教育家孔子就曾经说过，"学而不思则罔，思而不学则殆""吾日三省吾身"等，其中都包含了诸多关于"反思"的要素，体现了古圣先贤的一种思维意识。不过，这些要素只是感性化的、碎片化的解释，甚至这些解释更多是停留于修身养性的道德层面。20世纪早期，美国实用主义教育家杜威（J. Dewey）在《我们怎样思维》一书中，才对"反思"做出了一个比较完整、科学的学理性的界定。杜威认为，"反思是问题解决的一种特殊形式，它是对于任何信念和假设性的知识，按其所依据的基础和进一步推导出来的结论而进行的主动的、连续的和周密的思考"。随后，他又通过详细的实验论证，将这一抽象的"反思"理论进一步具体化，并总结出"思维五步法"：①疑难的情境；②确定疑难所在；③提出解决问题的假设；④推断哪个假设能够解决这个问题；⑤验证假设。杜威的"思维五步法"，只是提出了一个人类思维过程的大致框架，并没有明确、清晰地给反思性教学下一个严格的学理性定义，但由于其所提出的思维过程与教学过程内在机理高度契合，因而被后人广泛应用于教育学领域，成为反思性教学的雏形。

20世纪80年代，认知心理学蓬勃发展，并最终取代了行为主义心理学，在心理学中占据主导地位，"反思性教学"便由此应运而生，甚至形成一个学术思潮。例如，美国学者斯冈（D. A. Schon）在其《反思性实践者》和《指导反思性教师》

著作中，不但首次明确地提出了"反思性实践"这一概念，而且还系统地阐述了"反思性实践"和"反思性教学"的内在联系。1983 年，斯冈出版了《反思实践者：专业人员在行动中如何思考》，他认为反思性教学即是教师从自己的教学经验中学习的过程。此后，布鲁巴赫（J. W. Brubacher）又把"反思性教学"实践进一步细化为三类："对实践反思""实践中反思""为实践反思"，从此，"反思性教学"于教师而言便具有了可操作的抓手。在国内，反思性教学研究起步相对较晚，直到 20 世纪 90 年代才有为数不多的学者在借鉴西方学者成果的基础上展开过一些零星的研究，但成果寥寥，其中影响较大的要数华东师范大学熊川武教授。1999 年，熊川武出版的《反思性教学》是我国第一部反思性教学专著。该书在消化、汲收欧美学者反思性教学研究成果的基础上，从教学主体、教学目的、教学工具三个方面较为系统、全面地阐述了反思性教学的合理性，进一步揭示了反思性教学的内在机理。该书从目的这一视角对反思性教学进行了定义，认为反思性教学就是教学主体借助行动研究，不断探索与解决自身、教学目的以及教学工具等方面的问题，将"学会教学"与"学会学习"结合起来，努力提升教学实践的合理性，使自己成为学者型教师的过程。进入 21 世纪之后，越来越多的国内学者纷纷介入反思性教学的研究，试图从不同的维度或需要对其内涵加以厘定。例如，张立昌从操作的层面阐述它的含义，认为反思性教学是教师在教学实践中，批判性考察自我主体性行为表现及其依据，通过回顾、诊断、自我监控等形式，或给予肯定与强化，或给予否定与修正，从而不断地提高自身教学效能与素质的过程。此外，甘正东、高翔等人也从不同的视角提出了自己的看法，但迄今为止学术界对反思性教学尚无一个统一的定义。

综合上述观点，并结合自身的研究，笔者认为：反思性教学就是在教学实践的过程中，教师将自己的教学活动、课堂情境作为认知对象，进行自我对话、自我反思、自我批判、自我创生，以实现再认知的一种有意识的行为。

二、反思性教学的特征

长期以来，不少人把反思性教学看成是一种教学方式，其实这是一种误解。我们认为，反思性教学与其说是一种教学方式，倒不如说是一种研究方法，是一种对自身的教学活动进行质疑、省思、批判，扩展其教学合理性、正当性的一种研究手段。它不是机械地按照教材和课程标准的要求来组织教学，而是在理解和把握课程标准和教材的基础上，借助行动研究重点探究和解决教学过程中教学主体、教学目的、教学结构，以及原有的思维方式等方面存在的问题，以此提升教学实践的质量。可见，反思性教学不仅与常规教学迥然不同，而且还超越了常规教学理论研究中技术理性思维的局限，是一种具有较强科学研究性质的研究型教学，并有着自己鲜明的特点。

（一）创新性

反思性教学是以提升教学活动的合理性作为出发点和归宿的，无疑具有较强的创新特征，具体表现在两个方面：一方面，作为一项实践活动，反思性教学中的反思不仅是教师对自身教学实践进行经验性总结或对过往教育生活的回顾，更是教师作为行为主体在先进的教育思想、教育理论指导下，对自身教学实践中的行为及由此而产生的结果进行理性的检视、诊断和反思，而且这种审视、反思具有可重复实验和可复制推广的意义；另一方面，反思性教学从教学实践中发现问题，且针对存在的问题提出实验假设，设计实验论证假设，在实践中检验假设，寻找解决问题的路径和办法，这就使得参与反思性教学的教师在先进的教育思想的指导下，借助教育行动研究，对自身的教学实践进行分析、推理与检验，从而不断地改进、完善教学策略，让自己的教学处于改革与创新的状态。

（二）实践性

要使知识内化为能力或上升为素质，必须经过"消化—转化—内化"的过程，而实践是必经之道。反思性教学之所以能够改善教学行为，就是因为它不是教师个体对日常教学工作纯粹的回顾，也不是教师对自身所做过的事情进行简单的总结，而是教师把反思嵌入教学实践中，借助行动研究，在实践中反思，在反思中实践，从而不断地优化教学策略，重构教学流程，重塑教学模式，重组教学内容，以达到课堂教学的高效性。换言之，反思性教学就是促使教师在日常经验教学中自我觉醒、自我救赎。但这种觉醒和救赎并不是要贬低"经验"教学，而是要在教学实践中通过自我否定、自我更新的方式不断地发现问题、解决问题，确保反思不断接近教育的事实，抵达教育的本质，揭示教育的规律，以指导未来的教学行动，最终反哺于教学。因此，作为改进教学实践最理想的载体，反思性教学既具有某种超越琐碎现实而提升教师内在素质的作用，又具有改进教育实践的潜在功能（考尔德黑德和盖茨），能有效地促进教师"学会教学"、学生"学会学习"，实现教学相长。所以说，实践性是反思性教学的一个重要特征。

（三）道德性

教育以生命为本，生命是教育的灵魂，因而教育是一种以人格塑造人格、以灵魂成就灵魂的劳动，具有很强的人文性、道德性。而这种道德性与教育活动息息相关，渗透在教育教学实践中的各个环节，具体表现在两个方面：一方面，教师以职业道德作为自身的教育教学行为准则，自觉地履行为国育才的神圣使命，并以坚定的信念、崇高的理想、无私的奉献潜移默化地影响学生成长，成为学生成长路上可靠的引路人和幸福的守望者；另一方面，教师以专业道德作为专业发展的源动力，在教育教学的实践中不断构建职业认同、培育专业精神、形成专业自我、提升专业品质，以自己广博的学识传道授业，陶冶情操，启迪智慧，促进学生全面发展、健康成长。正因为如此，在很多富有教育教学经验的一线教师看来，要提高教学质量，完成立德树人的任务，首先就要想方设法来增强教师的职业道德和专业道德，提高教师的责任心、专业精神。而有关的研究表明，反思性教学强调的恰恰是反思者内在品质的修炼与道德责任的强化，并且，这种在实践中砥砺磨炼的过程，能使教师变得心胸开阔，淡泊名利，志存高远，即便身处逆境依然保持着教育者应有的教育理想、教育良知和教育使命，自觉地、不断地增进专业知识，提高自身的专业技能和专业素质。

（四）个体性

反思性教学的过程，是教师不断地对自己的教学实践进行自我审视、自我评价、自我更新的过程。这一过程，不仅可以激活教师个体的反思意识，唤醒教师的创新热情，从而使教师积极地探索教学策略，改进教学行为，使课堂教学永葆创造的活力和思维的灵气，还可以促使教师对自己的内隐理论不断地进行外化、修正和完善，从而实现理论与实践相结合，形成个性化的教学思想和教学特色。由此可见，反思是一种综合能力，是经过后天历练所形成的个性品质，具有很强的主观性和个性化特征。实践证明，这种个性品质需要反思主体以开放的态度、以追问的形式来省思自己，在日常的教学实践才得以形成、强化。

第二节 反思性教学的类型

关于反思性教学的分类，由于研究者的视角及研究的理论基础不同，迄今为止，学术界提出了诸多的不同类型，而最为学术界所推崇的主要有下面几种。

一、麦伦和范梅南的"层次划分说"

20世纪七八十年代，美国学者麦伦（V. Malen）和加拿大学者范梅南经过长期的追踪、研究，发现教师的反思具有三个不同的层次：技术性反思、实践性反思和批判性反思。在此基础上，他们对这三种反思进行了精要的解释。

技术性反思：这是一种依据个人经验对教学事件进行的非系统、非理论性的反思。在这种反思中，反思者把科学和技术置于重要的位置，强调技术是反思的核心，甚至把它凌驾于价值结果之上，而对能否达成既定的目标却不太关注。

实践性反思：该反思主要针对课堂实践基础的假设和特定策略的使用是否合理。这种反思把实践知识摆在首要地位，强调专业实践活动是知识产生的主要方式。

批判性反思：强调教师反思的重点在于从社会、政治与伦理学的角度出发检讨自己的教育教学行为是否合乎公正和平等，它要求处于这一水平的教师既要关注学生的长远发展，也要考虑学校教育所蕴含的社会政治意义、伦理道德价值，以及社会环境中公平正义的要求。

从逻辑结构上看，技术性反思处于反思性教学的最低层次；实践性反思是技术性反思层次向批判性反思层次转化的一个中间阶段；批判性反思是反思性教学的最高阶段，这种反思需要时间的磨炼和智慧的积累，也是一般教师难以企及的境界。

二、格里菲斯和唐的分类

1992 年，英国的两位教育学者格里菲斯（M. Griffiths）和唐（S. Tann）在深入地研究反思性思维后，提出了超越斯冈二分法的"五种反思维度"的构架，将教学反思分为快速反思、修正、回顾、研究、理论的重构与重建共五个维度，在此基础上，还对这五个维度进行了解释。

快速反思：这是一种即时、自主的在行动的过程中进行的反思。

修正：这是一种惯常的、停顿思考的、快速的、当场的行为。

回顾：即回想、思考过去，旨在总结和收集弥散的经验、资料，包括日志、自传、故事、课堂实录、学生反馈等，并做出量性评价。

研究：即研讨、探究，是人们经过一段较长时间的沉淀后对教学实践再次进行系统的思考和反思的行为方式。

理论的重构与重建：这是反思的"天然"的组成部分，既包括对深层次教育观念的重建，也包括技术层面上对教学设计的重构。这个层面的反思比其他层面的反思更理性，更严谨，所需的时间也更长。

格里菲斯和唐认为，任何教师的反思都是建立在不同的时间速度和知觉水平之上，并按照行动、观察、分析和计划的顺序循序进行的。

格里菲斯和唐的分类，在反思性教学发展史上具有里程碑式的意义。它不仅建立了"五种反思维度"的构架，扩展了斯冈"在行动中反思"和"对行动反思"的思想，使人们的反思行为更具体化和更具可操作性，而且打破了前人将"反思"仅当成是反思性教学某一特定环节的片面做法和僵化思维，并把它视为贯穿于整个反思性教学全过程的最核心的要素，成为介入与参与理论重构的重要力量，从而拓展了反思的领域，深化了反思的层次，提升了反思的质量。

三、按反思的时间分类

教学反思的范围广泛、形式多样。为此，美国著名教育家布鲁巴赫从时间的维度将教学反思分为教学实践活动前的反思、教学实践活动中的反思和教学实践活动后的反思。

（一）教学实践活动前的反思

教学实践活动前的反思，是指教师在进行教学设计之时的反思，包括对教学内容、教学对象、教学目标、教学重点和难点，以及完成教学目标所需要的动机、教学模式和教学策略等进行研究和思考，以确定"教什么""怎样教"。简而言之，就是要备教材、备学生、备教法。它是教师有效上课的重要前提，是提高教学质量和教学效率的关键。备教材，就是要认真研读教材的内容，弄清楚本课时、本单元乃至本册教材教学的重点和难点，把握好教学内容的深度和范围。我国现行的中小学统编教材，不仅内容丰富、体系完备，而且突出综合性和创新性，如果按照教材一成不变地教学，就很有可能会影响整个教学任务的完成。所以，教师要根据学生的学习状况和教学所要达成的目标对教材进行取舍、整合，编制合理的教学方案，以增强教学的针对性和有效性。备学生，就是要充分了解学生的学习兴趣、学习习惯、心理特征及兴趣爱好的变化，使教学设计贴切地建立在学生现有的学习基础和已有的学习经验之上。备教法，就是备教学的方法。教学是一门复杂的科学，也是一门奇妙的艺术，同样的内容，采取的教学方法不同，其效果可能就不一样。而教学方法有很多，如讲授法、谈话法、实验法、讨论法等，这些教学方法既有各自的优点也存在着自身的局限性，因此，教师应该从学科特点和学生的实际出发，灵活、适当、合理地做出选择，力争达到"教学有法"与"教无定法"的和谐统一。教学前的反思做得好不好，关键是看教师能否做到眼中有爱、心中有生、腹中有本、脑中有法。

教学实践活动前的反思，既有助于培养教师的反思习惯，又可以增强教学设计的针对性与有效性。

（二）教学实践活动中的反思

教学实践活动中的反思，指的是教师在教学活动中对出乎意料的、未曾思考过的教学情境，以及对学生学习的达成状态、效果进行的及时思考。事实上，在教学实践中，教学设计再完美，教法预设再圆满，也难以保证不会出现意想不到的问题。面对课堂教学中偶发、突发的教学问题或教学事件，教师需要及时、主动地进行反思，调动各种感官捕捉反馈信息，根据课堂中的实际情况，快速、灵活地对教学计划做出合理的反应和调整，抓住有利于教学计划实施的因素，因势利导，顺势而为，切不可充耳不闻、视而不见，甚至让学生"牵着鼻子走"。教学中来不及反思的问题或现象，教师应运用录音、录像技术及时记录下来，并进行必要的归类与取舍，为以后的教学反思提供有效的信息。教学实践活动中反思的主要内容有教学方法是否适切、教学计划是否执行、学生的合作学习是否流于形式、学科核心素养是否落实、立德树人的目标是否达成。这种反思要解决的是发生在课堂教学现场的问题,因而具有监控性、灵活性等特点。

(三) 教学实践活动后的反思

所谓教学实践后的反思,是指教师在一个相对独立的教学阶段结束之后,对整个教学过程进行回顾、分析和评价的过程,包括对教师的教学理念、教学行为、教学中的得与失进行的理性观察与思考,是一种有益的思维活动和再学习活动。教学活动后的反思是反思性教学的重点和关键。这种反思既能使教师有意识地、谨慎地把在教学实践中的遗憾或错误进行详细的剖析,从中找出问题与不足,便于对自己的日后工作进行有效的监控,也使教师在日常教学中所获得的经验通过审视、修正、强化,去粗取精、去伪存真,逐渐上升为教育教学理论或固化成某种有效的教学范式,因而其具有总结性、批判性和超越性等特点。教学是一种"遗憾的艺术",即便看似很完美的课堂教学也难免会有不足之处,需要教师在教学实践活动结束之后,及时地审视、分析自己的教学行为,找出影响教与学的关键问题,通过反思进行优化与改进。正是这样,教师在不断地对过往的经验进行改造、重组中形成自我审视、自我批判意识,从而在实践—认识—再实践这种螺旋上升式的过程中生成合理的教学行为,不断地丰富自己的知识与经验,实现专业成长。

[附件 5-1]

关于"高效课堂"的思考
杨寿固

近几年来,语文"高效课堂"大行其道,已成为业界研究和教学的时尚话题。作为一名中学语文教研员,自然聆听过不少专家关于"高效课堂"的讲座,也观摩过诸多一线名师关于"高效课堂"的精彩展示。说句实在话,当初我对"高效课堂"也心驰神往,相见恨晚,甚至还奢望中学语文课堂能"清风徐来",一扫"慢、差、费"的陋习。后来,随着听的课日渐增多、思考的不断深入,我对时下贴着"高效"标签的语文课堂,渐渐产生了质疑。尤其是前段时间,在全程观摩完青年教师语文基本功比赛后,我更是汗不敢出,忧心如焚。因为在这场比赛中,我发现这种所谓的"高效课堂",语文教学越来越习惯于条分缕析地"讲"、事无巨细地"灌"、周而复始地"浇",也越来越习题化、肤浅化、程序化、机械化,而阅读、思考、质疑、表达等代表语文的核心能力却在退化、萎缩,完全忽视了学生的自主、合作、探究学习,忽视了学生思想、情感、精神、道德的培育。

其中,一位青年教师的比赛课《山中与裴秀才迪书》使我印象尤深,或许也最能够体现时下"高效课堂"所自诩的"短、平、快",以及所谓的"高效率"。

这节课的教学流程大致是这样的:首先是教师导入新课,介绍作者和《山中与裴秀才迪书》的写作背景；接着是学生配乐朗读课文一遍，教师讲解课文；最后是学生习题训练，教师归纳答题要领。

一节40分钟的语文课，我几乎看不到师生之间、生生之间、学生与文本之间本应产生的认真、细腻的对话，更看不到学生在细读课文基础上所形成的质疑、讨论、思维碰撞和有效合作。学生阅读浮皮潦草，教师讲解浅尝辄止，而将近一半的时间都用于学生做练习和教师传授答题技巧。

诚然，课堂上进行适当的习题训练无可厚非，毕竟学生离不开考试，还是需要通过练习掌握一定的应试技能。但是作为教师，面对《山中与裴秀才迪书》这样一篇经典游记散文，本应指导学生细读文本，体味作者独抒心机的谋篇，体悟文本精准的言语表达所蕴含的意味，体认作者丰富、细腻、独特的人生态度，传承和弘扬中华传统文化，使学生不断增长自己的语文经验和人生智慧，又怎么能够舍本逐末，将语文的教学目标仅仅指向"应试"、指向分数，仅仅着眼于学生的答题技巧的训练呢？

这样的语文课，在目前的考试制度下，或许能培养出会考试的"尖子生"，使他们成为考场的胜利者，但我敢说，这样的语文课绝不可能培养出语文素养出色的学生，更不可能锻造孩子敏慧的心灵。因为在语文教学中，一旦文化的血脉断了，学生的语文素养、人文精神自然也就随之流逝了。

如果这样的课堂，能够贴上"高效"的标签，并成为我们竞相学习仿效的榜样的话，那么，我们多年来所倡导、所追求、所实践的语文素质教育岂不是要付之东流、回到原点了吗？

什么才是真正的"高效课堂"？对于不同的学科、不同的人，可能见仁见智，但在我的心中，"高效课堂"应该是这样的：

从课堂的形态上看，"高效课堂"的氛围应该是轻松的、愉悦的，是师生共同成长的场所，而不是窒息生命的栅栏。在这里，学生是课堂的主体，情绪饱满，精力充沛，学有所成，心中时刻洋溢着幸福美好的情愫，学习、质疑、对话、合作已成为学生的自觉行为。在这里，教师能够以育人为己乐，以事业为己任，让激情点燃生命，让关爱充溢教育，在三尺讲坛上能够感受到教书育人的乐趣与语文教学的美好。

从课堂的目标上看，高效的语文课堂，不应该总是停留在"授业、解惑"层面，只围绕"分数"讲授一些应试的技巧、方法和答题的程序；不应该过于功利化、"效率化"，把文质兼美的课文"肢解"得面目全非，使之变成一道道面目可憎的练习题而失去了语文独有的魅力；不应该在应试教育的逼促下，把本该生意盎然、活泼有趣的语文课硬生生地变成枯燥无味、了无情趣的习题训练。"高效"的语文课堂，应该着眼于学生的幸福成长和终身发展，把课堂"教"与"学"的目标真正落实到语文的核心素养上，通过听、说、读、写的训练，发展学生思维，提高学生的语言建构与运用能力，培养学生良好的语文学习习惯，进而让学生获得思想的启迪，享受审美的乐趣，播种人文的情怀，灿烂生命的光华。

从课堂的结构上看，"高效课堂"应该是和谐的、共生的。这种和谐、共生，主要包括两个方面。一是教师与学生和谐共生。具体来说，就是教师以自己学识、经验、教育智慧以及自己在读写活动中所生成的独到而鲜活的教学内容，不断激活教学过程，激发学生的学习兴趣，促进学生自主学习与有效生成，并最终达到教学相长。二是学习过程与教学内容和谐共生。在语文教学中，学生既是教材内容的学习者，也是教材内容的生成者，只有亲身经历了语文教材的生成过程，学生才有可能成为教材内容的学习主体，真正拥有生成的结果；同时，也只有实现学习过程与教学内容的共生，才能催生出更多鲜活的教学内容，形成最优质的教学资源，达成高品质的课堂教学。

这样的语文课，才是充实、丰满、灵动、富有浓郁的"语文味"的，是真正回归语文本真的高效课堂；这样的课堂，才会让学生会心一笑，乃至永久回味，是学生真正喜闻乐见的高效课堂。

"高效课堂"，尤其是语文学科的"高效课堂"，不应该只有眼前考试的苟且，还应该有诗和远方——人文、灵性和崇高的精神生活。

第三节 反思性教学模型及实施策略

关于反思性教学的步骤，国外的反思性教学研究学者进行了很多的研究与探索，提出了不少的看法。经过梳理，笔者发现，这些学者有着基本一致的观点：反思性教学是一个系统的、复杂的过程，各环节之间环环紧扣，互为相生，从而形成一个有机整体，并呈现出螺旋或循环上升的特征。

一、国内外有影响的反思性教学模型

反思性教学经过多年的发展、完善，不但形成了一个稳定、有序、科学的操作程序，而且还固化成被学术界所认同的有效的教学模型。目前，国外最有影响、最具有代表性的有埃拜（J. W. Edby）模型、拉博斯凯（V. K. Laboskey）模型，国内影响比较大的有陈琴、庞丽娟等学者提出的"有效反思循环过程"反思模型。为便于读者了解，笔者在此逐一介绍。

（一）埃拜模型

该模型是基于杜威的"反思理论"和柯尔伯格等人的"道德发展理论"而提出来的。

埃拜模型表明，反思性教学包括反思性计划、反思性教学、反思性评价三个部分，并由此所构成一个闭环系统。该系统包括"开展课堂观察—提出问题—收集与分析资料—做出结果判断—考虑备选方案—思考计划如何实施—将计划付诸行动—开启新一轮的课堂观察"等环节，终而复始，循环往复，其中，反思性计划是相对的起点。（如图5-1所示）

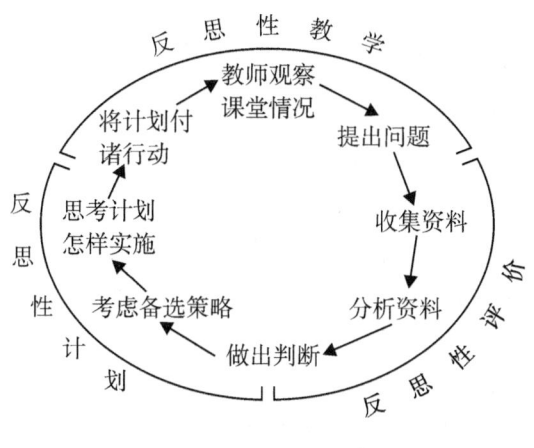

图 5-1 埃拜模型①

埃拜模型侧重于"全面、完整"地描述了反思性教学的宏观过程，并且特别强调教师的职业道德必须要超越习俗水平，否则就会犯以互惠互利为原则来设计教学或处理事件等错误。可见，埃拜模型是教师通过不断监控、评价课堂教学效果而旨在达成的自我修正、完善教学实践的反思性教学模型。

（二）拉博斯凯模型

该模型是以杜威的实验主义理论作为基础、以教学实验结果作为依据提出来的。

该模型认为，反思性教学包括形成动机阶段、在行动中反思、解决问题三个部分，而解决实际问题是反思性教学的最终目的。拉博斯凯模型不但强调反思性教学中动机与结果的统一，而且要求反思的结果必须有助于形成"新的理解力"，即改进反思的能力，改进对教材与课程的理念，澄清教学的态度或价值观，提升教师的情绪与品德。这种"新的理解力"虽然是暂时的、动态的，处在不断地修正与提升中，但它是教师专业素质获得提高的重要标志。（如图5-2所示）

---

① 张大均：《教育心理学新观点》，人民教育出版社2011年版。

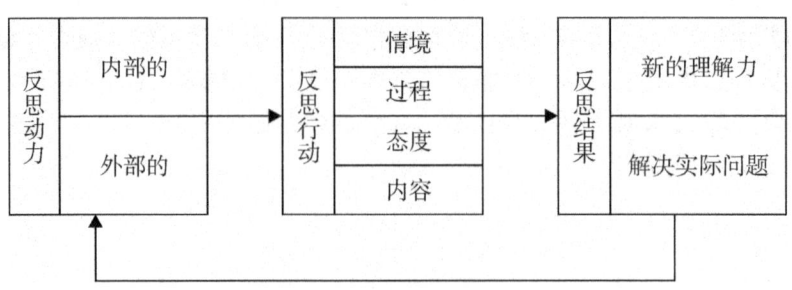

图 5-2 拉博斯凯模型①

（三）"有效反思循环过程"反思模型

陈琴、庞丽娟等学者综合国内外各种理论，并在汲取西方学者研究成果的基础上提出了"有效反思循环过程"反思模型（如图 5-3 所示）。该模型认为，教师反思的过程应包括以下五个循环作用的环节或阶段：反观实践、发现问题—自我审视、分析问题—产生观念、评价判断—概括经验、建立假设—返回实践、验证假设。如此循环往复，便形成了有效的反思链。

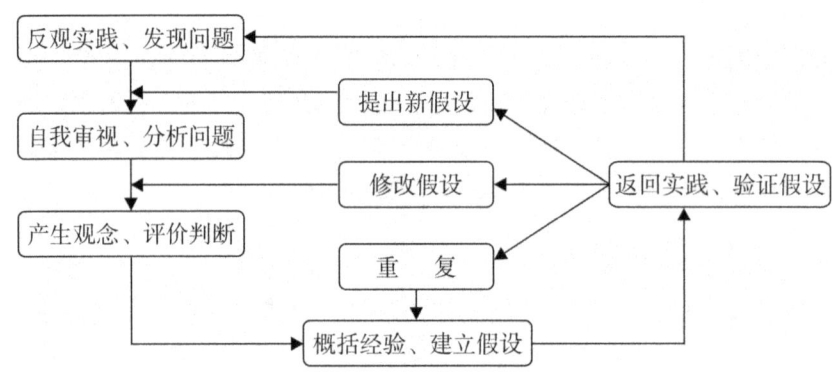

图 5-3 "有效反思循环过程"反思模型②

这三种模型，虽然所秉持的理论基础不同，研究的视角也有差异，但其"灵魂"是基本一致的，都是以创造性地解决问题作为目标，以"提出问题—探讨研究—解决问题"作为教学反思的基本操作流程，强调并突出教师实现自我提升对专业发展的意义。

---

① 熊川武：《说反思性教学的理论与实践》，载《上海教育科研》2002 年第 6 期。
② 陈琴、庞丽娟、许晓晖：《论教师专业化》，载《高等师范教育研究》2002 年第 6 期。

二、反思性教学的实施策略

我们从研究中发现,教师对教学实践及经验的反思可分为四个环节,其基本流程如下。

(一) 发现问题

问题是一切科学探究的起点,发现问题是反思的首要步骤。爱因斯坦说过:"发现和提出一个问题比解决一个问题更重要。"反思性教学以探究和解决问题为基本出发点和归属。教学中存在的问题是繁杂多样的,可以是教师在教学实践中可能存在的失误,可以是课堂上师生互动中遇到的困难,还可以是某一节课出现了失败的教学案例。例如,教学目标的设置是否得当,对重点、难点的把握是否准确,教学方法是否灵活多样……面对诸如此类的问题,教师如果能主动地从课程的角度,从管理的角度,从教育学、心理学的角度对教学中所遇到的问题进行分析、评估,并进一步追问:是真问题还是伪问题,是个别问题还是普通问题,是感性问题还是理性问题,是有效问题还是无效问题……直至厘清问题的性质和结构。当问题得到基本的澄清后,教师就会产生试图解决这些问题的意识、欲望和冲动,从而自然而然地进入反思的环节。

(二) 分析问题

从问题中抽离出来,以理智、客观、科学的态度来分析问题,这是解决问题不可或缺的一环。在这一环节中,教师应该注意抓好以下三个步骤。

1. 选择研究的问题

选择研究的问题是开展教育科研的第一步,而且是最为重要的一步,因为研究的问题既规定了研究的方向和内容,也决定了研究的方法与途径。所以,分析问题的第一步,就是要通过观察研讨、查阅文献、对话访谈等形式,慎重地选择并确定一个既具有科学价值又困扰研究者的问题作为思考、研究的对象,为反思和探究做好准备。

2. 分析问题的症结

分析问题症结,研究者首先把问题分解为若干个小问题,并加以区分缓急,衡量轻重;然后以探索的心态和批判的勇气对问题进行严格的剖析和审视,验证"所用理论"与"所倡导的理论"之间是否吻合、一致,主动地反思自己的教学思想、教学态度、教学方法与新课程标准所提倡的"关注学生发展""关注以学定教"的理念是否相悖,自觉地检视自己的教学行为和教学设计是否取得预期的效果;最终找出问题的症结所在。

3. 生成解决的方案

分析问题的目的，就是要理清思路，找到解决问题的路径，并生成创造性地解决问题的方案。在具体的操作中，我们要特别注意两点：一是要善于阅读教育教学理论，虚心向有经验的教师请教，融合、借鉴前人的智慧和同伴的经验，大胆地对问题进行拆分与定位；二是要找出问题的主要矛盾与关键因素，弄清问题的实质，把握问题的规律，使问题的症结逐渐明朗、清晰，从而对症下药。这是辩证唯物主义所提供的最有效的方法。

（三）建立理论假设

任何一种科学理论在尚未得到实验确证之前即能视作假设学说或假说。同样如此，当对教学所存在的问题做出详细的分类、归纳与成因分析后，教师就要尊重事实、尊重科学，本着实事求是的态度，重新审察自身的教学理念、教学行为乃至教学成效，根据先进的教学理论或科学原理，着手建立理论假设，提出可以解决问题的假设方案，并在内心对可能产生的效果加以综合比较，权衡利弊，在经过充分论证之后，谨慎地选择出最佳的改进方案，形成新的、富有创造意义的行动实施计划。

（四）验证理论假设

实践是检验真理的唯一标准，理论假设正确与否，必须由实践来检验。教师要通过教育教学实践，验证所提出的理论假设是否正确，改进的策略是否合理。除此之外，教师还要对其结果及由此产生的影响进行认真而客观的分析、判断和评估。当教师通过对自身的教学实践进行理性的反思、行动改正和客观的评价之后，新一轮教学改进计划即可着手实施。如此循环往复，教师就能有效地提高自己解决问题的能力，修复、更正自己的教育思想和教学价值观，使之更好地适应新课程改革的需要。

以上四个环节的划分看似相对独立，其实每一步都环环紧扣、互为一体，不可能与其他环节分开。例如，在发现问题、分析问题的过程中，也常常蕴含着对问题的进一步认识，甚至是对问题的修正或限制。

三、反思性教学的基本方法

反思性教学是"以人为本"教学理念下提高教学实效性的一种新型教学形态，它既强调"为教而学"也强调"为学而教"，并祈求借助教师的反思来实现自己教学实践的合理性的不断扩展和教育教学策略的有效改进。随着新课程改革的持续推进和反思性教学研究的不断深入，这种实践功能越发受到我国教育工作者尤其是广大一线教师的重视。

为帮助教师把握反思性教学方法，提高反思性教学的效率，下面就目前国内比较流行的四种反思方法，进行简要的介绍。

（一）专题反思法

要理解专题反思法的意义，就要首先廓清"专题"的内涵。所谓"专题"，是针对某个特定对象收集、制作而成的专辑，而这个特定的对象往往是某个特定的现象或某个具体的问题。例如，课堂生成的某一契机，教学过程中偶发的灵感或顿悟，等等。厘清了"专题"的含义，"专题反思法"便其义自见了，即在教学实践中，反思者对某一具体的问题或某一特定的教学现象的观察、回顾、认识和诊断。这种反思法，其意义就是运用科学的方法，通过对"这一个"问题、"这一个"现象做深度的剖析，寻找解决的对策，并最终达到从个别到一般、从特殊到普遍、从感性到理性的跃迁，为解决"这一类"教学问题、"这一种"教学现象提供可行的方案或策略。一般来说，专题反思法常常采用"观察与定向—反思与分析—提问与研讨"方法，适用于专题性的课例分析和研究。

（二）整体反思法

整体反思法则与专题反思法恰好相反，其反思的对象不是针对单一的目标，而是着眼于整个系统或整个过程。就教学而言，整体反思法就是对某节课的整个教学流程进行系统的、完整的分析与思考，体现对课堂教学整体的把握。整体反思的对象或内容往往是"这堂课的教学目标是否达到了预期""教学结构是否科学合理""教学方法是否得当""这堂课的教学效果如何""哪些方面需要改进"等等。这种反思策略的最大优点就是有利于反思主体从主题的整体性、结构的完整性、效果的全面性等方面对某一节课做宏观的、全面的把握，适用于对单元典型课例或群课教学课例的反思。

（三）交流反思法

交流反思是反思性教学的一个重要特征。反思不仅是"闭门思过"，与外界的对话与交流也是进行反思性教学的重要途径。因为在交流中，双方往往会把自己最精华、最有价值的经验和做法毫不保留地、浓缩地表现出来。正如孔子所说"三人行，必有我师焉"，每一个优秀的教师都必定有其长处和优势，有的善于深钻细研，有的长于旁征博引，有的擅于因势利导。身边的同行，就是自己的模仿对象、学习榜样，与之讨论与交流，不仅可以发现问题，寻找差距，检讨失误，提高自己教学水平的重要途径，而且从同行的分享中还可以收获精神上的充实和快乐。在教学实践中，交流反思法的运用不应该拘于一格，可以就某一教学模式、某一教学方法进行对话，也可以在听完某位教师的一堂课以后，针对这堂课中存在的问题或不足交换意见。这样既可以反观自己的意识与行为，使自己清楚地意识到隐藏在教学行为背后的教学理念、教学主张，从而提高自己的课堂教学管理与监控能力，也可以在与他人交流中产生思维的碰撞，从中了解与自己不同的教学策略、教学观念和教学主张，进而取他人之长，补自己之短，促进教师自身原有的教学状态的改善。

（四）教育日志法

"日志"源于法语，本意是指一个人一天中可能完成行程的记录。后来该词进入教育领域，被称为教育日志。作为一种专业日志，教育日志一般包括教学记录、教学日记、教育随笔等。前两者一般是以描述性的写作方式，对教学实践进行客观、真实的描摹或记录，后者通常采用"意识流"的写作手法来展示自己或他人在教育活动中的个体意识或心理体验。教育日志形式不拘，常见的有点评式、提纲式、专项式、随笔式等。随着信息科技的普遍运用，网络式教学日志也逐渐为广大一线教师所喜爱。教育日志不只形式多样，其内容亦非常广泛，教学生活中的所见、所闻、所思、所感、所择均可入文。教育日志既可以是课堂上一些精彩的镜头，例如师生互动、情感交融的亮点，引起教与学共振的效应的途径，教材改进和创造性处理的妙招，课堂教学中师生智慧碰撞迸发出来的灵感，教学思想方法和教学原则运用独到的见解，也可以描写自己真实的教育人生，例如工作的心情，成长的感悟，困惑的思绪，失败的苦恼，等等。总之，"凡是引起你的注意的，甚至引起你一些模糊的猜想的每一个事实，你都把它记入记事簿里"[1]。所以，在日常的教育生活中，教师要善于以这种更具个性化和人性化的方式来理解课程及教学，将教学活动中碎片化的奇思妙想上升为经验和理论，或者通过记载自己思考的足迹，展示教师个体在专业发展过程中的思与行、苦与乐。

教育日志法最大的特点是指向主体自己的内心，它能最大限度地排斥外在的说教与强制性的简单服从。正是因为这种反思无须仰赖他人的意识和经验便可达成对自己教学实践中存在的不足与问题进行透视、洞察与修正，从而获得理性的升华和情感上的愉悦，所以，它有助于反思者实现精神境界和思维品质的同步提升。但是，这种极具个体色彩的反思形式由于过于强调与自己的心灵展开"对话"，因而也具有一定的局限性和狭隘性。

---

[1] ［苏］苏霍姆林斯基：《给教师的建议》，杜殿坤译，教育科学出版社2006年版，第231–232页。

[附件 5-2]

聆听大师　感受大师
——听陈钟梁老师《卖油翁》教学示范课

清城区松岗中学　祝丽华

2016年11月7—10日，我有幸参加了在东莞常平中学初中部举行的广东省文言文阅读教学设计研讨会。

研讨活动的重彩之一是教师研讨课、专家示范课交流。其中，全国著名语文专家、中语会副会长陈钟樑老师上了《卖油翁》教学示范课。

陈钟梁先生年岁颇长，研讨开会的场地有点滑，他小心地走着，有点颤巍巍的样子。我很担心他不能坚持上课，又担心这偌大的空间会淹没他的声音。但事实证明，我的担心是多余的。站在讲台上的陈老先生立刻像变了一个人似的，精神很好，行动也轻快了，中气很足，一字一句的带读余音绕梁。这让我很感慨：我们的老一辈教育家终生心怀教育，传授知识、传承文化的责任感以及对教育事业的忠诚热爱让他们老而弥坚。

课前，陈老先生跟同学们小小地"幽默"了一把。在介绍完自己的姓名之后，他模拟演艺名人小沈阳的口吻说："大家记不住我的中文名字不要紧，我还有一个英文名字，叫'Chen Zhongliang'！"一个耄耋老人居然还这么紧跟时尚潮流，一下子逗乐了全场，掌声四起。这算是导入吧，他的幽默、可爱瞬时拉近了他与学生的年龄距离、心理距离。

课程中，陈老先生用的是传统的"串讲法"。在简单介绍作者后，他让学生自由朗读课文，遇到困难的地方就看看文后的注释，然后他就一句一句地进行带读——老学者读文言的功力深矣！非我辈能所及也！陈老先生淡定地带读完毕后，便开始了对课文的串讲，过程大约如下。（略）

参加此次研讨之前，清城区教育局教研室组织了文言文阅读教学的比赛，我的参赛课例正是《卖油翁》。在课堂组织的调控方面，我做得还不错。然与陈老先生比，在译述、解词的环节中，我只能算是基本完成。

先看我与陈老先生在字、词意义讲授上的差别。

比如说"矜"的释义，在学生找到注解，回答说是"夸耀"后，我就往下讲别的内容了；而陈老先生则是这么说："这个字要板书一下——矜，这个字有褒、贬两种意义，从贬义的角度解释为自夸、自傲，从褒义的角度，它是谨慎、小心的意思。这里是贬义。将来你会读到方志敏的《清贫》这篇课文，里面用了'矜持不苟'这个词。"

又如"颔"的释义，我只告诉学生，"颔"是指下巴颏，在这里做动词用，意思是"点头"；但陈老这样勾连展开："学律诗的时候，会遇到这个字。律诗共八句，一二句叫首联，三四句叫颔联，五六句叫颈联，七八句叫尾联。颔，在哪里？

（摸摸下巴）这里也属于头部。"陈老先生还给学生这样归纳积累："与头部有关的词还有项、颈、颊、顶、须。"

再如"负"字使用的引导，陈老先生从成语"如释重负"，到《醉翁亭记》的"负者歌于途，行者休于树"，再到《愚公移山》的"荷担者三夫"，这堂语文课，又岂止是让学生了解了"负"的意义及用法这么简单？

听着陈老先生串讲这些字词，我惊出了一身冷汗。此前，我以为顺着课文内容一路分析、讲解就是"串讲"，于是便认为那是最简单不过的招。现在我才明白，"串讲"真正的含义是"把相关的知识串联起来讲"，这就要求教师必须有一定的知识功底，难怪陈老先生一再强调年轻教师必须多多学习，练就"串讲"的本领了。你看，像陈老先生这样旁征博引，左右勾连，信手拈来，该有多深厚的知识功底啊！他讲文言字词，既分析其字形意义，又分析其词义色彩，再扩展用法认识，真正落实了文言词汇的积累。我却以为能说出句子的意思、重点词语的意思就算是积累了文言词汇，这样看来，我的层次与陈老先生的境界相差岂止十万八千里。

再来看看我与陈老先生在字词释义方面进行提问的区别。

我："矜"是什么意思？

陈老先生：他觉得自己非常了不起，文中用了什么字来表示？

我的提问仅仅是要求简单释义而已，学生只需看看课文注解即可回答，无须思考，并无能力层次的提高。陈老先生使学生的注意力集中在文言文本上，让学生去咀嚼文言文字的用法，训练能力的层次明显提高了。可以想象，这样的训练多了，课堂的文言味就浓了，学生文言字词的积累就多了，学生文言的文字悟解能力就强了。改变一下问的角度、问的方式，成效就有如此明显的区别。我必须研究学习并改进的提问的方式。

再看看我在解读课文内容所做的问题设计：

- 陈尧咨射技高超，为什么卖油翁只"微颔之"？
- 你从哪里知道陈尧咨射技高超？
- 卖油翁为什么懂得熟能生巧的道理？
- 陈尧咨也明白这个道理吗？
- 从什么地方知道陈尧咨明白了这个道理？
- 卖油翁用什么办法让陈尧咨明白熟能生巧的道理？
- 找出描写卖油翁神态动作的语句，分析卖油翁对陈尧咨射技的态度。
- 找出描写陈尧咨语言神态的语句，分析陈尧咨态度的改变及转变的原因。
- 根据课文内容填入动词，体会欧阳修一气呵成，毫无余笔的简练文风。
- 文中的人物各有哪些特点？
- 文中故事告诉我们什么道理？

我就是在这些小问题上大张旗鼓地吸引着学生的注意力，简直就是把文言文当成了现代文来教。记得在我讲完《卖油翁》的课例之后，清城区教育局教研室杨寿固主任对我提了这个建议:"再深入研读文本,问题的设计要有深度。"虽然我一再认真研读相关资料,并反复修改此文的教学设计,但总是感觉有所欠缺,却又无法找到突破点,心中对此一直未曾放下。如今听了陈老先生的课,我终于看清了我未达到的高度。陈老先生的课满是文言味,他引导学生反复咀嚼文言文字,处处渗透对文言文本的解读与使用。与陈老先生相比,我的这些问题的设计实在太幼稚了。而陈老先生除了文言字词的解读,还设置了这样充满了文言味的活动:用文言替故事结束时没有说话的康肃和卖油翁写一句话;用文言记下陈康肃或卖油翁晚上与小孙子说白天的事;在朗读方面,陈老先生让学生看屏幕先朗读横排版无标点文本,再读竖排版无标点文本。这几项活动,既有趣又充满了对学生文言能力的挑战,给了学生充分表现自己能力的机会,因而深受学生的欢迎。可以想象,长期这样熏陶训练,学生文言的积累一定更充实,学生解读文言文本的能力也一定更强。

如今,中学的文言文教学,在很多的时候是我们的老师为翻译而翻译,而后就是对课文内容的解读。现代文阅读是这样教,文言文阅读也是这样教,几乎是找不到文言学习的感觉了。然而陈老先生的课,从学生的角度而言,深刻地感受到了文言文的魅力;从听课者的角度而言,则感受到了老一辈语文教育家深厚的文化底蕴所积蓄的功力,它让课堂真正成为文化熏陶、能力训练的场所。大师们的"招式"看似简单,却处处着力,处处落实,让喜欢"摆花架子"的我们羞愧得无处遁形。

"让文言文课堂教学充满文言味,把文言文上成文言文",这是我跟陈钟梁先生学习的文言文教学之道。能有这样的机会向陈钟梁先生学习文言文教学之道,我心生感激,倍感荣幸。

(收录时,笔者做了删改)

第四节 反思性教学对教师实现专业发展的作用

美国教育心理学家布鲁纳(J. S. Bruner)认为"反思是所有学习的核心"。新一轮课程改革尤其强调中小学教师要学会反思,必须具备反思意识、反思能力,并且要养成对自己教学行为反思的良好习惯。研究表明,反思性教学是教师以自己的教学活动和教学情景作为认知的对象,对自己所做出的教学行为及由此所产生的结果进行理性的审视、有意识的分析与再认知的教学实践。这种教学实践,不仅能有效地促进教师将日常教育教学实践中经历到的迷糊、紊乱的情景转化为清晰、确定的情景,甚至还能将这些清晰、确定的情景进一步上升为满足、愉快的经验。因此,"反思性教学"越来越被认为是"教师专业发展和自我成长的核心因素"。

一、有利于培育教师专业情意

正如前文所说的那样,教师的"专业情意"涵盖了专业情感、专业期望和专业价值观三个方面。在美国当代著名教育家布卢姆(B. S. Bloom)的教育目标分类中,情感领域是与认知、动作技能并列的三个领域之一。它与专业认知、专业技能一起共同指向人的发展,是教师必备的专业素养,在教师的专业知识结构中占有极为重要的地位。然而,教师专业情意的养成,并不是一朝一夕的,没有任何捷径可走,只能脚踏实地、锲而不舍地努力,这是一个持续不断甚至是反反复复的过程,需要外部的环境提供必要的支持和强有力的保障。但是,仅有外部的支持与保障又是远远不够的,它更需要教师树立自觉的反思意识,掌握正确的反思方法,具备自我培育、自我发展的文化自觉和强大的自我反思力量的驱动。无数的事实也证明了,当教师由衷产生成为一名优秀教师的欲望和责任时,就会产生梳理、反思自己的教学经验和失误的绵绵动力,自觉地把思想中直觉的、顿悟的甚至是想象的无意识行为通过"变化"的方式付诸文字,升华为教学理论或教学主张。倘若教师对这种有意识的行为进行反复的、持久的操练和运用,就会熟能生巧、习惯成自然,并最终转为教师无意识的自觉行为。从无意识到有意识,从有意识到无意识,在这种循环往复的转化过程中,教师不仅增长了知识与技能,而且其"人格化""个性化""文化化"等专业情意也在这周而复始的转化中得到有效的发展。因此,反思性教学是培育教师专业情意的最好途径。

二、有利于提高教师理论素养

教学理论素养是构成教师素质的核心内容,也是评判教师专业文化程度的重要依据。长期以来,相当多的中小学一线教师一直存在着这样的认识误区:教师只要经过系统的教学理论的学习和培训就会习得教学理论的知识,并在教学实践中形成惯常的修养,而实际情形却并非如此简单。在教学实践中,每一位教师都会形成一些对教学具体问题的理解和认识,这种理解和认识的背后必然有着某种理论作为支撑。这种理论,或是外显的"信奉理论",或是内蕴的"使用理论"。大量的研究表明,内蕴的"使用理论"属于教师个性化的理论,往往建立在缄默的认知的基础之上,是教师个体在长期的教学实践过程中所形成的一种习惯思维或者某种教学观念的理论假设。虽然这种理论假设或习惯思维只是一种个性化教学倾向,并不具有普遍的指导意义,但对教师自身的教学实践却有着不可替代的指导和促进作用,甚至能够为教师开展教学活动提供有效的理论依据和解释框架。而外显的"信奉理论"属于普罗大众所追求、信奉的理论,经过长期的实践检验和严格的科学论证,具有普适性和指导价值,但要真正对具体的教学实践产生积极的、直接的影响还必须转化为教师内蕴的"使用理论"。反思性教学实践恰恰就是打通外显的"信奉理论"与内蕴的"使用理论"的桥梁，它既能有效地将教师个性化理论上升为结构化、系统化的教育理论，也能把教师所习得的"信奉理论"内化为解决教育教学实际问题的实践智慧和行动策略，从而实现知与行的有机统一。所以说，只要勤于反思，善于反思，并具有久久为功的韧劲，教师就会在这两类理论互为转化的过程中获得教学理论素养的提升。

三、有利于培养教师科研能力

新一轮课程改革以来，教师专业发展已成为业界最热切的期许和最强烈的呼唤。新课程改革要求教师转变教育观念，提升内在的专业素质，努力使自己成为德才兼备的教育教学的研究者，为基础教育改革服务。但理想的丰满并不能掩饰现实的骨感，就我们看来，尽管目前有不少的中小学一线教师对教育科研表现出很大的热情和渴望，但由于理论知识贫乏，教育科研能力薄弱，使其依然成为制约、阻碍教科研开展的瓶颈。具体表现在：一是缺乏敏锐的问题意识，难以把教学实践中存在的有价值的问题转化为科研问题；二是不懂得制订课题计划和实施方案，以致不少课题研究流于形式或半途而废；三是不知道如何统计和分析研究数据资料，从而严重影响了科研成果的质量；等等。所以，"不善于发现、缺乏总结，使一些改革、创新只是停留在初级行为阶段，未能上升到理论认识而反过来指导实践"①，这已成为中小学教师教育科研普遍存在的问题，甚至是久治不愈的顽疾。而要从根本上改善中小学教师教育科研水平不高的现实，适应新课程改革的要求，就需要中小学教师把自己作为研究的对象，主动地聚焦自己原有的教学理念、经验和行为，通过反思性教学实践把教学与研究有机地结合起来，不断思考、研究和探索，从而增进自己的问题意识和教育科研能力，并形成自己对教育现象和教学问题的独立思考和创造性的见解。

四、有利于淬炼教师实践智慧

美国学者波斯纳（Posner）曾经说过："没有反思的经验是狭隘的经验，至多只能成为肤浅的知识。"要把这些狭隘的经验或肤浅的知识提炼成教师的实践智慧，只能通过反思内化。这是因为，反思性教学不是单纯的沉思冥想，不是简单的教学经验总结，它是教师对自身教学实践进行审察与检视的一种活动，是把知识、经验、思维付诸教学实践的实实在在的过程。实践表明，反思性教学不只是对课堂教学情境进行感知，更是对影响教师专业发展的各种因素进行再认识、再审视，从

---

① 耿文侠：《中小学教师在创新教育中存在问题的调查》，载《教育实践与研究》2002 年第 3 期。

而赋予教师持续发展的能力。它既要求教师在教学实践中积极关注自身的教学行为，对复杂多变的教学情境做出自主的判断和理性的选择，又帮助教师通过思维的碰撞与活化及时分析各种教学得失、捕捉瞬间即逝的教学灵感，调节自己的教学行为、教学计划和教学方法，最大限度的优化教学过程、教学策略，让课堂处于或趋向于一种科学合理的理智状态。它鼓励教师突破传统观念的束缚，勇于质疑那些约定俗成的教学方法，纠正某些隐蔽在现有的教学方法中不易被人觉察的弊端，并在此基础上建立起观念理性和相应技术理性结构的崭新的教学模式。它有效地激发了教师内在的进取心和精神愉悦度，让教师心甘情愿地把自我发展看作是一项必须、必要的分内工作，努力地去发展自我、构建自我、完善自我，从而不断地促进自我学会学习、教会学生学习，提高课堂教学管理、监控和评价能力，淬炼出更多的教学实践智慧。

反思性教学是教师专业发展的重要渠道，也可以视为教师专业成长的不可或缺的历练。因此，教师应将教学反思贯穿于职业生涯的始终，并内化为自身的一种文化自觉，融化在骨髓中、血脉里、灵魂的深处。

[附件5-3]

景美·情美·言美
——《山中与裴秀才迪书》课堂教学实录

杨寿固

教学设计：《山中与裴秀才迪书》是粤教版高中语文《唐宋散文选读》第三单元的一篇课文。本文篇幅短小，文辞简约，是一篇"景美、情美、言美"书信体散文。正基于此，在教学设计中，我抓住这篇文章"美"的特点，着力引导学生"用我的心感受辋川之美、语言之美、情感之美"，鼓励学生自主地阅读、个性地阅读、多元地阅读、欣赏地阅读，各抒己见，让学生在习得"借景传情"的写作手法同时，不断丰富审美情趣，提高文学鉴赏水平。

一、导入新课

师：唐代是一个诗歌创作非常繁荣的时代，流派众多，佳作迭出，名家璀璨。王维就是其中一名著名的诗人。大家了解王维吗？

生：王维是一名山水诗人，他的《山居秋暝》《鸟鸣涧》《鹿柴》等许多山水诗给我们留下了深刻的印象。

师：里面有许多脍炙人口的名句，谁还记得？

生："明月松间照，清泉石上流""泉声咽危石，日色冷青松""人闲桂花落，夜静春山空""空山不见人，但闻人语响"。（学生纷纷背诵）

师：（PPT显示王维介绍）王维字摩诘，唐代诗人，官至尚书右丞，世称王右丞，与孟浩然齐名，同为盛唐山水田园诗派的代表人物。王维不仅工诗善画，而且音乐也有很高的造诣。苏轼对他的评价是"味摩诘之诗，诗中有画；观摩诘之画，画中有诗"。今天，我们一起来学习他的一篇书信体散文《山中与裴秀才迪书》，去感悟大自然给我们带来的纯、静、美。

（教学反思：以王维诗句导入，并简介作者生平，既能唤起学生对王维诗意人生的向往，创造出与教学内容相应的课堂气氛，激发起学生学习的兴趣，也可以让学生知人论世，更好地理解和体悟课文所抒写的情感。）

二、课文朗读

师：越是经典的文学作品，越能经受得住我们反复的咀嚼和诵读。我们走进辋川，不妨也从读开始。老师先读一遍。

（播放弦乐《高山流水》，老师配乐朗读课文一遍。）

师：老师读完了，希望能起到一个抛砖引玉的作用。接下来，请同学们在音乐的旋律当中，把文章重读一遍，整体感知一下，注意把握情感。

（生朗读）

师：大家刚才读得不错，但有几个地方要注意一下。"曩昔"的"曩"、"村墟夜舂"的"舂"、"麦垄朝"的"朝"这几个字读音不准；"故山殊可过"不能在"故"后面断开，因为"故"不是"因此"的意思，"故山"即"蓝田山"。

师：同学们先疏通课文，看看还有哪些词语或句子不能理解的。

生："复与疏钟相间"的"间"是读"jiān"还是读"jiàn"？

生：读"jiàn"，是"间杂"意思。

师：除"夹杂""间杂"外，读"jiàn"还有几种常见的义项？

生：还可以解释为"参与""抄近路"等。

师：请同学们各举出个例句。

生："肉食者谋之，又何间焉"。

生："沛公已去，间至军中"。

师：好，大家要记下来，一词多音、一词多义的现象在中学文言文里还有不少，平时要注意积累。其他同学还有问题吗？

生：老师，"与月上下"怎么翻译？

师：谁可以解决这个问题？（一个学生高高扬起右手）好，你说。

生：可翻译成"辋水在月光的映照下，清波荡漾"。

生：我不是很赞成他的译法。

师：哦，不同意见？你是怎样翻译的？

生：我认为译成"月亮的影子倒映在水里，水在荡漾，月影也随之晃动"更好些。因为文言文翻译最好是做到逐字对应，直译为主。

师：说得好，你的翻译的确是更忠实原文。其他同学还有不懂的问题吗？（众学生摇头）下面，我们一起鉴赏文本。请大家再自读一遍课文，并在自己感受最深的段落旁边，写下自己的原初体验。

（先在小组交流，然后全班自由发言。）

生：像一幅淡淡的田园山水画，写意传神，令人陶醉。

生：语言如诗，清丽而简洁，营造了一种恬静、安详的意境，向我们展示了蓝田山的优美风光，让人心驰神往。

生：第三段语言很有特色，四字主谓短语，整齐匀称，音节和谐，富有张力，写出了春天辋川的美好景致。

生：文章不仅仅描写了辋川的自然之美，而且渗透了作者对春天的热爱，对生命的热爱，对朋友殷切思念的情感。

师：我把大家读了本文原初体验概括一下，大致有意境、语言和情感。我认为，这也是本文所要学习的重点。现在，请各位以研究性阅读的方式去探究、去发现、去感悟，完成本节课的学习目标。

（教学反思：在阅读教学中，虽然存在着多种对话关系，但学生是对话的主体，所以应鼓励学生对阅读内容作出个性反应，并自主选择学习的内容。教师的作用不是指定而是指导，要帮助学生依据课标、教材以及文体特点对学习的内容做出恰当的选择，引领学生走进文本、探究文本。如此，学生才可能"主动地发现、建构意义，甚至创造意义"。）

三、感悟辋川之美

师：（抛出问题，让学生自由发言）你最欣赏哪一段的景物？

生：我喜欢课文的第二段（景物描写）。（朗读）

师：说说你的感受，和我们交流一下吧。

生：我觉得这一段作者把辋川写得特别的优美，特别的宁静，禅意盎然。

师：说具体一点？

生：月照城郭，灞水深沉；月下的辋川，清波荡漾，涟漪起伏；村河岸边，渔火点点，明灭可见，静谧、恬淡、空灵，真像一幅画，一幅清丽淡远的禅意画，我真想到那儿享受一下美丽的宁静和宁静的美丽。（众学生笑）

师：是啊，王维早年仕途顺利，其诗亦豪迈奔放，颇有青春浪漫气息，后期由于政治失意，亡妻不娶，于辋川半官半隐，其思想渐倾于佛老，所以作为辋川系列的《山中与裴秀才迪书》，自然也会打上这个时期的思想烙印。还有哪位同学喜欢这一段吗？

生：我也喜欢这一段。作家笔下的辋川之夜，"深巷寒犬，吠声如豹。村墟夜舂复与疏钟相间"，虽带有冬夜的幽寒，却并不显得凄清惨淡，反而更让人觉得清幽、空灵、闲淡，具有一种悠然自在的情趣和令人神远的诗意美。这是一种以动衬静的写法。

师：以动衬静，这是散文、诗歌常用的艺术手法。作者是想用这一本来嘈杂之声来反衬辋川的静谧、祥和。还有哪位同学来说说你的鉴赏结果吗？

生：我更喜欢第三段。

师：说说你的理由。

生：辋川的春天实在是太美了，你看，芳草碧翠，轻鲦戏水，白鸥翔空，草木染绿了群山，露水滋润了堤岸，到处都充溢着春天跃动的生机。真是"阳历晴和四月初，烟光潋滟媚青芜"。

师：辋川冬幽夏荣，气象万千，是作者用梦想编织而成的世外桃源，是安放在尘俗世界的灵魂栖息之地。美的事物最能掀起人们内心情感的波澜。大家思考一下，请用准确的词语为这两幅图命名。

生：第一幅图，我称它为《辋川冬景图》，第二幅是——

生：（另一学生迫不及待）《辋川春山图》。

师：这两幅图各自有何特点？

生：《辋川冬景图》，冷寂清幽、高旷淡远、声色相宜；《辋川春山图》，生机盎然、轻柔明艳、清新朗秀。

师：这两幅辋川图，描绘景物，繁而不乱，少而不枯，诗情画意，饶有情趣，既是作者摆脱了现实人生的困惑、"诗意地栖居在大地上"而获得的来自生命本原的快乐的写照，也折射出王维的冰清玉洁的心灵天地以及对超凡脱俗人生的追求。

师：这种"借景传情"表达方式，比直抒胸臆更为委婉、含蓄，艺术感染力也更强。同学们要学会鉴赏，平时作文也要善于运用。

（教学反思：《辋川冬景图》和《辋川春山图》可谓是王维的神来之笔，其中，《辋川冬景图》为眼前所见之景，体现作者对辋川山水作恬淡、娴静的观照，为"实景"；《辋川春山图》为悬想之景，揭示了自然生命的律动，为"虚景"。一实一虚，相互映衬，动静结合，浑然天成。这两幅辋川图，无论是文学还是美学角度，都达到了无与伦比的高度。因此，引导学生比较、鉴赏这两段的景物描写的特点、意境和情思，让学生在掌握"借景传情"的写作手法的同时，真切感受辋川春天的生机与活力、美好与丰盈，进而丰富审美情趣，这应是本节课主要的着力点。遗憾的是，由于时间不足，两幅辋川图的比较、鉴赏还是显得过于仓促。）

四、感悟语言之美

师：辋川之所以如此宁静、空灵，让人流连忘返，很大程度上得益于文章的清词俪句，下面就让我们一起来细细品味文章那优美的语言。大家思考一下，这两幅画有什么不同之处？

生：第二段描写蓝田的冬游图，作者首先从全局着眼，从大处落墨，以"清月映郭"为这幅巨画摹下广阔的背景，接着按照"北涉玄灞"的经行路线，由近及远、由水而山、由视而听、由色而声的层次，以淡雅清新的文字，把辋川的风情美景一层层地展示在读者的面前，这是实写；而第三段是虚写。

师：虚写？从哪里看得出来？

生：第三段有"当待春中"一句，"当待"即等到，这一词暗示下面所写的景物是凭想象而写的。

师：说得好。春天的辋川虽然是拟写的，不过是悬想美景，但由于作者最大限度发挥了语言的启示性，通过光、色、态的丰富联想和想象，构成一幅幅生动的画面，令人仿佛身临其境。

生：我觉得文章的第二段写"寒山远火""深巷寒犬"，目的是突出了一个"寒"字，是冷色调；第三段写春天色彩斑斓，生机勃勃，是暖色调。作者用冬天的"冷"衬托春天的"暖"。

师：大家赞成他的说法吗？

生：我觉得文章不仅仅是衬托，作者更想通过自己精心调配的色彩来展现辋川冬天和春天两种截然不同的自然之美。

师：说得很好。作者对辋川自然景色的描写，并不是客观事物的简单摹拟，而是经过心灵的感应和过滤，染上鲜明的主观色彩。

生：我觉得文章的第三段是很有特色的。从"草木蔓发"到"麦陇朝雊"，作者用的全部是四个字的主谓短语，语言简洁，声调和谐。"蔓""轻""矫"等词语，更是准确锤炼，既生动描写了春天的景色之美，又真切表现了主人公的喜悦而轻快的心情。

师：很好。语言是引领读者进入作品艺术世界的桥梁，通过语言赏析感知作品的美情美意，这是散文阅读不可或缺的途径。

师：老师在阅读的过程，也有个问题，现在请大家帮我解决一下。本文议论抒情的句子与描绘美景的句子在句式上有何不同，说说这样的句式在此文中有何艺术效果？

生：写景多用四言句，句式整齐，富有节奏感，情景交融，意境深远；抒情议论，多用散句，信笔抒写，或直抒胸臆，或点明主旨，轻灵自由。整散结合，读来活泼明快，在长短变化中表达厚意深情。

师：谢谢你帮老师解决了这个问题。（学生笑）《山中与裴秀才迪书》虽然是一封书信，但也是作者以画家的构思、诗人的语言写成的一篇优美的写景记游散文。

（教学反思：这篇游记散文语言优美，颇有情韵。全文以四言整句为主，辅之骈体散行，音节抑扬顿挫。其中，第三段中的"蔓""轻""矫"等词语更是准确、凝练、形象、生动地表现出辋川初春时节清幽绝俗的特点和作者细致入微的情感体验。文章语言凝练而富有张力，这就需要教师引导学生悉心揣摩，巧妙思辨，让学生在文本解构过程中不断地感悟、学习、借鉴作者在"这一篇"散文中独特的极具个性化的言语表达，不断丰富自己的语文经验。）

五、情感之美

师：古人书信，往往谈学论道，一本正经，而王维《山中与裴秀才迪书》却把主要篇幅放在景物描写上，自然成趣，为什么？

生：作者写景是表达了作者对"山中"美景和美好生活的欣赏，同时也表现了作者期望闲适山水、返璞归真，对恬淡宁静、超尘脱俗的人生境界的追求。

师：还有补充吗？

生：作者浓墨重彩地描写冬日景色，遥想描绘春天的美景，这与本文的写作意图有关。

师：（示意）请你继续讲。

生：这封信既是用来叙述朋友情谊，同时也是与友人相约共赏，向友人发出邀请。作者把辋川写得诗情画意、生趣盎然，暗含着对朋友的劝诱和邀请。

师：欣赏美景，观照心灵，这种"天人合一"中国传统文化的思想在王维许多作品里都有所体现。

生：老师，作者为什么称自己为"山中人"？

生：这个问题没有什么好讨论的，太简单了。

师：这样简单的否定可不好，不够礼貌，也欠缺钻研精神。哪位同学能回答这个问题？

生：作者住在山中，过着隐居生活，所以自称为"山中人"。

生：明白了。我再问一下，"非子天机清妙者，岂能以此不急之务相邀"中的"天机清妙"是什么意思？为何这样说？

师：要不要讨论一下？（学生摇头）好，那就直接请同学来说吧。谁想发言，请举起你的手。（示意）你来谈一谈。

生：我认为"天机清妙"指的是性情之远，超尘脱俗，既是对朋友的高度赞许，也是作者欲激发朋友携手春游、赋诗唱和的情趣。

师：辋川如此多娇，朋友诚挚相邀，如果我是裴迪，也会放下功名，欣然前往。

生：在这封信中，虽然写景占有很大的比重，但是叙友情却是贯穿始终的线索。第一段说的是"足下方温经"不敢相烦，第二段表达的是念及旧情不敢相忘，第三段表达的是春中美景不敢不邀。环环紧扣，天衣无缝。

师：说得太好了。全文乍看似乎很随意，但细细品读，发现处处都是精心安排的，可见作者布局谋篇之巧。

（随着讨论的深入，大家对文章的理解亦逐渐深入。在这个过程中，教师也经常参与其中一些细节的讨论。最后，我提了一个问题。）

师：文中有一个词浓缩了本文的主要内容，是本文的"文眼"，请你们找出这个词，并说说它包含了哪些内容。

（大家听罢，才发现还没来得及整体把握，于是认真讨论起来。讨论比较顺利，一会儿就有几个学生举起了手。）

生："深趣"是文眼。它包括王维笔下辋川的美景、美情，主要是冬夜清丽淡远、宁静和谐的氛围和春天色彩斑斓、生机勃勃的景象，还有邀请朋友春天浮舟同游、弹琴赋诗的诚心厚意。

（铃声响起，老师宣布下课。）

（教学反思："感人心者，莫先乎情"，作者笔下的辋川之所以如此澹远空灵、宁静安详，让读者心有戚戚，乃因为这里的山川景物都受到主体心灵的烛照，融入作者的个性体验和人生哲思，富有真情实感。因而在厘清内容、涵泳含义的基础上，本课的教学目标是引领学生在文本的深处漫溯，走进作者心灵，让学生真切体会到作者淳朴深厚的友情和返璞归真、纵情山水的闲情逸致。但这一学习目标达成的质量却不尽如人意。）

（该文原载《江西教育》2019年第5期，录入本书时略有删改）

第六章 教师专业发展的课堂观察

观察研究源于西方的科学主义思潮，早在20世纪的二三十年代就已经在众多的科学领域开始广泛地应用，例如行为主义实验中的行为观察、自然科学实验中的实验观察等。而作为一种课堂研究方法，直至20世纪50年代初才姗姗地走进大众的视野。1950年，美国著名社会心理学家贝尔斯提出了"互动过程分析"理论，构建了互动范畴的观察框架；1960年，美国课程研究专家弗兰德斯（N. Flanders）受到其他学科系统化、结构化、定量化的启发，在充分借鉴贝尔斯的"互动过程分析"理论的基础上，开发出"互动分类系统"课堂观察的工具，并通过这一编码系统记录课堂中的言语互动，分析、改进教学行为，标志了系统的课堂观察（classroom observing）量化研究正式产生。相对而言，国内课堂观察研究起步较晚，20世纪90年代初，借由西方科学主义思潮的东进，课堂观察作为一种新型的教育评价方法才被引介到我国。

与传统的听评课一样，课堂观察虽然也是研究课堂的一种重要方法，但与一般传统意义上的听课、评课活动又不尽相同，它是具有专业素养的观察者带着明确的目的，凭借自身的感官及有关辅助工具，直接或间接从课堂情境中有选择地收集资料，并依据资料做出相应研究的一种教育科学研究方法。[1]这种研究方法的根本意义，不在于对他人课堂中存在的问题进行鉴别、诊断与改造，而是借由对他人课堂的观察、分析、省思，实现对自己课堂教学的改进，从而促进学生有效学习、提高课堂教学质量。近年来，其实践角度的工具价值越来越受到我国广大的教育学者尤其是中小学一线教师的关注和重视。

---

[1] 陈瑶：《课堂观察指导》，教育科学出版社2002年版，第1页。

第一节　国内课堂观察研究发展嬗变

我国课堂观察研究萌芽于 20 世纪 90 年代。1994 年，湖南人文科技学院周月朗教授发表的《大学生课堂问题行为浅析》，是我国学者首次运用观察研究的方法对大学生不良的课堂行为、课堂文化进行分析、讨论。该文虽然只是描述了课堂中所观察到的具体现象，尚未系统地将课堂观察作为一种科学的教育研究方法进行深入的研究，但它把课堂观察的基本理念、方法介入课堂研究，开启了我国课堂观察研究的先河。1998 年，南京师范大学吴康宁教授发表了《课堂教学社会学研究中的现场观察》，文中以现场观察为例阐述了定量观察与定性观察在课堂教学研究中的作用与意义，尽管该文尚未彻底摆脱对课堂观察的意义的探讨，然而它所提出的"课堂教学社会学研究领域中观察大致分为定量观察与定性观察"的观点，就当时而言具有一定的创新意义。1999 年，上海市教育科学研究院的两位学者顾泠沅、周卫发表了《课堂教学的观察与研究——学会观察》，该文详细分析、解读了他们所开发的"全息性客观描述技术"和"选择性行为观察技术"，为教师改进课堂教学、建立新的课堂模式提供了崭新的技术手段和可靠的信息依据，这是国内首次尝试运用课堂观察技术服务于教师的课堂教学，其有效地促进了教师专业发展。

上述学者的研究反映了彼时我国课堂观察研究的最新成果，但实事求是地说，这些研究大多还是停留在"关注课堂观察的价值、观念、主体，还并不能涉及如何进行课堂及课堂观察的方法技术的核心是什么"[①] 的层面，缺乏理论的高度与实践的深度。还有一些学者的研究成果仅仅是对西方课堂观察理论的解读与诠释，从整体上看，其研究水平还属于浅表化。

进入 21 世纪以来，随着新课程改革不断深入和信息技术的迅猛发展，课堂观察研究在我国中小学已成为磅礴的思潮。更为可喜的是，此时，国内学者不再满足于对西方课堂观察理论、方法的引进，而是经过汲取和消化国外研究成果之后，基于我国新一轮课程改革与教师队伍建设之需，提出了课堂观察新的见解，设计新的实验，并着手构建具有中国本土特色的课堂观察研究的理论。此后的十余年间，国内的课堂观察研究蓬勃发展，不论在研究的深度还是广度上都取得了长足的进步，取得了一批具有一定学术水平的研究成果。

2002 年，陈瑶教授出版的《课堂观察指导》是我国第一部系统地介绍课堂观察研究的学术专著，该书在广泛地借鉴了国内外研究成果的基础上，从定量和定性两个维度对课堂观察的资料属性及其收集方式进行了深入的研究与探讨，提出了

---

① 李安然、方峥、郑金菊：《课堂观察研究综述》，载《职业教育》2018 年第 7 期。

"课堂观察是一般观察基础上的一种特殊技术"新论述。2003年,教育学者柳夕浪出版的课堂观察研究专著《课堂教学临床指导》,借鉴了医学的临床诊断方法,运用心理学、教学论、管理学等诸种学科理论,从课堂教学行为、教师角色行为、教学行为效果三个不同的维度,在实践的层面对中小学教师的课堂教学行为进行分析、诊断,提出了诸多颇有新意的改进策略。这标志着我国课堂观察研究已逐渐从理论走向实践,从"象牙塔"走向中小学一线教师的课堂。2007年,华东师范大学教授崔允漷团队联合浙江省余杭高级中学,开发出我国首个听课框架"余杭高级中学课堂观察框架"。2008年,他们又在此成果的基础上经过进一步的改进与完善,出版了《课堂观察:走向专业的听评课》,按照课堂活动发生的要素,把课堂观察分解为学生学习(learning)、教师教学(instruction)、课程性质(curriculum)、课堂文化(culture)4个维度、20个视角和68个观察点,建立了一种全新的课堂观察LICC范式。客观地说,LICC范式与澳大利亚学者露丝·韦津利(Ruth Wajnryb)《课堂观察任务》(该书将课堂观察体系分为7个大视角、35个观察点)虽然有不少的相似之处,存在着明显的借鉴痕迹,但它构建起了一个相对完整的、系统的理论框架,基本理清了课堂观察的程序,初步确立了课堂观察若干关键的环节,开发出具有一定实践指导意义的观察工具和方法,并使这种课例研究更趋于成熟和实用。这种范式是彼时国内课堂观察研究最前沿、最富有价值的成果,因而在我国课堂观察研究的进程中仍具有里程碑式的意义。2010年,学者李长吉、余芳艳发表了《课堂观察研究:进展与趋势》一文,此文最大的贡献,乃是开辟了国内课堂观察研究的一个崭新视角。它将观察的目光聚焦于课堂上的教师和学生,不但把"人"作为观察的对象,而且将"人"作为观察的目的与旨归,别出心裁地从哲学的视角阐述了课堂观察对"人"的意义和价值,颠覆了过往国内课堂观察研究重在关注教育目的论而忽视对人的意义陋习。"这种转变从另一侧面可以解读为课堂观察在这一阶段由教学视域下的应用工具的角色最终进入了课程的视域"[1]。

尔后,杨东的《课堂观察的类型及方法》,马健生、孙珂的《基于课堂观察技术的免费师范生研究型教育实习模式初探》等学者的研究成果也为我国课堂观察研究起到推波助澜的重要作用。迄今为止,课堂观察研究已在我国蔚成风气,不仅成为中小学一线教师广为参与、深刻聚焦的热点课题,而且成为促进教师专业可持续性发展的有效途径。

---

[1] 崔允漷、沈毅、吴江林:《课堂观察Ⅱ:走向专业的听评课》,华东师范大学出版社2013年版,第4页。

第二节 课堂观察特征、流程及框架

课堂观察作为研究课堂的一种常用方法，其专业品质及价值取向不在于面向过去和评定教师教学等，而是要面向未来，旨在通过对课堂教学的评估、诊断，改进课堂教学策略，提升教学实践的合理性，并最终指向学生课堂学习的改善。因此，与其他研究方法相比，它具有鲜明的特点和稳定的工作流程。

一、课堂观察特征

关于课堂观察研究的特征，由于学者研究的视角和着眼点不同，有的从方法论角度加以总结，有的从研究方式维度进行归纳，也有的从观察要素方面予以概括，以致迄今学界仍然存在较大的分歧和争论。根据自己多年的研究，并综合前人的研究成果，笔者认为课堂观察至少具有以下四个特征。

（一）目的性

课堂观察不是漫无目的的随意行为，而是明确指向具体的教学问题或教育现象，具有明确的目的性。一般而言，在课堂观察之前，观察者与被观察者都会进行认真的研究、讨论、协商，确定好课堂观察所要达成的目的，然后围绕研究的目的来确定观察的对象、设置观察的内容、选择观察的场所及观察的工具和方法，进而渐次开展课堂观察活动。这是因为，课堂教学是一个动态的生成性过程，课堂情境中呈现出来的信息也不是恒久的、固化的，而是即时的、交互的、断续的，具有许多偶发、开放和不可预见的因素，所以，观察者必须精心设计，在事先确定的目标下，有目的性地开展课堂观察，收集资料，展开研究，切不可随意转换，否则就有可能偏离当初预设的轨道和研究的初衷，难以达到"观察他人的课堂，服务自己的课堂"的目的。

（二）系统性

课堂观察作为一种研究课堂的方法，它不是一个纯粹的、单一的行动，而是一种复杂的、综合的行为系统，是由一系列不同阶段的不同行为构成。因此，观察者必须依据课堂观察所要达成的目标，全面、系统地进行思考、规划，并按照一套完整的程序次第展开。例如，课前，要明确观察目的、确定观察对象、观察行为和观察策略；进入课堂现场，要选择有利的观察位置和实用的观察工具，如实地记录观察情况；课后，要及时展开专业对话，处理观察数据，呈现观察结果，形成改进的措施或建议,等等。其中,确立观测点、开发观察工具、做出观察结论是课堂观察必不可少的三大环节。要保证观察有效、全面、精确,就必须要根据观察目的来确定系统的观察策略,力争做到胸有全局、统筹兼顾、循序渐进。

(三)选择性

选择性是课堂观察与生俱来的特点。这种特点体现在整个观察的全过程,例如,对于观察对象、观察内容、观察工具、观察视角乃至课堂观察所获取的信息材料等方面,观察者要围绕观察主题、依据观察目的作出自己理性的选择,切忌率性而为。但需要注意的是,由于课堂观察选择性因素的存在,任何选择都必然会受到观察者的知觉主观性因素的影响,如个性特质、兴趣爱好、知识经验、学术背景等,因而得到的信息有可能是片面的、零碎的,甚至是偏颇的,难以反映出课堂的全部真相,所以,观察者要尽可能在预先设计好的框架下,本着实事求是的态度对观察所获取的资料进行审核、分析、论证,强化证据,摒弃偏见,理性思考,遵守规则,谨慎地作出自己的判断与选择,力求最大限度地保持课堂观察结果的客观性与可信度。

(四)情境性

所谓的"情境",在现代汉语语境下指的是在一定时间内各种情况结合的总和。教学情境,是教师有目的、有计划地创设出来的一种特殊的教学环境。作为影响学生学习的一种现实的客观力量,教学情境是形式多样的。课堂观察就是在这样真实的自然状态下,在不改变教学活动的进程中,对这一种具体的教学情境中所发生的各种教学现象、教学行为进行的有意识、有目的的考察。具体来说,它是以课堂作为研究对象,通过对现场教学样态观察所获取的事实资料进行认真的分析、研究,从而精确地解释观察的结果。需要注意的是,并非所有现场的教学样态、情境都可以成为研究对象。从研究的角度来看,只有那些具有真实的、可理解的、连续性等特点的情境性教学行为和教学现象才具有研究的价值。因此,在开展课堂观察时,观察者必须要从学校现场的教学样态中选择具有情境性特点的教学行为、教学片段进行观察、分析、推论,这样才有可能真正发现课堂教学中"此人、此时、此地、此课"所存在的问题,增强推论的针对性、指向性。

二、课堂观察流程

课堂观察不只是一种研究方法,也是一个工作流程。作为一个工作流程,课堂观察历经多年发展、迭变与完善后,目前在我国已形成多种课堂观察体系。例如,江苏省特级教师仲伟宽的"4W"法则,即"说课(要 Why)、观课(有 What)、议课（真 Where）、评课（是 How）"①；安徽省教育学者王文涛的六大关键环节，即"选择合适的观察视角、制作科学的观察量表、记录翔实的课堂现象、整理丰富的课堂信息、进行正确的课堂推论、作出客观的课堂评价"②；等等，而为学界普遍认同的则是由浙江省名教师俞小平等人提出的"课前会议—课中观察—课后会议"三个程序。

（一）课前会议

课前会议，是课堂观察的重要程序之一，其作用是为观察者和被观察者、观察者和观察者之间提供一个认识、交流的平台，让观察者了解被观察者的课程内容、教学流程及课堂教与学所要达成的目标。所以，课前会议的主要任务一般有三个，一是授课教师说课，让观察者尽可能地把握和理解课堂生活的完整性；二是观察者在了解上课教师的教学设想和教学设计等教学流程后，就自己不理解的问题和困惑向上课教师提问，上课教师再作阐述；三是双方讨论、协商，最终确定观察目的、观察内容、观察工具，并根据确定的三个维度制作观察量表，以供观察者评课使用。课前会议旨在增强听、评课的计划性和目的性，提高听、评课的效率与品质。

（二）课中观察

课中观察，是指听课教师进入课堂，根据观察任务开发观察工具，并依据观察工具选择观察位置、观察角度实施观察。它是课堂观察的核心环节和主要步骤，直接影响课堂观察的质量。因此，听课教师务必要本着虚心、诚恳的态度，以学习者的身份前来观课，集中精神，细心察看，不放过任何小小的变化，把握住点点的端倪，如实地做好观察记录或写下自己的心得体会。为此，听课教师要按照"倾听—观摩—思考—记录"的基本程序去展开课堂教学的观察。

1. 倾听

倾听不是简单地带着两个耳朵、拿着笔记本走进教室，它是课堂观察的最基本手段。"听"的内容有两个方面，一是"听"授课教师如何讲：教学理念是否体现为教学的具体方法，教师是否讲到点子上，思维的困惑点是否被突破，课堂的结构是否合理，问题的设计是否具有梯度性、针对性和启发性；二是"听"师生之间、生生之间是否展开有效的讨论、互动与对话，课堂的提问能否突出重点、抓住要害、提纲挈要，使学生有意识地温故而知新，等等。

2. 观摩

课堂教学一般涉及三个要素：教师、学生和教学内容。因此，在观课时，一是看教师：教师能否转变观念、变换角色、建立和谐的师生关系，能否以学生的学习

---

① 仲伟宽：《课堂观察的4W法则》，载《天津师范大学学报（基础教育版）》，2010年第4期。
② 王文涛：《观课议课的六大关键环节》，载《中小学管理》，2011年第11期。

能力和学习经验为基础，制定出契合学生发展水平的教学目标；能否选择恰当的教法由易到难、由浅入深、由低阶思维至高阶思维，充分调动学生主动参与学习的积极性。二是看学生：学生学习的主体性是否真正确立、情绪是否饱满、注意力是否高度集中、参与教学活动是否主动积极。三是看教学内容：教学内容是否切合学生的实际需要，是否与所要达成的教学目标一致，等等。

3. 思考

听课的过程亦是思考的过程，因此必须重视"思"在观课中的意义。一是思考：教师如何将教材的内容生成教学内容？如何把教学内容转化为信息学习的资源？如何将学习的资源转换成优质的教学设计？如何将教学理念转变为教学行为？二是反思：处身设地想一下，如果授课教师换成自己，这节课该如何设计？简言之，就是要通过对他人的课堂观察反诸求己，进一步反省自身的教学理念、教学行为，改造、重组并丰富自己的课堂经验，不断优化自己的行动方式，从而加深自己对课堂教学的理性认识。

4. 记录

在课堂观察中，教师务必围绕观察的焦点，合理地运用定量和定性这两种方法记录看到的、听到的信息。所谓定量记录，即是运用记录表格、录像法，及时将听到的、看到的、想到的详细和客观地记录下来。例如教师提问的频率，学生回答问题的正、误次数，课堂学生自学、讨论用时的多少，等等。定性记录，则是根据课堂观察的需要，恰当地选用描述、叙述、图示等方法，对课堂教学目标的设置、重点和难点的突破、生成和预设的成效等方面进行详尽的、多方面的、非结构化的数据收集，并在观察后根据回忆进行补充与完善。如有必要，还可以对听课教师的现场思考、理解与感受也要做出如实的记录。但需要注意的是，这种事实性记录只能为课后反思提供真实、有效、直观的第一手素材，而不能试图从听课教师的立场加以解释，更不要急于为课堂教学做出价值性判断。

当然，课中观察的"听""观""思""记"的行为都不是随意的、散漫的，而是基于量表预先设定的内容进行的有目的、有计划、有步骤的行动。

（三）课后会议

课后会议，是课堂观察工作流程中的一个研讨环节，它由教师（被观察者）说课和由观察者组成的共同体集体评课所构成，其目的是通过共同的回顾、反思、交流课堂观察活动，找出问题的症结，在基于证据的基础上，提出教学改进的建议，在自我成长的同时帮助授课者，以达到共同进步。因此，课后交流是一种研究，观察者与被观察者双方都应该倍加珍惜，积极参与课后会议，主动思考，以开放、民主、合作的态度，围绕课堂上的教学信息就"教师教学的针对性""学生学习的有效性""师生共同成长的互动性"等方面展开充分的对话与研讨，并经由对观察所获取的材料进行定量或定性的分析、反思、协商、对话，最终形成观察意见以及后续行动的改进建议。这些意见及建议，一般应包括课堂目标达成度、教学有效度、个人教学特色、存在问题以及改进教学的对策，切忌泛泛而谈、笼统言之。

课堂观察是一个综合的行为系统，教师在整个课堂观察的流程中，只有历经课前会议、课中观察、课后会议三个阶段，才有可能将"确定问题—收集信息—解决问题"的工作流程有机地链接起来，形成"提出问题—制定方案—获取证据—分析论证—得出结论—提出建议"的解决问题思路，从而保证课堂观察的延续性、针对性，同时也有助于探索课堂教学的内在机理，对课堂教学做出有效的诊断与改进。

三、课堂观察框架

观察课堂、理解课堂、分析课堂的关键是解构课堂。而课堂涉及的因素很多，而且这些因素相互交织，浑然一体，因而我们迫切需要一个简明、科学的课堂观察方法和框架作为课堂观察的"支架"，"将研究问题具体化为观察点，将课堂中连续性事件拆解为一个个时间单元，将课堂中复杂性情境拆解为一个个空间单元"[①]。如此，才有可能运用量表对观测点进行一一定格扫描，描述记录，分析讨论，否则课堂观察就很有可能陷入随意、散漫、无序的状态。自课堂观察诞生之日起，不少研究者就试图从不同的视角提出课堂观察的诸多设想，并进行了有益的探索。国外，广有影响的除了美国学者弗兰德斯的"互动分类系统"外，1993 年霍普金斯（D. Hopkins）开发的"教师反应记录表"，1994 年拉格（E. C. Wragg）设计的用来观察教师如何管理学生的"行为课堂观察表"，也都在课堂观察的技术领域中各领风骚，并发挥着重要的作用。国内，影响最大的当推华东师范大学教授崔允漷所领导的团队于 2004 年开发的 LICC 范式。该范式受到露丝·韦津利《课堂观察任务》的启发，将课堂内容进行了结构化的拆分，演绎成 4 个基本维度：学生学习（learning）、教师教学（instruction）、课程性质（curriculum）和课堂文化（culture）。在这 4 个维度中，崔允漷等人认为学生学习的维度居于课堂的核心，其余 3 个维度虽然不可忽视，但应围绕、服务于学生学习这一维度，因而相对而言当居于次要地位。后来，他们又"出于观察的需要，遵循理论的逻辑，将每个要素分解成 5 个视角，再将每个视角分解成 3～5 个可供选择的观察点"[②]，从而形成了我们今天所看到的"课堂观察框架"示意图（如图 6-1 所示）及"课堂的 4 要素 20 个视角和 68 个观察点"（见表 6-1）。该范式内容丰富，涵盖了常规课堂发生的方方面面，包括教学目标、课程资源、师生互动、学习效果、课程文化等，具有较强的系统性和整体性，基本能够满足教师、研究者多维度地对课堂进行分析、研究的

---

① 崔允漷：《课堂观察 LICC 范式：一种专业的听评课》，载《教育研究》2012 年第 5 期。
② 同上。

需要，而且也符合库恩所提出的"某一学科共同体采用基本一致的思考方法来研究同一领域的特定问题"①的范式要求，为课堂观察研究提供了概念上和实验上的工具。

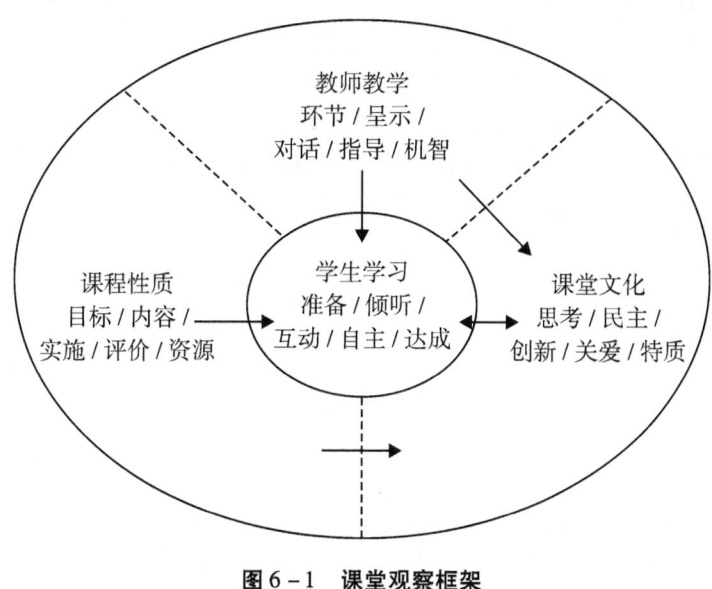

图 6-1 课堂观察框架

表 6-1 课堂的 4 要素 20 个视角和 68 个观察点

要素	视角	观察点举例
学生学习（L）	（1）准备 （2）倾听 （3）互动 （4）自主 （5）达成	以"达成"视角为例，有 3 个观察点
		学生清楚这节课的学习目标吗
		目标达成的证据（观点/作业/表情/扮演/演示），有多少人达成
		这堂课生成了什么目标，效果如何
教师教学（I）	（1）环节 （2）呈示 （3）对话 （4）指导 （5）机智	以"环节"视角为例，有 3 个观察点
		由哪些环节构成，是否围绕教学目标展开
		这些环节是否面向全体学生
		不同环节/行为/内容的时间是怎么分配的

---

① 崔允漷：《课堂观察 LICC 范式：一种专业的听评课》，载《教育研究》2012 年第 5 期。

续表 6-1

要素	视角	观察点举例
课程性质（C）	（1）目标 （2）内容 （3）实施 （4）评价 （5）资源	以"内容"视角为例，有 4 个观察点 教材是如何处理的（增/删/合/立/换），是否合理 课堂中生成了哪些内容，怎样处理 是否凸显了本学科的特点、思想、核心技能及逻辑关系 容量是否适合该班学生，如何满足不同学生的需求
课堂文化（C）	（1）思考 （2）民主 （3）创新 （4）关爱 （5）特质	以"民主"视角为例，有 3 个观察点 课堂话语（数量/时间/对象/措辞/插话）是怎样的 学生参与课堂教学活动的人数、时间怎样，课堂气氛怎样 师生行为（情景设置/叫答机会/座位安排）如何，学生间的关系如何

崔允漷团队研制出具有一定指导意义的评价工具及评价方法，其所开发的 LICC 范式，建立了一个较为完整的课堂观察、诊断、评价的框架，这不但在一定程度上革除了传统听课和评课的零散、盲目、肤浅、流于形式、隔靴搔痒等弊端，而且大大丰富、深化了人们对课堂的认识与理解，为广大的一线教师观察课堂、理解课堂、确定研究问题、明确观察任务提供了一张清晰的认知地图和颇为实用的研究支架。

第三节　课堂观察的技巧

课堂观察是一项专业性很强的教研活动，也是指向课堂问题的发现并基于证据改进教与学的一种立体性的综合技术。由此可见，课堂观察需要观察者具备一定的知识、经验储备和娴熟的观察技巧，能在短时间内敏锐而精确地解读课堂所发生的教学事件和教学现象，并有能力觉察或洞悉课堂生活中各种外显或内隐的具体而微妙的变化。因此，在观课之前，观察者必须要接受一定的专业训练，掌握课堂观察的基本要领和操作技法，使之成为研究课堂的必备技能。

一、观察视角确定策略

确定观察视角是开展课堂观察研究的第一步，也是最重要的第一步，因为它既是对"4 个要素"内容的具体展开，又是对"68 个观察点"的全面统摄，处于承前启后的关键位置。自崔允漷团队的 LICC 范式诞生以来，课堂观察视角一直是中小学教师"围观"的话题及研究的热点。无须讳言，尽管 LICC 范式将学生学习作为最重要的维度之一，甚至视之为课堂观察的目的与旨归，但在具体操作中，不少的中小学一线教师由于深受传统"教师中心论"观念的影响，仍然把课堂观察的重心放在"教"上，重在关注教师的教学策略、教学行为、教学效果、教学改进，而对学生的学习主体性、活动的有效性以及情感状态、思维状态、生成状态等因素还是有所忽视，甚而有所漠视，这显然与新课程改革的理念是相悖的，不利于人才的培养。新课程改革倡导以"学生为主体"的课堂教学，强调学生参与学习主体地位，因此，教师开展课堂观察必须树立"一切为了学生的发展"的理念，在确定课堂观察视角时切不可仅仅着眼于教师的教，只考虑如何改进教学策略，提升教的质量，还要从学生全面成长的需要出发，重点关注学生学习行为以及学习习惯、人格品行的培养，例如，学科核心素养是否落实到位，学生主体地位是否真正确立，课堂教学是否以生为本，面向全体，等等。只有把课堂观察的视角由教师转向学生，从关注教的过程转向关注学的状态，聚焦于学生课堂学习的过程、学习方法的改善，才有可能充分地了解每一个学生的兴趣、特长和学习能力，更好地因材施教，助力学生成长。

二、观察点选择路径

课堂是错综复杂且瞬息万变的，课堂的复杂性、情景性决定了观察者无论选择任何观察点，都难以将课堂里发生的每一个行为或每一种状况进行细致观察、详尽记录，更难以从中窥视课堂生活的全貌并有效地获取课堂中所有的信息，这就要求观察者最好选择一个小的切口或者一个具体的"点"，对课堂进行微观的透视，并作深度的挖掘，如此才能以小见大，收到见微知著的效果。

如何选择观察点？迄今仍众说纷纭，难有定见。依据崔允漷教授研究团队的经验，选择观察点需要结合观察者和被观察者双方的需求以及学科的性质、特点等方面予以考虑，具体说可以从以下三方面来考量：一是按照"从领域到问题、从问题到观察点"的路径选择观察点，也就是把研究的对象逐步缩窄，最后化解为具体的观察点，这是一个从宏观到微观、从抽象到具体的思维发展过程；二是按照"此人、此地、此时、此课"的方向选择观察点，包括"从观察者专业的发展需求选择观察点"和"从课堂教学中突发的或关键的事件选择观察点"两个方面；三是按照"可观察、可记录、可解释"的原则选择观察点，"可观察"是指在课堂上可找到与观测点相对应或相匹配的教与学行为表征及信息源，"可记录"是指能以文字或录像等形式将在课堂上呈现的信息或发生的事件客观、真实、完整地记录下来，"可解释"是指课堂记录下来的信息、事件可以得到合理的解释。如果观察点缺失"可观察、可记录、可解释"的属性或品质，则不能成为选择的对象。

诚然，这三个方面只是观察点选择的基本原则、策略，并不是课堂观察点确定的全部途径或方法。因此，在实际的操作中，观察者要灵活运用，随事而制，因地制宜，合理地作出选择，并透过观察点的定格、扫描、分析、反思，形成观察结论或观察建议。需要注意的是，为确保研究结果的可信度和客观性，观察者必须根据所要达成的目的，谨慎选择一个或若干个观察点，如果每一次观察点的选择数量太多，就容易流于表面、顾此失彼。

三、观察工具开发与选用办法

课堂观察是课例研究的关键环节，它关系到课例研究的品质。而影响课堂观察质量的核心要素，乃是适切地开发和合理地选用观察工具。因为课堂观察工具的开发、选取是否恰当，不但影响所收集的反映课堂教与学状况证据的质量，而且还在一定程度上左右观察者的研究思路和解决问题的途径，并决定教师自我反思的深度和广度。

那么，如何才能有效地开发和合理选取课堂观察工具？基于多年的实践总结，并在借鉴他人经验的基础上，我们提出以下解决策略。

（一）指向性

该维度主要是要思考"课堂观察，我要解决什么问题"。对于这个问题，我们可以从两个方面来考量：问题是否来自"此时、此地、此人、此课"，其表述是否准确、明了，问题是否指向学生课堂学习的改善或教师专业发展。

（二）效度性

该维度主要是寻找"相对应的观察行为"，这就要求我们必须设法验证所选择的观察指标与所要揭示的观察内容是否具有必然的逻辑关系。为此，我们宜应从三个方面逐一追问：一是问题涉及的核心概念是否按某种逻辑进行合理的分解，二是分解后的若干要素是否都能在课堂中找到一一对应的关键行为，三是这些关键行为是否可观察、可记录、可解释。

（三）实用性

该维度主要考虑观察量表是否简洁明了，是否具有可操作性。例如，在课堂观察中，量表是否适合个人或合作记录，能否及时而客观地记录或反映重要的、关键的观察数据或课堂教学现象，是否利于观察者课后的整理、编辑、归纳及推论。

我们相信，只要观察者从以上三个纬度进行思考、研究，审时度势，因地制宜，就有可能开发和遴选出适切的课堂观察工具。

第四节 划记法与描述法

课堂观察记录的方法方式很多，目前最为流行的主要有两类，一类是质性记录方式，另一类是定量记录方式。近年来，由于科学技术的不断进步，大量的量器、量仪等定量工具被开发出来，用于观察结果的处理、分析，较好地弥补了课堂观察人的感官之不足，以至于量化取向已成为当前课堂观察发展的主流趋势，而秉持解释学方法论的课堂人种志、叙事研究等质性研究似乎日渐萎缩，甚至对不少一线教师而言也越发陌生。但是，课堂毕竟是一个复杂的系统，具有诸多的不确定性、生成性和偶发性，若过于强调或凸显其量化评价，势必会缺失对课堂的整体把握，影响课堂观察研究的效度与信度，甚至导致评价越来越僵化。因而，我们在开展课堂观察时，既要善于运用定量记录方式，也要恰到好处地使用质性记录方式。为帮助大家掌握这两类不同的记录方式，我们不惜篇幅，专门独立辟出一小节重点介绍课堂观察中两种最为常见的课堂观察记录方式：划记法和描述法。

一、划记法

划记法（rating scales），也称点线法，是一种通过画线等符号来处理数据的（课堂）观察方法。这种量性的研究方法运用在课堂观察上，一般是把课堂观察的信息进行量化，然后采用统计的方法加以处理、分析、推断，从而获得研究结论。其操作程序大体如下：观课教师在进入教学现场之前，须根据相关的教学场地、教学内容事先设计好划记的各种图表，并将行为类目化、数字化，编制好记号体系观察表；现场观察时，观课教师只需要按照划记表上对各类目行为的界定，进行代号的划记与记时即可。这种观察记录方式，简单易行，有利于帮助观课教师通过记录记号数量和行为所发生的频次进行深入的分析，以发现班级行为的某些倾向；或是与既有的理论相互印证，作为解释班级内师生行为的依据；或将课堂观察所获得的数据进行量化分析验证，得出某种结论。但它要求观课教师除了要保持价值中立，以客观的态度实事求是地对研究对象的范围、频率等数量关系进行科学的研究外，还必须对所观察的行为是否能如预期出现、是否能顺利观察得到，做好认真而审慎的评估方可付诸实施，尽量减少观察者自我情感效应。

二、描述法

描述法（narrative method），也称田野笔记法，"是一种记录变化，记录新的发展或新的行为的观察方法"①，属于人类学范畴概念。这种质性研究方式与量的研究迥然不同，它不是以量的资料作为研究对象，而是需要研究者深入实地观察、调查和访谈，并将搜集到的文字、图片、声音进行系统化、条理化的整理和归纳，并在此基础上进行逻辑和意义分析，以揭示事物内在的特性和机理。此种研究，若在课堂观察，观课教师首先要准备好观察笔记，预先设计好记录的格式，填写好观察地点、对象、日期以及所要观察的课题名称；其次，要将所要观察的目标分类，并以书面语言的形式，对各类观察目标进行非数字化的、开放性的定性描述，详实地记载课堂中发生的某些行为和观课时所产生的即时性想法。在实施过程中需要留意的是：观察者如果对观察所得的资料有所怀疑，则应利用课余时间进行访谈或通过分析笔记加以析疑；另外，在当天观察结束或某一观察过程完成后，观察者须尽快地将观察到的第一手信息资料加以整理、分类与归纳，写出自己的评价、反思或观察日记，以便能从观察中发现值得进一步探讨的现象或问题，避免因时过境迁而遗漏、遗忘观察数据，甚至丢失某些观察技巧。此种记录方式，纵然能及时地捕捉、记录一个个鲜活的教学情境、教学现象以及真实的教学顿悟，但由于样本太小、范围太窄，且所记载的内容往往不够详细甚至过于零散，因此，切不可将此种资料当作推论或是理论化之用，只能经教师整理后，作为日常的教学反省以及改进教学的参考。

"划记法"和"描述法"都是课堂观察中最经常使用的记录方法，两者均强调客观性，需要摆出具体并且富有情节性的事实作为解释的依据，但由于"划记法"是基于经验主义哲学的量化研究，而"描述法"是基于解释主义哲学的质性研究，因此，在逻辑论证层面，"描述法"较之于"划记法"须有更多的主观解释。

第五节　课堂观察对教师专业发展的意义

课堂观察是教师对课堂教学精细化的解构，也是教师研究与改进课堂教学、完善自身知识结构的主要载体。中小学一线教师作为课堂观察的天然使用者、研究者，无疑是课堂观察研究的主体力量和生力军，如果能合理地使用课堂观察来分析自身的教学实践，从更高的层面来反思自己的课堂教学效能，探索教学的内在规律，课堂观察便可为教师"成长自我"进而"成为自己"提供实践的平台乃至内在的精神力量。

---

① 施铁如：《学校教育研究导引》，广东高等教育出版社 2004 年版。

一、促进教师教学技能的改进

课堂是一个复杂的学习场所,课堂教学更是一个庞大的、综合的动态系统,具有动态性、即时性、非连续性等特点。于课堂观察而言,教师具有双重身份,既可以是课堂的观察者,也可以是课堂教学中被观察的对象。若以观察者身份介入课堂,教师可以根据自己的需要,有针对性地开展课堂观察,从中汲取他人的经验或教训,获得实践知识,提升自己的教学技能。因为每一个教学设计都凝聚着教师对课程及教学的独特感悟与个性化理解,体现着教师的教学经验、教学艺术和教学的创造力,而且,在与被观察者进行平等的对话和思想的碰撞中,观察者又可以经由观察他人课堂而反求诸己,对自己的教学行为和教学理念进行诊断、内省,从而不断地丰富自身的教学素养。倘若教师是被观察的对象,则可以借助课前会议的讨论、课后会议的反馈与评议,获得观察者提供的许多真实、客观的信息,这无疑有助于对自己的课堂教学行为进行审视、分析、省思,拓宽自己的眼界,改进教学策略,并最终实现专业的可持续发展。

总而言之,无论是观察者还是被观察者,在整个观察的过程中都不是旁观者。任何一名教师都可以根据自己的实际需要,选择自己感兴趣的问题展开研究或与他人进行平等的对话、交流,共同探讨课堂教与学的专业问题,这对于教师发展实践知识,增进反思意识,改进教学技能,提高课堂教学活动的自觉性、合理性、预见性,实现专业累积式的成长,无疑都有莫大的帮助。

二、促进教师合作教研文化的形成

教育是一项系统的综合工程,而课堂观察又是一种需要团队合作的研究方式和专业实践,因此,合作是课堂观察的天然需要,也是必然的选择。如果教师将课堂观察仅仅局限在个体行为上,漠视或拒绝与其他教师的合作研究,这无异于持着长矛、骑着瘦马、孤独地行走在变革路上的堂吉诃德,难免会陷自己于无援、无助、无奈的境地,同时也丧失了课堂观察中交往、互助的本真意义和内在价值。所以,从本质上而言,课堂观察不是一种排他性的研究,而是一种"基于主体意愿、可分解的任务、共享的规则、互惠的效益"[①] 的研究课堂的有效方式。这就意味着课堂观察不是教师一个人的随意的听课活动或孤独的反思,而是有组织、有计划、有程序、有任务驱动的教师共同体的专业实践,需要教师抱着尊重多元、求同存异的良好心态进行倾听、对话、交流和共事,围绕学生课堂学习的改善而展开合作研究;也意味着观察者和被观察者之间必须基于专业成长的共同愿景和共同渴望,建

---

① 付黎黎:《听评课:指向合作的课堂观察》,载《教育科学研究》,2010年第2期。

立起合作团队，既相互协作又各司其职，形成互信、生成、开放、支持的对合作具有拥有感的伙伴关系，并将这种关系镶嵌于学校教育教学的实践脉络之中，建构更为理性、更为务实的课堂观察研究的共同体。这样一种以开放、虔诚的心态而展开的对话、探究专业活动，既是一种学术上的互惠合作，也是一种文化上的融洽交流。正是在这样一个合作文化的框架之内，才有可能使作为合作主体的中小学教师在课堂观察和专业对话中超越纯粹个人的反思和对外来权威的依赖，形成一个多元化的学习共同体，并在平等交流中实现教师之间多维的互动、理智的碰撞、思想的争鸣，在改进课堂教学的同时，创生出新的知识、新的经验、新的思想、新的文化。而浸润在支持、合作、分享的教研文化中的教师，也必将在这种文化的熏陶、感召、引领下，实现教学理念的深刻变革，获得专业智识的扩展与提升。

三、促进教师从经验型向教研型转变

课堂观察 LICC 范式，是近年来在我国中小学广为流行的一种听评课范式。在这种范式中，无论是观察者还是被观察者，都是教学的研究者，需要根据课堂研究的目的与他人进行对话、交流，共同探讨，运用科学的方法解决课堂教学中存在的专业性问题，不断地提升专业素养，增进科研能力。再者，课堂观察不仅能够"将教师带入研究状态"，而且要求教师将行动与研究融为一体，将教学研究与发现、诊断、解决问题的方法结合起来，从理论和实践上对教学理念、课堂教学进行改进、重组、再造，并与新课程进行无缝的对接。作为一种新的教研方式，课堂观察已不再像一些传统的教学研究那样漂浮于课堂之上，远离日常教育教学活动，为了研究而研究，忽视对课堂内涵的深刻发掘，而是深入教师日常的教育生活和教学实践之中，成为教师构建自己的教学方式、改进教学策略、获得新的认知与情感体验的重要组成部分。正是因为课堂观察根植于日常的教学实践中，既可以确切地帮助教师深层次地反思自己的课堂，找到课堂的得失，有针对性地为教师提出改善教学行为的建议；同时，又能将常规课堂转化为最理想的教师教学研究的场所，成为连接教学实践与理论研究的桥梁。所以，课堂观察能有效地借助反思和理性的力量，推动教师从经验型向反思型的实践者转变，促进教师从专业素养到专业特质的凝聚和升华。

四、促进教师听评课走向专业化

听评课是教师日常教学活动中一项重要的专业活动，是评价课堂效果、诊断课堂失误、改进课堂教学不可或缺的环节和手段，它体现了教师的教学理念、教学技能和学术素养。遗憾的是，当前我国中小学教师听评课的整体水平还是处在业余化的浅层次，"三无"现象甚为突出，"听课，无合作任务，没有明确分工；评课，无证据的推论，基于假设的话语居多；听评课，无研究实践，应付任务式居多"①。这种"少专业""去专业"的现象，在中小学教师听评课活动中普遍存在，不但削弱了听评课应有的功能，而且严重挫伤了受评教师的积极性，这是我们在开展这项教研活动时最不愿意也是最忌惮看到的结果。所以，改变当下中小学一线教师听评课的"三无"状态，摒弃那种"无需知识基础"亦可"随意点评"和所谓的"假如我上——"的自我本位错误做法，促进教师以专业的态度、专业的思维、专业的视角、专业的水准对课堂运行的状况进行审视、分析、研究、反思，谋求学生课堂学习的改善，已成为当务之急。如何使一线教师从传统听课走向专业听课，从经验直觉走向科学评价，从业余思维走向专业思维，赋予日常的听评课研究的品质和专业的内涵，从而让听评课引领教师的专业成长？课堂观察无疑是个很好的"扶手"和"拐杖"。课堂观察作为一种专业性的听评课范式，它凸显合作，强化证据，富有浓厚的研究色彩，在一定程度上是可模仿的成功的范式。它不但能有效地消解传统听评课"低效性和盲目性"，而且能有效地将听评课与"日常"的教研活动有机地结合起来，引导教师关注课堂、研究课堂，分析课堂教学的构成要素，把握课堂教学的内在机理，进一步优化听评课策略，探索走向专业化的听评课路径，并在此基础上构建起自然、和谐、共进的听课评课新生态。

　　课堂观察，既是一种专业性、草根式的行动研究，也是一种专业的、在职的研修学习，它为广大的中小学一线教师发展实践知识、增进反思意识、提升教学智慧搭建了进步的阶梯，这无疑是促进教师专业发展的最理想的方式。因此，只要我们的教师能够持之以恒、锲而不舍地走下去，就有可能走出一条路，闯出一片天，在教育这片充满希望的田野上收获成长、收获幸福。

　　但愿这一美好期待能够早日实现。

---

① 崔允漷：《论指向教学改进的课堂观察 LICC 范式》，载《教育测量与评价（理论版）》，2010 年第 3 期。

[附件6-1]

课堂观察量表——维度：教师教学（一）

授课老师：_____　　学校：_____　　班级：_____

授课标题：_____　　观课老师：_____　　日期：_____

观视角	观察点	备注
环节	1. 是否准备充分（教案、教具、备课、教学场地等） 2. 是否体现完整的教学过程（教学回顾、课程导入、新课讲解、小结、作业布置） 3. 导入的内容与教学内容是否具有关联性、直观性、趣味性，能否引起学生注意、激发学生学习兴趣以及体现教学目标 4. 教学目标是否明确，重、难点是否突出 5. 教学步骤是否妥当，时间分配是否合理	
呈示	1. 讲解顺序是否得当，知识点讲解是否衔接自然，能否运用有效的方法进行讲解 2. 能否利用重复、停顿、提问、语调变化、板书强调等方式突出重点、突破难点 3. 板书是否准确、规范（内容正确、字体美观、书写规范、无错别字），结构是否美观（层次分明、布局合理、色彩搭配），内容是否突出（反映教学主要内容、突出教学重点和难点）	
对话	1. 注重互动，所有学生是否都被调动起来参与教学活动；师生之间、学生之间关系是否轻松自如，相互顾及 2. 提问的类型、结构、认知的难度及学生候答的时间是否合理	
指导	1. 教师是否指导学生进行自主学习 2. 教师是否指导学生进行合作学习	
机智	1. 教学设计是否根据学生的具体情况进行合理的调整 2. 学生没有理解知识点时，是否得到教师的帮助 3. 教师是否能灵活地处理来自学生或情境的突发事件	

课后意见：

[附件6-2]

课堂观察量表——维度：学生学习（二）

授课老师：_____　　学校：_____　　班级：_____
授课标题：_____　　观课老师：_____　　日期：_____

观视角	观察点	情况记录	
准备	有多少学生进行了课前准备		
	学生课前准备了什么		
	准备效果如何		
倾听	有多少学生参与课堂活动		
	有没有做到及时做笔记、回答老师的问题及倾听同学的回答		
	不参与课堂的现象有哪些		
互动	本节课设置了哪些课堂活动，各种活动的学生参与人数有多少	活动	参与人数
		A1：	
		A2：	
		A3：	
		A4：	
		A5：	
	老师课堂上一共提问了多少个学生		
	被提问的优、中、差生分别是多少个	优：　　中：　　差：	
	是否有重复提问的学生		
	哪些活动达到了老师的预期目标		
自主	本节课是否设置了自主学习的环节		
	如果有设置，是以什么形式开展		
	学优生和学困生自主学习的效果如何	学优生： 学困生：	
达成	有多少学生能达成本节课的教学目标		
	哪些知识点学生掌握情况欠佳		

课后意见：
_____

[附件6-3]

课堂观察量表——维度：课程性质（三）

授课老师：_____ 学校：_____ 班级：_____

授课标题：_____ 观课老师：_____ 日期：_____

观视角	观察点	情况记录
目标	预设的学习目标是什么，是否符合学习实际	
	在课堂中是否生成新的学习目标，是否合理	
	学习目标在教学中能否达成，效果如何	
内容	教学内容是否与课程目标一致	
	教学内容是否切合学生实际	
	课堂生成的内容是否合理，教师的处理是否恰当	
实施	课程实施方法是否能达成所预设的目标	
	教师是否关注学生学习的过程及学习的效果	
	教师是否重视学习方法的指导	
	课堂教学是否体现学科特点	
评价	检测学习目标所采用的主要评价方式是否合理、有效	
	是否关注在教学过程中所获得的评价信息，包括作业、表情等	
	能否合理利用所获得的评价信息来改进课堂教与学行为	
资源	预设了哪些资源，这些资源是否有助于学习目标的达成	
	课堂中生成了哪些资源；这些资源与学习目标的关系怎样，是否得到充分利用	
	向学生推荐了哪些课外资源；这些资源是否有助于拓展学生的视野，培养学生的学习能力	

课后意见：

[附件 6-4]

课堂观察量表——维度：课堂文化（四）

授课老师：_____　　学校：_____　　班级：_____

授课标题：_____　　观课老师：_____　　日期：_____

观视角	观察点	备注
思考	1.（有/没有）提出有一定难度，能激发学生思维品质的问题，如有，是什么_____ 2. 如何更正学生的错误回答（引导更正/直接说出/解释） 3. 学生无法回答时，教师如何引导（另问其他同学/重新看书/提示关键词/以其他问题提示）	
民主	1. 全班_____人，老师总共提问了_____人，其中，优生_____人、中层生_____人、待进生_____人，男_____人，女_____人。 2. 学生向老师提出疑问_____人，疑问是：_____	
创新	1. 课堂亮点：_____ 2. 课堂的奇思妙想：_____	
关爱	1. 班上（有/没有）学习特困学生，共___人 2. 老师（有/没有）特意设定某些难度小的问题来提问学习特困生，学生（能/不能）回答，所提的问题是：_____	
特质	老师的个人优势：语言，学识拓展，幽默，教学机智，角色表演，板书，亲和力，情感教育，高效（打钩）	

课后意见：
_____

（附件 6-1、6-2、6-3、6-4 均来自本室江彩环老师的研究成果）

第七章　教师专业发展的校本研修

"校本研修"是 2004 年 3 月时任教育部副部长袁贵仁在一个培训会议上正式提出的,其用意就是要通过变革教师在职培训的方式,改变彼时我国的师资"培训"中存在的重"训"轻"研"、重"训"轻"修"、重"灌输"轻"反思"的弊端,构建以"教学反思""同伴互助""专家引领"为路径的教师教育"培训"的新模式,促进我国新时期师资培训由粗放型、封闭式向集约型、开放式转变,从而切实提高师资"培训"的效能,为基础教育改革与发展服务。而这十多年来的实践也恰恰证明了,"校本研修"作为教师在职教育的主打方式,最能够贴近教师的教学生活,也最能够促进教师的专业发展,在师资培训的实践中显示出强大的生命力和显著的优越性,是我国新时期师资培养途径的最佳选择。

第一节 校本研修的含义、类型及内容

校本研修的含义是什么？有几种类型？其研修的内容包含哪些方面？对于上述问题，尽管目前还存在诸多的争议，但若能有所了解，对开展校本研修活动将有一定的指导意义。

一、校本研修的含义

"校本研修"是由"校本"和"研修"两个词语组合而成的一个短语，因而要理解"校本研修"这一概念，首先就要把握"校本"和"研修"的含义。

"校本"（school-base），是伴随新一轮课程改革与发展而产生的一个全新的教育理念，其大意是"以学校为基础""以学校为根本"。实际上，关于"校本"的含义，学界至今仍众说纷纭、莫衷一是，不管是它的外延抑或是内涵，尚未给出一个清晰的、明确的统一界定。其中，最有代表性而又被学界普遍所接受的是华东师范大学教授、课程专家郑金洲关于"校本"的观点。

郑金洲教授对"校本"的释义，主要包括三个维度：一切为了学校，一切在学校中，一切基于学校。具体地说，"一切为了学校"，是以改进学校实践、解决学校课程改革所面临的现实问题为宗旨，把学校的发展作为出发和归宿点。由此可见，"校本"所关注的不是教育体制、教育理论、教育政策等宏观层面的问题，而是着眼于运用已有的决策和理论解决学校发展过程中所存在的具体而实际的问题，例如，学校精细化教学常规管理，教师专业成长的策略、办法，等等，以进一步提升学校的办学质量。因此，它不应囿于某一个学科的主张或某一种理论的观点，而是主动吸纳和利用已有的经验、方法和技术理论，探索出具体的、行之有效的解决问题的对策。"一切在学校中"，即学校自身在改革与发展中出现的问题，虽然也需要借助校外的技术与力量帮助，但主要还是要以学校实践为着力点，经由学校领导、师生乃至家长的分析和研究，提出问题解决的方案，并通过在学校教育教学中的有效实施而达到自行解决。"一切基于学校"，就是在课程改革中，一切要从学校内涵发展的实际出发，从师生的教与学的需要出发，最大限度地挖掘学校的潜能和优势，将学校现有的一切办学资源盘活起来并有效利用，让学校的生命活力获得充分、彻底的释放。

明确了"校本"的大意，我们再来解释一下"研修"的意义。据《新华字典》解释，"研"是研究、商讨、探求，是一个穷究事物性质、真相、规律的动态过程；"修"是修为、修行、修望，表现的是某种状态或结果。可见，"研修"，就是指人们通过研究、修行而达到道德、涵养、造诣等方面的一种境界。

廓清了"校本"与"研修"的含义,"校本研修"的含义也就清晰了。它是一种以学校为基础或在学校的真实情景中所进行的专业学习。这种专业学习以学校教育、教师工作中存在的问题和困惑为切入口,以学校预定的办学目标和教师的发展规划为基本方向,以满足学校教师的专业成长为根本目的,以学校的自身力量、资源优势为主要依托,在学校、教师自我反思的基础上,在教育专家的指导与专业引领下,由学校自行设计与策划而实施的主题化、序列化、层次化的教师教育与教育研究。其特点是强调实践反思、伙伴合作、专业引领。

从性质上看,"校本研修"既是教师教学方式、研究方式的深刻变革,同时也是教师学习方式、专业发展方式的与时俱进。[1] 较之于"校本培训","校本研修"更加有效地改变了教师在"培训"中的被动地位,突出了教师的自主学习和主动发展在其"研修"中的权利和作用。从方式上说,校本研修强调全员参与、研修合一、交流对话与经验分享,以"自我"为组织形态,是朝向"自我"的教育,而校本培训则是以讲座式单向传递信息为主,突出的是知识、方法及技术的传授,以"他"为主要的组织形态,是面向"他人"的教育;从内容上讲,校本研修关注的是实践中的实际问题,以解决教师教育教学的困惑为主要任务,旨在更新创生,实现教师的专业发展,而校本培训则重在通识教育与知识体系的构建,目的是帮助教师转变教育观念、提升理论水平、夯实专业知识。换言之,"校本研修"与"校本培训"两者虽有关联,但前者往往是以获得或生成为价值取向,比后者更强调能力的构建与成长的状态,因而对"校本培训"而言,"校本研修"既是继承更是全面的提升与超越[2]。毫不夸张地说,校本研修是教师实现在职学习、岗位成材的最好路径。

二、校本研修的主要内容及基本形式

厘清了校本研修的含义及性质、基本类型及内容就成了我们亟待澄清的问题。科学、规范、合理地划分和设置校本研修的基本形式和主要内容,对于强化校本研修活动的指向性、增强校本研修的有效性都具有重要的实践意义。

(一)校本研修的主要内容

校本研修是教师职业成长不可回避并且需要每一个教育者终身思考的主题。时代变迁、课程改革、知识更新、学生成长以及人工智能的广泛应用无不要求教师与

---

[1] 陈骁:《再造教师的学习文化:访上海市教科院副院长顾泠沅》,载《现代教学》2005年第1-2期合刊。

[2] 王祖琴:《继承与超越:从"校本培训"到"校本研修"》,载《现代中小学教育》2006年第10期。

时俱进，通过不断的学习使自己的知识与能力结构适应素质教育发展的变化。作为教师，除了要树立终身学习的意识外，还要解决校本研修要"修"什么。因为，只有明确了"修"的内容，教师才有可能由被动变为主动，并以实践者的角色主动地体悟、参与自身专业发展的进程。

校本研修究竟需要"修"什么？简言之，就是要学会教育、教学，学习成为一名优秀的教师所需要懂得的知识。要达成这一目标，无论是学校还是研修教师，除了要考虑2011年教育部颁布的《教师教育课程标准（试行）》中关于"在职教师教育课程设置框架建议"外，还必须基于学科特点，结合学校实际，根据研修者现有的知识基础、教学经验以及教育发展需求，科学构建、合理安排研修内容。一般包括如下内容。

1. 教师成长与专业发展

教师成长与专业发展包括教师职业理想与生涯发展规划、当代教育思潮与教育理论、高效备课的理论与实践、教师职业道德修养、教师心理调适与心理效能调控、现代教育技术与运用、教师专业发展与能力建设等。

2. 教学管理与学校发展

教学管理与学校发展包括教育政策与法规、学校课程领导、学校文化建设与"三风"建设、学校办学思想与发展愿景、教师课程领导力提升与思考、学校师资队伍建设与校本研修规划等。

3. 班级管理与学生成长

班级管理与学生成长包括班主任工作基本规范、班级活动的设计与组织、班级管理方法与创新、学生综合素质评价、班主任与心理健康教育、学生心理健康教育指导等。

4. 学科知识与教学技能

学科知识与教学技能包括教师专业伦理、课程标准和教材研究、素质教育与学科核心素养、课程实施与课程评价、教育研究方法、校本课程的开发与实施、课程设计与案例研究、走向专业化的听评课等。

这些内容，既较好地体现了新一轮课程改革的目标与价值取向，又能基本满足了教师日常教育教学的需求，并实现了专业学习的增值、增效，因而应该成为当下中小学校本研修的重点。当然，还有一种知识是校本研修不应忽视的，那就是当教学发生时，以探究为取向，鼓励学生主动、积极地思考和尝试表达与他们以前知识相关的新思想、新观点。

（二）校本研修的基本形式

校本研修的形式有很多，但在实际操作中，我们必须要立足学校、教师发展的实际，根据研修目标、研修内容，科学而合理地设置校本研修的形式。目前，在中小学教师中最流行的研修形式主要有以下五种。

1. 集体备课

集体备课是校本研修的基本形式，也是最为有效的形式。它通过教师之间的对话交流、合作讨论、思想碰撞、资源共享，进一步强化教材研究，优化教学内容，理顺教学流程，形成高质量的教学设计，从而突破教学中的重点、难点及盲点问题，提升课堂效率和教学质量。集体备课要基于学生现有的知识经验和认知水平，从学生的发展与成长着眼，重点是备课标、备教材、备重难点、备学生学法，力求在每一个环节都考虑到学生学习的需求、照顾到学生成长的需要。集体备课要在思维导向上做到同中求异，在行为状态上实现示范合作。它的主要功能不是雪中送炭，而是锦上添花。

2. 课例研究

新课程改革以来，"课例研究"越发受到中小学教师的重视。它以某一节具体的有一定代表的"课"为载体，以上好一节课为目标而展开的日常教学研究。其重点是要解决这一课中所存在的问题，聚焦于学生知识的习得、能力的发展、情感的升华，以及价值观的培养；要通过对备课、教学设计、上课、评课等教学环节的研究，找到这节课的亮点与不足，从中获得更多的思考与启迪。课例研究的一般范式是课前确定主题、规划教学设计，课中开展教学实践、实施课堂观察，课后评课反思、撰写心得体会；研究成果多以文本式教案和课堂教学实录呈现。在校本研修中，教师要通过课例研究所提供的研讨平台展开合作研究，做到互通有无、彼此启发、相互促进，共同感受成功与困惑，并在同伴的互助中实现专业发展。

3. 课题研究

这种研究多以"课题"为载体，围绕学科教学中的一个专题或问题展开。这些专题或问题，最初都源于教师教学实践活动中所遇到的共性问题，后来虽经过分析归纳、提炼分类而成，但仍具有普适性和典型性等特点。教师通过对课题的研究，既能解决教学实践中亟待解决的问题，化解教学中的难点、重点，优化教学策略，提高教学质量，也可以促使教师进行教学反思，形成自己的教学理念、教学主张和教学特色，进而实现专业成长。课题研究应视其问题、难度之大小，可以独立承担，也可以建立课题小组合作完成；研究成果呈现的形式，除课题研究报告外，也可以是教育日志、教学叙事、教学案例、教学反思等，但绝不可因追求"学术"规范而掺假、拼接、搞花架子，盲目追求"高、大、上"。尤其是结题报告，重点应放在对课堂教学改进和问题解决的实际需要上，要让课题研究真正成为课程教学改革的推手。

4. 主题研修

这是一种高效的研修形式，它以问题为导向，以任务为驱动，以集体活动为研修形式，以改进教学行为为旨归，围绕一个主题，全员参与，共同探究，各抒己见，形成思维碰撞与思想争鸣，以达到解决教学问题、改进课堂教学之目的。主题研修活动基本流程是确定研修问题—提炼研修主题—制定研修计划—开展研修实践—总结研修成果—撰写反思总结—提升研修品质。它要求每一次研修活动都应有实例研讨，有理论思考，做到理论与实践相结合，研以致思，学以致用。

5. 网络研修

这是一种在信息技术背景下借助移动互联技术的数据支持开展校本研修的新方式。与传统的校本研修相比，网络研修最大的优势是能够借助网络交流平台，不仅承载听评课、讲座、论坛以及专业阅读等多种形式的教研活动，打破时空限制，有效地破解当前校本研修内容狭窄、模式僵化、手段落后、管理低效等若干瓶颈问题，最大限度地以个性、灵活、精准、优质、多元的样态支持校本研修多维、立体地开展，而且还能帮助教师在网络研修中寻求到合适的教师群体，实现群体合作，从而促进参与研修的教师碰撞思想、拓展思路、转变教育观念、提升教学水平，实现专业成长。可以预见，网络研修必将是教师在职学习、岗位成才的发展方向和有效路径，我们应该予以高度的重视。

第二节 校本研修制度建设与文化构建

实事求是地说，就当下绝大多数学校的校本研修而言，如果没有制度作为保障，校本研修将不可能获得持续、深入的发展。但是，单单依靠制度的强制力，而没有相应的先进文化作为引领，校本研修要转变为教师自为、自律、自觉的习惯行为恐怕也很困难。因此，立足学校的内涵发展与教师专业成长的实际，积极构建校本研修文化，努力建设行之有效的校本研修制度，乃是开展校本研修活动的当务之急。

一、建立校本研修活动制度

校本研修作为最常见的教师在职学习的方式，攸关教师队伍建设的质量，攸关新课程实施的质量，教师需要借助校本研修进行不断地自我给养以实现自身专业成长。缺少校本研修活动指导制度的约束与规范，校本研修的根基就会被动摇。但是，校本研修的开展不是一个自然而然的过程。要让校本研修稳健发展，以致生生不息，成为全面促进教师专业发展的有效途径，就必须与时俱进，制定出简便可行、容易操作、实效有用的研修制度，包括日常管理制度、目标责任制度、绩效考核奖惩制度等，以规范、约束和引导全体教师，激发其参与校本研修的积极性和自觉性。

（一）引领机制

校本研修如果仅依靠自上而下的行政指令的推动，固然难以持久，但单靠教师的自发的、主动地参与，在目前来说恐怕也不太现实。因此，建立校本研修的引领机制，无疑是提升校本研修效能、保证校本研修顺利进行、确保研修实效的重要手段。

1. 思想引领

苏霍姆林斯基说："学校领导首先是教育思想的领导，其次才是行政领导。"[①] 作为校本研修的行政负责人和思想引领者，校长是校本研修实施的少数关键，起着至关重要的作用。校长必须要有理想、有胆识、有责任担当、有家国情怀，能自觉地站在民族、国家和教育改革的高度，充分认识到校本研修的价值和意义，引导教师转变教育观念和工作方式；要以教师发展为本，确立"教师第一"的观念，认真地分析每个教师的特点、优势、劣势以及目前存在的问题，为教师的专业发展提供恰当的、个性化的研修方案，为教师的专业成长引路导航。

2. 榜样引领

校本研修是促进基础教育改革向纵深发展、强化教师职业责任意识和专业发展意识的重要举措。而教师参与校本研修的积极性或因认识的滞后或因制度尚欠完善，一时半会还难以调动和激发起来，这就需要学校管理者身体力行的引领和团队骨干成员言传身教的示范。故而，学校应通过组织管理者和优秀教师开展交流、指导、示范等活动，用他们爱岗敬业、忠于职守所诠释的事业精神，用他们锲而不舍、攻坚克难所表现出来的职业担当，用他们基于岗位的教育教学实践所展示的娴熟的技巧、过人的智慧，引领与带动广大教师，使教师真正认识到专业发展是一种职业生存的必要方式，是一种自为、自觉、自立的生活习惯，从而实现从"意识"的内化到自觉、主动地参与校本研修实践。

3. 制度引领

没有规矩难以成方圆。对校本研修而言，制度是保证校本研修行动稳步推进的不可或缺的重要组成部分，必须要坚持把制度建设作为落实校本研修理念、引领队伍发展的重要内容，以解决好"校本"研修可持续发展的问题。一方面，建立与校本研修相适应的校本研修机制，例如，校本研修的奖惩机制，即将教师参与校本研修的表现与评先评优、职称评聘进行挂钩，做到研修、考核、使用相结合，通过制度建设和工作常规的优化，驱动广大一线教师积极参与研修实践，提升自身专业素养；另一方面，要考虑教师个体成长及其切身利益，尽量将教师的校本研修与教师的日常工作和个人追求有机地结合起来，制定出既可兼顾双方利益又能实现双方共赢的发展机制，既要以契约精神明确主体责任，强化教师的规则意识，也要以人

[①] ［苏］苏霍姆林斯基：《给教师的建议》，人民教育出版社1985年版，第5页。

文关怀舒展个体心灵，培育自觉、自律、高效的校本研修文化，促进教师对校本研修保持高度的参与热情，不断提升校本研修的效益。

（二）实施机制

校本研修得以开展的前提条件和关键是实施机制的完善。我们不难发现，现实生活中许多合理的活动方案并未发挥出应有的绩效，主要原因就是缺乏有效的实施机制。因此，探索和研究校本研修的实施机制，对推动校本研修活动的有效实施具有一定的意义。

1. 组织实施机制

为保障教师专业发展的顺利实施，学校必须要成立校本研修领导小组，形成学校领导小组—教导处—教研组（备课组）三级管理组织网络。在这个管理系统中，三级管理机构既各司其职，又相互联动。学校领导小组主要负责制定学校的相关制度，使各项制度都是基于发展学校与教师，实现对教师专业发展进行宏观调控与监督；教导处则负责校本研修的具体实施与指导，组织开展各种教科研活动；教研组（备课组）则结合相关学科开展具体的研究，负责收集、整理和保存与本学科研修有关的资料和研修成果、数据等，保证研修成员的共享。只有建立高效的组织架构，才能为校本研修的有效开展提供组织保障，保驾护航。

2. 研修推动机制

任何一项活动的顺利实施，都离不开科学、合理的机制强有力的推动，校本研修也是如此。一方面，要强化教师对研修活动目的和意图的理解与认同，让教师从自身出发去理解参与学习与培训的重要性，把他律的制度转化为自律的意识，变人在管理中为管理在人中，使校本研修成为教师专业成长的自觉、自愿行为；另一方面，要根据校本研修的特点及本校教师工作的性质，在不影响研修质量的前提下适当地、合理地调整课程结构，变长期课程为短期课程，将较为系统的课程拆解成彼此既有联系又相互独立的小专题，以教育教学实践的研讨为主线，将系统的课程学习分解为若干个阶段性的专题学习，将校本研修与日常工作有机地串联起来，使校本研修常态化、生活化和长效化。

3. 研修评价机制

建立校本研修的评价机制，必须坚持客观科学、简易便行的原则，以服务校本研修，促进教师专业发展，推动学校新课程改革。有鉴于此，学校要在立足教师发展实际的基础上，建立起与新课程改革相适应的"职业道德、了解与尊重学生、教学方案的设计与实施、交流与反思"[①] 四个维度的校本研修评价机制，健全并完善以"教育教学个案分析、研讨制度，引导教师对自己或同事的教学行为、反思

[①] 《教育部关于积极推进中小学评价与考试制度改革的通知》（教基〔2002〕26号）。

与评价"[①] 作为基本途径的评价方法。在评价的过程中，要注重科学性与民主性的有机结合，既要考虑教师的研修绩效，也要重视学生对教师工作的满意度，实事求是地评分；在评价方式上，要形式多样，规范性与可行性结合，定量与定性结合，要通过评价实现教师自我反思、自主成长。例如，广东省清远市清城区龙塘镇中心小学根据学校实际制订的"三格（入格、升格、风格）"评价量化表（见表7-1、7-2、7-3），不仅颇有特色，而且在其校本研修中发挥着良好的评价和导向作用。

表7-1 清城区龙塘镇中心小学校本研修教师教学"入格"量化考核

姓名：_____ 年级：_____ 学科：_____ 得分：_____

教学入格一般是指让教师尽快进入角色，适应教育教学工作，从而具有驾驭课堂教学的基本技能和班级管理的能力。

项目	内容	考核细则	分值	得分	备注
自身修养	自我规划	认真贯彻执行党的教育方针和政策，遵守国家的法律、法规	3		
		有教师个人专业发展规划，内容具体、充实、针对性强	3		
	自主学习	认真进行政治学习，积极参加各种政治活动	4		
		积极参加区级及以上培训机构组织的培训，达到规定的学时要求，参加校级培训，有记录和学习心得	4		
		每学期研读一本教育理论书籍，有读书笔记	8		
常规工作	教案检查	每学期两次教案检查、一次教案抽查均获优秀	5		
	作业检查	每学期两次作业检查、一次作业抽查均获优秀	5		
	听（评）课	按要求每学期听足15课时，有记录、有评课	6		
	汇报或公开课	每学期必须有一节公开课，能围绕主题进行教学，示范性强，有完整资料	8		
	师徒结对	能积极参与师徒结对活动，切实开展教学实践，提升教学水平，并有完整的活动资料	8		
	教学反思	每学期必须写一篇或以上教学反思，结合教学实践提出教学问题，提出有针对性的策略，能起到指导的作用	8		
	成绩	平均分超越全镇同年级同学科平均水平	10		

[①] 《教育部关于积极推进中小学评价与考试制度改革的通知》（教基〔2002〕26号）。

续表 7-1

项目	内容	考核细则	分值	得分	备注
学校工作	总结计划	按要求及时制定好教学等计划、总结，做到目标明确合理，内容充实，措施得力，可行性强	6		
	工作量	按照学校的岗位设置要求，认真完成教育教学及各项工作任务	6		
	开设讲座	每学期开设一次以上教育教学专题讲座	6		
个人荣誉	作品	论文、教案、课件等获奖，校级1分/篇，区级2分/篇，市级3分/篇，省级4分/篇，国家级5分/篇			
	荣誉称号	获镇"优秀教师"，"先进教育工作者"，年终考核为"优秀"等，每次得2分，每上升一个档次加1分			
总分					

说明：总分达到80分，"入格"考核为合格；总分达到90分以上，"入格"考核为优秀。

表 7-2 清城区龙塘镇中心小学校本研修教师教学"升格"量化考核

姓名：_____   年级：_____   学科：_____   得分：_____

教学升格一般是指教师通过多年的教学、教研实践的磨炼，经考核过关而进入"升格"培训，以促进教师在校本培训中不断地走向成熟。

项目	内容	考核细则	分值	得分	备注
过程考核	计划总结	教学计划具体、翔实，可操作性、针对性强，按质量依次可得6分、5分、3分、2分	6		
		教学总结具体、翔实、效果明显，达到要求，按质量依次可得6分、5分、3分、2分	6		
		教师个人专业发展规划具体、翔实，可操作性、针对性强，按质量依次可得6分、5分、3分、2分	6		
		教师个人专业发展总结具体、翔实、效果明显，达到要求，按质量依次可得6分、5分、3分、2分	6		
	听(评)课	按要求听足课时且有记录得7分，听课节次不够的依次减分	7		
	汇报或公开课	按要求完成汇报课或公开课，有完整资料可得7分，无完整资料得4分	7		
	作业批改	认真批改作业，作业上有针对性的评语，并根据学校规定的次数和要求，依次可得7分、5分、3分、2分	7		

续表 7-2

项目	内容	考核细则	分值	得分	备注
过程考核	师徒结对	能认真积极指导徒弟开展教学常规工作，按照徒弟上课、教案和作业批改的质量依次可得 7 分、5 分、3 分	7		
	师训情况	按照学校的要求完成，有计划、总结（心得）和记录的，得 9 分	9		
终结效果考核	作品发表、个人获奖（本项可超 7 分）	按要求完成每月一篇教学反思，按质量依次可得 7 分、5 分、3 分	7		
		按要求完成每学期两篇读书心得，按质量依次可得 7 分、5 分、3 分	7		
		每学期完成一篇教育教学论文，可得 5 分，发表或获奖再加分，按区、市、省、国家依次可加 1 分、2 分、3 分、4 分	9		
		获镇"优秀教师"，"先进教育工作者"，年终考核为"优秀"等，每次得 2 分，每上升一个档次加 1 分	5		
	教学成绩	平均分达全镇同年级同学科平均水平得满分；高 1 分加 1 分，低 1 分减 0.5 分，依次递推	11		
总分					

说明：总分达到 80 分，"升格"考核为合格；总分达到 90 分以上，"升格"考核为优秀。

表 7-3 清城区龙塘镇中心小学校本研修教师教学"风格"量化考核

姓名：_____ 年级：_____ 学科：_____ 得分：_____

教学风格一般是指教师在教学活动中采取的个性化和一贯的方式、方法。教学风格的主要特点表现为独特性、创造性、艺术性、稳定性等。

序号	考核内容	考核细则	自评	他评	校评
1	教学态度	和蔼可亲、平易近人、热情饱满、人格魅力，按质量可依次得 10 分、8 分、6 分、5 分			
2	内容处理	新颖性、趣味性、独创性强，按质量可依次得 10 分、8 分、6 分、5 分			
3	方法选择	多样性、灵活性、创造性，按质量可依次得 10 分、8 分、6 分、5 分			

续表 7-3

序号	考核内容	考核细则	自评	他评	校评
4	师生互动	民主平等、师生互动、生生互动,按质量可依次得 10 分、8 分、6 分、5 分			
5	情境创设	轻松愉快、气氛和谐、以情育人,按质量可依次得 10 分、8 分、6 分、5 分			
6	教学技巧	导入巧妙、讲解精炼、设疑激疑、点拨到位、应对自如,按质量可依次得 10 分、8 分、6 分、5 分			
7	教学语言	清楚准确、通俗易懂、言简意赅、生动形象、精炼严密、幽默风趣、抑扬顿挫、富有启发性、感染力、富有感情、充满激情,按质量可依次得 10 分、8 分、6 分、5 分			
8	教学神态	目光和眼神自然亲切、面部表情自然丰富、微笑柔和,按质量可依次得 10 分、8 分、6 分、5 分			
9	教学姿态	手势自然舒展、准确大方,频率、幅度适中,姿态稳重大方,活动适当,衣着得体,按质量可依次得 10 分、8 分、6 分、5 分			
10	板书/PPT	构思巧妙、形体合理、布局合理、结构完整、重点突出、形象直观,按质量可依次得 10 分、8 分、6 分、5 分			
总分					

说明:总分达到 80 分,"风格"考核为合格;总分达到 90 分以上,"风格"考核为优秀。

(三) 保障机制

过程成就结果,细节决定成败。高质量的研修活动离不开制度的保障和约束。建立科学、规范、合理的研修制度,才能促使校本研修从被动、盲目、松散走向主动、科学、规范。

1. 从校本研修的引领机制着力

要着眼于教师、学校的可持续发展,建立并完善具有驱动与导向作用的校本研修保障机制及管理办法,包括教师岗位培训制度、教师外出考察制度、教学科研制度、教师晋级评优制度等,力求通过发挥学校制度文化应有的功能和活力,激发教师专业发展的主动意识及专业发展的参与动力,确保校本研修活动持续、有效地开展,促进教师完成由经验型向科研型、创新型、学者型的转变。

2. 从校本研修的引领效能着力

学校要以推进教师专业成长作为校本研修的出发点和落脚点，站在"质量提升、教师成长、学校发展"的高位，构建研修平台，聘请高等院校的学者、专家对教师进行研修理念、方法、策略等方面的培训，组织校内外骨干为教师开展主题研修、课题研究提供有效的专业指导和技术支持，解决教师在教育教学活动中所遇到的理论、实践困惑与问题，切实提高校本研修的效能，从而使教师真切地感受到研修的喜悦、职业发展的幸福，体会到个人成长的快乐。

3. 从校本研修的激励机制着力

要在完善引领制度建设的基础上，健全并优化校本的考核办法和激励机制，用过程考核、督导教师夯实研修过程，压实研修责任，做实、做细、做好研修项目；用目标考核引领教师总结、运用研修成果，解决好教育教学实践中的问题与难题，提升教书立人的质量。通过对研修过程和成果的评价来激励、鞭策教师不断反思自己，强化研修理念，深化研修过程，内化研修成果，提升研修境界，使校本研修成为驱动教师专业发展的不竭的动力。

二、构建校本研修文化

"文化"是由"人文化成"简化而成。《易经·贲卦·彖辞》写道："刚柔交错，天文也；文明以止，人文也。观乎天文，以察时变，观乎人文，以化成天下。"在这里，"文化"乃是对人进行文治和教化。在西方，"文化"（culture）一词，最初是由拉丁语"curounra"转化而来的，原义是为敬神、为生计而耕作之意，随着社会的发展和文明的进化，后来又引申为"教育"。由此我们可以发现，无论是东方还是西方，"文化"都是一个极具自我特色、自我教育的概念，其所追求的是自我的完善与发展。作为文化一个重要的组成部分——学校研修文化也不例外，它反映了沉淀在学校中的那些不成规章却约定俗成的心理契约，植根于全体教师内心的修养，体现学校独特的文化精神，引领校本研修未来的发展方向。因此，校本研修文化的建构应体现人文性、人本性、独特性，体现为一种文化主体的自觉；要在全面梳理校情、学情的基础上，通过制度建构、思想建构、活动建构等诸多方式影响个体思想、导引个体行动、形成个体的心理，从而把校本研修转变为教师一种自觉的行为习惯，并使之在参与校本研修的过程中，迸发出强大的生命力、创造力。要实现这个目标，学校必须认真制定、规划校本研修的基本制度和发展方向，引导广大教师真正理解与认同校本研修文化，从思想上凝聚共识，从行为上形成合力。

（一）校本研修常态化

教师的专业成长，学校的可持续发展，在很大程度上取决于校本研修的常态化。因此，学校要把校本研修作为一项重要的常规工作来抓，坚持以自主研修为重心，以问题为实践导向，以改进课堂教学为行动旨归，以研修教师的实际感受和专业发展作为评价的标准，将教师的工作、学习与研究有机地整合起来，着力解决课堂教学、学校管理、育人活动等校本问题，并且努力做实、做细、做好。只要持之以恒、锲而不舍，日常的教育教学研究就会成为植根于教师内心的自觉、自愿的习惯性行为。也唯有如此，教师的校本研修，才会真正从"自为"走向自觉，从他律走向自律，从制度研修走向非制度研修，从而促进教师在职业价值、职业操守、专业知识、专业能力、身心健康等方面实现专业标准，加快教师专业成长的步伐。

（二）校本研修人本化

"人作为一个生物体不是简单地由外界力量或是无意识从动所控制的，而是受他们自己的价值观和选择性所支配的"[1]。每一位教师都是鲜活的生命个体，都有实现自我、感受成功、体验幸福的权利，因此，校本研修必须立足"以人为本"的理念，绝不可把教师看成是物化、孤立、被动的对象，而应该关注其生存状态、生命成长，把教师的专业成长需求、职业规划发展和实现幸福人生有机地结合起来，引导教师在促进专业发展的同时追求智慧教育、做优秀教师、体验幸福人生。再者，校本研修是一个充满着困难与艰辛的过程，不可能一蹴而就，只有充分考虑到教师的专业性和切身利益，才有可能调动并释放出教师专业发展的积极性和内在潜能，增强教师对自身专业发展的认同感和自觉性，最大限度地激发教师的智慧和参与研修的热情。同时，也只有充分地彰显校本研修的人本思想，形成可持续发展的内在动力机制，才有可能提高教师对自身专业发展的责任感、使命感。如此，校本研修才有可能真正做到长盛不衰，生生不息，蓬勃发展。

（三）校本研修特色化

校本研修不要盲目追求高大上，而是要杜绝假大空，要立足学校地域，因地制宜，根据本校实际情况，自主设计，创意发展，凸显研修的校本特色。实际上，任何一所学校，无论规模大小、历史长短，在其发展的过程中，都必定会留下许多与社会地域相关的物质与意识信息，这些信息可以通过整理、提取而成为学校富有特色的传统文化和课程资源。由此可见，校本研修只有立足学校的传统文化，依托自身的资源优势，从学校实际情况和教师发展需要出发，组织教师开展形式多样的校本研修活动，通过校本研修解决教师在教育教学活动中所遇到的、亟待解决的问题，才能有效地改进教学行为，促进教师的专业成长。而一旦脱离学校的实际，盲目复制、模仿他人做法，校本研修就必定会失去自身的特色与发展的价值，也不会给学校、给教师带来任何长远且积极的影响。学校需要在审时度势地全面梳理校情

---

[1] 马斯洛：《动机与人格》，许金声译，中国人民大学出版社 2013 年版，第 9 页。

及学情的基础上,以虔敬的情怀继承和借鉴本校的传统文化精华,以开放的心态对待他人、他校创造的一切优秀成果,通过"思想争鸣"的合作文化和校际研修"交流开放"的融合文化,完成新形势下的校本研修文化的重塑与构建。

校本研修文化是学校教师在研修活动中所形成的共同的价值观和行为准则,它在一定程度上决定了校本研修的品质和特色。所以,学校必须以教师发展为本,立足校情,面向未来,建构起交融于教师的工作和生活、个人成长与学校发展为一体的研修文化,创造出一种持续学习、自主成长的文化氛围,才有可能提高教师校本研修的自觉性、主动性。

第三节　校本研修活动的组织与策划

校本研修活动的组织与策划是一门艺术,要求学校的管理者必须坚持"以人为本"的原则,在充分了解教师研修需求的基础上认真研究、精心策划,以提高研修活动的有效性。

一、校本研修共同体的构建

校本研修共同体,是指在教师继续教育中,承担研修任务的组织、个人相互合作、共同研讨、共享成果的一种研修方式。它有三个基本特征:相互的介入、共同的事业和共享的技艺库(温格)。校本研修共同体又可分为校内研修共同体和校际研修联盟。校内研修共同体,顾名思义,即研修者来自单一学校,由校内学科组或备课组基于性别比例、兴趣取向、交往技能等合理搭配所组成的研修团队,他们彼此之间经常在研修学习的过程中交流、分享各自的工作经验、学习资源,因而在成员之间形成相互影响、相互促进的人际关系,具有同质共进、异质互补的特点。其研修的主要形式是组织在职教师的团队学习和互助学习,如以老带新、结对互助、教研活动、专题沙龙、兴趣小组等;研修内容多是针对教师内在需求,激活教师的鲜活经验,调动教师自觉反思实践;研修目标是让教师解决实际问题、改进教学行为和提升教育水平。校际研修联盟,是指通过校际结对、区域联盟所组成的跨校、跨区域的研修型组织,参与的教师来自两所或多所学校,一般是以学校为单位开展基于校际合作的对口支教、影子培训、项目合作等。这种与兄弟学校建立伙伴合作共同体,虽然组织机构相对松散,研修活动也可能存在一些掣肘与限制,但其最大优点是可以跳出学校单一狭隘的圈子,从更大的范围聚结各校教师的智慧与力量,协同攻关,解决教育教学上普遍存在的问题,促进教师专业发展。需要注意的是,在校际研修联盟建立之前,一定要从各自学校的需要出发,在认真分析学校现状的基础上，提出共同体建设项目；当各校项目选好后，便应该从关键点入手，在学校优势互补的基础上，嵌入行政和专业支持力量，共同开展活动。因此，无论是学校内部教师之间的合作，还是校际的联合研修，都不能是迫于或满足于学校或上级教育部门某种需求而履行的一个协议，而是要建立以共同价值观为指向的理想愿景，确立以学习文化为核心的工作重点和工作思路，构建学习任务驱动、资源共享、相互借鉴、共同研究、协调发展的良好机制，通过学习、研修和探索，支持和帮助教师改进和完善自身的教学实践，帮助他们解决由于学校的改革和变化而出现的危机感和不确定感，以使教师去应对变化的环境和新的挑战。（格鲁斯曼）

二、研修活动主题的确定

校本研修是根植于学校的专业培训，旨在促进教师的专业成长。因而，要了解教师们的需要，了解教师在教育教学中亟待解决的实际问题，甚至还需要了解以哪一个或哪一些主题，既能受到教师的欢迎，又能取得满意的研修效果。这就要求在研修活动开展之前做一些必要的访谈和调查，或拟出研修活动初步的框架向教师咨询意见，将教师的意见、建议加以梳理、综合，才能把校本研修的主题最后确定下来。例如，清远市清城区大观小学就曾做过这样的调查，他们通过调查，摸清教师校本研修的基本现状，了解教师对研修活动的现实困惑和基本需求，从而更有效地规划教研活动。

选择恰当的研修活动的主题开展研修活动，其目的是引领教师进入研修状态，参与研修活动，认识和解决教学实践中的实际问题，提高专业素养。因此，恰当的主题、有针对性的问题，应该是源于教学创新和课程改革中存在的真实的、具体的并具有普遍性的问题，只有这样的主题或问题，才有研究的价值。那些脱离了大多数教师已有认知水平、教学经验的假泛空、高大上的问题，不但难以激发教师参与研修的积极性和主动性，而且还可能会适得其反。

[**附件7-1**]

校本研修征集活动

尊敬的老师：

您好！

为进一步了解教师对校本研修的真实需求与想法，我们特组织本次问卷调研活动，敬请您在百忙之中抽出时间，依据自己的真实想法，独立、认真地填写这份问卷。您的想法或需求，虽然不一定能成为本次研修活动的主题，但可能成为我们拟定研修主题的"框架"，帮助教师成长。

清远市清城区大观小学

清城区大观小学校本研修主题征集表

填表人		教龄		任教学科	
附议人					
教学工作的问题与困惑					
可能的原因					
您的计划措施					
需要哪些帮助					

清城区大观小学教师研修需求调查表

填表人		年龄		职称		任教学科	
附议人							
教学中的问题与困惑							
归因分析							
已采取的措施及成效							
拟在今后采取的措施							

三、研修活动的策划与设计

校本研修一定要本着实事求是的态度，办实事，讲实效，不弄虚作假，不哗众取宠，坚决摒弃形式主义、塞责应付的思想。因此，在研修主题确定后，教师不但要精心做好活动过程的整体策划，还须认真设计好研修的参与点，让每一个研修环节都成为有价值、有意义的活动。

（一）尊重教师参与的选择性

由于认知能力、意识水平、情感动机等发展不一致，也就不可避免地造成了教师个体知识的构成与发展存在着一定的差异，这就要求组织者在研修活动形式、内容的选择上尽量做到丰富多彩，能够最大限度地满足不同发展层次教师的不同需求。在内容的安排上既要体现成年人"以问题为中心"的学习特点，又要力求科学、系统和螺旋式递进；在形式的设置上要具有可行性、可操作性和可选择性，突出实践与体验。总之，要充分维护、尊重教师发展的需求，给予教师自主选择学习的权利，只有做到了这一点，教师才可能迸发出研修学习的热情，并且心情舒畅地参与到校本研修中去，实现自主学习、主动发展。

（二）安排好参与角色的分工

在过去的研修活动中，我们常常看到，由于活动形式单调、缺少变化，参与研修活动的教师热情不高、兴趣不浓、动力不足，甚至还有不少教师成了袖手旁观的"看客"。于是，研修活动变成了学科组长或个别骨干教师的"独角戏"。要让所有的教师都能动起来，自觉、自愿地投身研修活动中去，形成"大合唱"，就必须进一步调整和改进研修活动的内容和实施办法。而研修活动的改进与完善，不仅要丰富教师参与的形式、拓展教师研修的内容，更重要的是，要在活动开展之前与教师做好必要的沟通，确定好教师的角色，分派好具体的任务，确保事事有人做，人人有事做，以任务驱动促进旁观者积极参与到活动中来。

教师是研修活动的主体，只有充分发挥教师的主动性、积极性和创造性，依靠教师群策群力，研修活动才能生机勃勃，充满活力，收到良好的效果。

四、研修活动的生成与预设

当明确了活动目标、规划好活动的过程后，组织者就要着手活动的准备。如何准备？按照传统思维，我们往往强调活动的分工要明确、环节要清晰、过程要扎实。但以新课程改革的思想来考察，仅做到事前准备要充分是不够的，还要尊重研修活动中出现的真实的生成。

（一）研修活动的必要准备

人们通常说，凡事预则立，不预则废。要搞好研修活动，就要做好方方面面的准备，其中，要重点抓好以下三个方面。

1. 规划活动过程的结构

要规划好研修活动的各个主要环节，尤其需要留意的是：哪些环节容易出现纰漏，哪些环节须要留出空间，各个环节之间如何做到有机衔接。想清楚并解决好这些环节问题，研修活动即便出现个别意想不到的小失误，也不至于影响活动过程的正常进行。

2. 完善互动的参与作业

互动是研修活动必不可少的环节，所以，事先要认真规划好教师们能够现场思考或讨论的议题，以及促进大家思考办法或机制。只有让每一个参与活动的教师都有具体的任务和参与活动的机会，研修活动才能真正地活跃起来，从而达到预期的效果。

3. 促进"生成预案"

在研修活动的策划中,目前问题最大、最不好处理的环节是如何有效地生成预案。其实,很多组织策划者不是不想"生成",只是不敢为"生成"留下太大的空间而已。因为他们深知,研修活动充满着诸多不确定性和偶发性的因素,其活动的策划不可能究尽所有的变化,如果只有"预设"而没有"生成",研修活动就不仅仅缺失灵气和情趣,如同一潭没有涟漪、没有波澜的死水,甚至还有可能导致研修活动难以正常开展。但倘若留下太大的"生成"空间,他们又担心"生不成"而弄巧成拙,更害怕"乱生成"而节外生枝,因此对"生成"既爱又怕。而事实上,一切成功的研修活动都应该有对"生成"的预期,更应该有促进"生成"的可行的预案。

(二)"预设"要为"生成"服务

如前所述,"预设"和"生成"是一对矛盾的统一体,犹如一个硬币的两面,既对立又统一,更相互依存。校本研修作为一项高阶思维的活动,不但呼唤高水平的"预设"和精彩的"生成",而且要求"预设"要为"生成"服务。因此,在校本的实施过程中,活动的组织者决不可死守计划、一成不变,而要有"跨越雷池"的勇气与魄力,把"生成"当成价值追求,积极、开放地接纳校本活动中那些始料未及的信息,结合教师具体研修活动的需要,不断修正和改变活动方案,及时调整预定环节和步骤,为新的"生成"创造新的空间、提供新的支点,且尽可能地通过巧妙的"预设"引发绝妙的"生成",促使教师在活动中思考、交流,增进彼此感情,形成思想碰撞,擦出智慧的"火花",从而获得专业成长。

五、研修活动的反思与行为跟进

研修活动结束后,作为研修的组织者,切不可认为这件事情已然大功告成,而是必须及时地对研修活动进行反思与行为跟进。反思,就是要了解参与教师的想法、感受和收获,了解本次研修活动形式是否有利于教师的交流,了解教师是否因他人的启迪而产生新的思考,或在认真倾听教师的意见和建议的基础上进行总结和反思,形成经验,以备后用。行为跟进,就是要及时地把握研修的收获,善于将研修的共识、成果转化为进一步的教学建议,转化为具体教学行为的改进的策略,转化为立德树人的智慧,进一步放大研修学习的效应。如此,不仅有利于完善日后的研修策划,为后续研讨提供不可或缺的主题与支架,而且还有利于构建将来的教与学行动,为教学服务,为师生的成长服务。

第四节　校本研修对教师专业成长的影响

基础教育在国民教育体系中处于基础性、先导性、全局性地位，基础教育改革的成功与否，直接关涉国民素质的质量、关涉中华民族复兴的进程，而影响基础教育质量的关键性因素是基础教育教师队伍的整体水平。过去很长一段时间以来，由于种种原因，我国基础教育的建设历史"欠账"很多，教师队伍的整体质量不高，这已经成为制约我国当前基础教育改革深入推进和教育质量提升的难题。为此，学校如果能够立足自身的办学实际，因应课程改革的要求，通过校本研修助推教师的专业成长，造就一支德才兼备的高素质的师资队伍，无疑具有不可估量的意义。

一、有助于提升教师的教学品质

提升教师的教学品质，固然涉及教育的诸多因素，例如教师、学生以及班级管理等，但其核心的要素乃是教师专业素养和执教能力。长期以来，由于较多的一线教师缺乏终身学习的观念，专业发展责任感不强，"自主发展"的意识也较为淡薄，影响了教师专业素养、教学品质的提高。具体表现在：一是学科知识没有得到及时的补充、更新，教师不能有效地整合、集成本学科或多学科课程知识，以优化教育教学过程；二是专业案例知识和可供借鉴、反思乃至应用的实践案例积累量少、质低，教师难以举一反三、触类旁通，提升课堂教学的品位；三是实践性知识欠缺，教师不能灵活运用原理、规则来解决教育教学情境中的具体问题，甚至丧失了对教育教学实践中所形成的方法或产生的经验进行批判、统整的可能性和能动性。而校本研修则是以自主学习、同伴互助、专家引领为载体，以解决教师自身遇到的实际问题为突破口而进行的研训学一体化行为，其逻辑的终点必然会落实在校本研修的主体——教师的专业发展上，使教师通过研课、备课、磨课、辩课及同课异构，不断丰富专业知识，提升教学能力，形成教学个性，打造教学风格，塑造教学品质。

二、有助于发展教师的实践性知识

教师的实践性知识是教师在教学实践中，通过自身的领会、反思、体验而获得的一种集智慧和机智于一体的知识，这种知识不仅仅涉及理论层面，也不仅仅涉及教师在教学实践中所获得的感悟和形成的解决问题的智慧，它是多种知识的结合体，具有较强的复合性、动态性。对教师而言，实践性知识对教育活动有着重要的影响，是教师解决教育教学问题的最终框架。然而，实践性知识通常是内隐的，具有个性性格的特征，往往以教师个体经验镶嵌或隐藏在日常的教育教学情境和行动之中。教师很难通过理论学习而获得实践性知识，必须建立在对自身的教育教学实践的反思的基础上，并借助教育理论的分析、关照下的案例解读和实践问题的解决，才有可能逐渐构建起富有自我个性的实践性知识。而校本研修则是学校发展教师实践性知识的最好途径，因为校本研修是基于学校、基于教师、基于教育教学中的实际情景，以教学和教师的素质现状为研究起点，以解决教育教学实际问题、提升教师专业素养为旨归的研究活动。这种研究活动不仅强调要将学习、教学和研究融于一体，而且要求教师以自己的教育教学活动作为思考和研究的对象，从自己的教学活动过程中出发，通过自我学习、自我反思或者借助教师之间的合作探讨，发现、分析其中的问题，寻找改进教学的路径。这一研修过程，不但恰好给教师提供了一个重新思考理论与实践结合的契机，而且使教师在与教育教学实践的交互中重构起自己的实践性知识。

三、有助于培育教师的创新能力

创新型人才的培养需要创新型教育，创新型教育也离不开具有创新素质的教师，因为教师是教育的主体，是课程的实施者，对培养创新型人才具有不可替代的作用。当下，我国基础教育中的不少教师，尤其是有一定任教资历的中老年教师，无论是创新的意识还是创新的实践能力都有所欠缺，甚至当面对教育教学中遇到的新问题、新矛盾时，束手无策、徒叹奈何，不能变换思维角度或思维路线提出解决问题的有效方案，与新课程改革的要求相差甚远。校本研修作为一种常态化的行动研究，鼓励教师既要立足课堂又要超越课堂，既能帮助教师解决教育教学中具体的问题又要求教师举一反三、触类旁通，创造性地解决相同或类似的问题。而且，经过了校本研修磨炼的教师，在面对教育教学中所遇到的问题时，就更有勇气和底气来突破传统观念、传统思维、传统模式的束缚与禁锢，解放心智，释放潜能，自觉地以批判的意识和创新精神对教育教学实践进行理性的检视、分析、判断，并展开实践的反思和持续的改进。教师若能在日常的研修中持之以恒地对自身的教育教学行为进行反思、改进，就有可能在解决问题的实践中合理扬弃、自我更新，从而不断地提高对教育教学问题的敏感性和解决问题的能力。

[附件7-2]

清城区龙塘镇中心小学校本研修规划

（2017.9—2020.12）

为进一步贯彻落实《清城区中长期教育发展规划纲要》文件精神，有效促进教师专业发展，建立一支与课程改革要求相适应的高素质专业化教师队伍，现制订2017年度至2020年度的校本研修规划。

一、现状分析

我校是一所镇属中心小学，占地面积86.7亩（57800平方米），现有在编教职工131人，在岗教师105人，其中，高级教师9人，一级教师78人，一级职称以上教师占82.9%；硕士研究生学历2人，本科学历52人，专科学历41人，专科以上占88.9%。30～40岁的教师27人，占25.7%；40～50岁的教师65人，占61.9%；50岁以上的教师13人，占12.4%。近年来，由于新入职教师较少，教师队伍的流动性不高，以致教师年龄结构、专业结构较为失衡，教师专业化发展的整体水平不尽如人意。目前，校骨干教师仅18人，区学科骨干3人，区教学名师1人，学校教师队伍缺乏领军人物，特色教师、知名教师在区内为数不多，教师队伍亟须增强活力、挖掘潜力、提升能力。

二、指导思想

以办人民满意教育为宗旨，以提升教师专业素质为核心，围绕深化课程改革要求，基于学校教师"三格"专业发展的方向，由低到高、梯次渐进，打造科学、系统、完备的"晋级阶梯"，切实促进教师专业素质的提升，实现新一轮教师教育的科学发展。

三、研修目标

以全面提升教师教育教学和专业素养为核心，以学科组、备课组为载体，以提升校本研修质量为主线，以提高实践能力为重点，基于"分阶段、分层次、滚动式、超前性"的校本研修原则，立足教研，聚焦课堂，坚持理论与实践结合、研修与行动结合、协作与分享结合，营造良好的研修环境，培育师德高尚、业务精湛、富有创新的教师队伍，以促进学校内涵式发展。

四、研修项目

教师专业发展是层级递进的，是一个不断演进、发展、更新的过程。为此，学校根据教师教龄差异、学科特点、发展需求，积极开展分层、分类培训，不断创新教师研修的模式，拓展教师研修的途径，促进教师的专业成长，实现"入格教师""升格教师""风格教师"的梯次进阶。

（一）"入格"研修

"入格"研修的对象，是新招聘或入职3年以内的青年教师。研修目的是促进新教师完成由学生到教师的角色转变。"入格"研修主要形式是师徒结对，考核过关。培训主要内容是通识培训、职业规范培训、教学实践培训。"入格"研修，重在突出针对性，强调实用性，注重实效性，让新教师尽快进入角色，适应新时期的教育教学工作，具备驾驭课堂教学的基本技能和班级管理的能力。研修完成后，经学校考核合格者可申报"升格"研修。

（二）"升格"研修

"升格"研修的对象是具有4～8年教育教学经验，并能独立完成教育教学工作的年轻教师。研修主要形式是导师指导、同伴互助。一是通过导师传、帮、带，量身打造，精准培养，促进研修对象在教学实践中"升格"；二是通过开展校本教研活动，让参加"升格"研修教师自行选择教学内容，同学科同学段的教研组成员围绕选定课例、确定研究主题、进行集体备课、开展课堂观察、改进教学行为、提炼研修成果等步骤，在同伴互助中走向成熟。

（三）"风格"研修

"风格"研修的对象，是经过多年的教学教研实践磨炼、具有丰富的教学教研和深厚教学教研功底的教师。研修形式是学术研讨、强化专长。以名师工作室为载体，以课题为引领，以学术研讨为基本途径，引导研修对象把教学研究与日常教学融为一体，通过反思、研究，不断强化专业特长，夯实理论基础，充实教育智慧，在教学、教研实践中锻造自己的教学风格。

五、具体举措

（一）"入格"教师研修

1. 提高政治站位

通过党课、团课以及师德专题讲座，帮助教师树立正确的世界观、价值观和人生观，牢固树立爱岗敬业精神和为国育才的使命感、责任感；唤醒他们专业自主发展的意识，立足教学岗位，实现人生理想。

2. 坚持岗位练功

立足本职工作，强化岗位练功，实施"五个一工程"，即会说一口流利的普通话，能写一手漂亮的粉笔字，学会与教育有关的一技之长，能上一堂质量较高的课改课，能写一篇像样的教学随笔，以任务驱动促进"入格"教师过好教学常规关。

3. 开展课堂观摩

按学科分组开展教研活动，分阶段推出"新教师观摩课""新教师同课异构""新教师汇报课"；要求入职3年以内的青年教师，每周听骨干科教师的课不少于1节，相互听课2节以上；进一步强化听课之后的评课和讨论环节，既要指出优点，也要提出改进建议，学期结束后教导处检查听课笔记。

4. 建立师徒制度

学校精心安排骨干教师与新来的教师结成交流对子，签订"学艺"合同，要求师徒双方认真履行合同内容，开展"一帮一"活动。合同期满，由学校校本研修领导小组对徒弟进行满师考核，合格者，发给其证书，不合格者，延长其学艺时间，直到合格。

（二）"升格"教师研修

1. 实施"同课异构"

采用"一课多教""同课异构"的形式，以市、区教学比赛为契机，以课例研究为切入点，引导教师积极参与观摩学习，相互切磋，展示风采，从而达到经验传递和分享，让教师在纵向自我对比和横向他人对比中获得成长。

2. 走进名校课堂

依托与广州市越秀区铁一小学结对的优势，一方面选派青年骨干教师走进名校课堂，与一线名师"亲密"接触，开展研讨交流、吸取名师经验；另一方面邀请结对校的专家、名师前来学校指导，通过专题讲座、案例分析、观摩研讨、专家对话、同课异构等形式进一步强化"输血与造血并重"作用，提升我校"升格"教师的课堂教学水平。

3. 开展读书活动

学校组织"升格"教师"走进校本教研"读书活动，要求教师制定个人读书计划，给予教师学习研讨交流的时间，鼓励教师在阅读中相互交融、碰撞。与此同时，除了每年为每一位教师订阅教学杂志、购买教学论著分发给每位教师外，学校还根据每一位教师的学习个性、教学特长以及发展的潜质提出阅读的指导性意见，帮助教师提高阅读的质量。

(三)"风格"教师研修

1. 举行研讨示范课

要求"风格"教师每学期在学科组内开设2次公开课，在研修期内举行校级示范课不少于1节，在集中会课、深度研课中塑造教学个性，锤炼教学风格，形成教学特色，发挥这些骨干教师在学校教学教研的示范、引领作用。

2. 建立阅读常规

激励教师开展读书交流，要求每一位"风格"教师每一学年至少要精读教育教学专著3本，每一学期开设读书讲座1次，每两周撰写教学笔记1篇。通过阅读学习，促进骨干教师坚定教育信仰，筑牢发展之基，让每一位"风格"教师都成为具有先进教育理论的支撑者和新课程改革的先行者。

3. 强化科研能力

倡导课题研究，要求每一位"风格"教师参与1项课题，带领本学科教师开展教育教学研究，优化教学策略，改进教学模式，形成有一定质量和推广价值的研究成果，并力求做到每一学年有1篇教育教学论文在教育杂志发表或在各级教育论文评选中获奖；学校每一学年均对教师的教学成果、教学论文进行评比，对其中的优秀者进行奖励并结集印制成册，借此促进"风格"教师由"经验型"向"科研型"转变。

六、保障措施

(一)成立校本研修领导小组

为进一步规范校本研修的领导、规划和管理，成立龙塘镇中心小学校本研修领导小组，校长为组长，分管教学业务的副校长为副组长，教导主任、教研组长为小组成员。校长是校本研修的第一负责人，业务副校长是具体负责人，教导主任、教研组长负责组织实施，各司其职，齐抓共管，形成良好的教研氛围。

（二）完善校本研修管理制度

根据学校发展的实际和教师专业发展的需求，学校在健全"校本研修领导小组—校本研修活动组—教师"三级管理体系的同时，制定了《龙塘镇中心小学校本研修制度》《龙塘镇中心小学教育科研工作制度》《龙塘镇中心小学教研活动基本要求》等规章制度，把校本研修与教师的晋级、评先、选优结合起来，并设立专项研修、奖励基金以确保校本研修的顺利开展。

（三）建立、健全校本研修档案

帮助教师建立个人成长记录袋，用来记录教师参与研修以来自己在教育观、学生观等方面的认识与变化、收获和感悟，同时也将教师在研修过程中的教学反思、听评课记录、研讨课、示范课、自制课件、教学设计、教科研成果等记入教师成长袋，作为教师职称评定、职务晋升、评优评先的依据。

清城区龙塘镇中心小学

2016 年 12 月

第八章　教师专业发展的专业阅读

　　阅读，也称读书。对于读书的内涵，国人是最熟悉不过了。历史上曾有许多关于读书的经典名言，例如"读书破万卷，下笔如有神""读万卷书，行万里路"等，也流传着"头悬梁，锥刺股""雪映窗纱""凿壁偷光"之类的励志故事。古人喜爱读书，重视读书，把读书看作是一件十分高雅而神圣的事情，甚至视为人生中不可或缺的一部分，即便是身处逆境，三餐不继，仍乐此不疲。古人看重读书，今人又何尝不是？文学大家林语堂就曾写过《论读书》一文。他认为，读书是一种心智的活动，也是难得的人生历练，既能让人"开茅塞，除鄙见，得新知，增学问，广见识"，避免才疏学浅，直白浅陋，又可以助人"养性灵"，除烦恼，远离庸俗，励志修德，守住心灵的澄澈与纯净，从容睿智地直面人生。可见，阅读对人的成长是何等的重要。

第一节 "阅读"与"专业阅读"的含义

"阅读""专业阅读",乍看是两种截然不同的阅读形式,其实两者密切相关,并且相互影响、互为促进。概括地说,阅读是专业阅读的基础,专业阅读是对阅读的升华,也是每一个体专业发展臻于更高层次的必由之路。

一、"阅读"的含义

"阅读"是一种通过人的视觉机制,从读物中摄取阅读信息,再通过人的神经机制将摄取的信息传入大脑中枢,完成对信息的加工处理及储存的心理活动。通俗地说,阅读就是运用语言文字来获取信息、认识世界、发展思维,并获得审美体验与知识的活动。阅读作为一种复杂的心智活动,虽然总免不了有诸多因素参与其中,然而,从本质上看,它是一种心灵跋涉与修复的过程。所以,作家周国平说,真正的阅读必须有灵魂的参与,它是一个人的灵魂在一个借文字符号构筑的精神世界的漫游。

二、"专业阅读"的含义

何谓"专业阅读",迄今为止学术界仍然没有统一、科学的界定,只是笼统地认为它是一种基于专业发展的阅读。照此演绎,教师"专业阅读",即教师在教育教学过程中直接作用于专业实践的自觉的阅读,是教师专业成长和内涵式发展的引擎。从学理上看,这一定义未免有失严谨、全面、精准,但它道出了"专业阅读"在教师专业成长中所起到的举足轻重的作用。

阅读对大多数人来说,一般都会经历一个从非专业阅读到专业阅读,然后再从专业阅读回归非专业阅读的过程。因为每一个人在其精神成长的历程中,最初的阅读都是顺其自然的,不自觉的,甚至是非理性的;当精神或文化成长到一定的程度时,可能会基于未来的专业发展方向,才开始有意识地选择一个相对集中的阅读领域,慢慢进入专业阅读,重塑专业大脑,这期间至少需要 8～10 年。但是,专业阅读不可能永远持续下去,当一个人的专业发展到一定的高度并出现"高原期"时,就往往需要借助非专业阅读来启迪思维,开阔视界,从而站在更宏阔、更高远的文化背景之下检讨过去、展望未来,谋划今后的发展方向,寻求专业新突破,以实现从"高原"走向"高地"。

第二节 教师专业阅读的状态

随着信息化的发展，传统的主流文化难以避免地受到电影、电视、互联网、网络视频、流行音乐等娱乐文化的冲击，文字读物的吸引力在无形中有所弱化，同时，因生活节奏加快应运而生的"快餐文化"，也在一定程度上泯灭着人们对纸质阅读的热情和兴趣。第十六次全国国民阅读调查的结果表明，2018年我国成年人人均纸质图书阅读量为4.67本，成年人人均电子书阅读量为3.32本，0～17周岁未成年人图书阅读率为80.4%，低于2017年的84.8%。超过半数成年人倾向于数字化阅读方式，倾向纸质阅读的读者比例快速降低。更让人忧虑的是，现在的未成年人热衷于看动画片、玩网络游戏，无暇、无趣于纸质阅读，其图书阅读率也有逐年下滑之势。作为知识的传授者、创生者，教师这一群体的阅读状况，其实也并不乐观，2000年《中国教育报》曾选取了上海、长沙、西安和厦门四个城市做了一次关于教师群体阅读状况的调查。结果显示，教师的日常阅读，基本上是以浏览、泛读为主，以轻松阅读、娱乐阅读、实用阅读居多，即便出于工作需要阅读专业书籍，也是以教学参考书为主，很少有人能静下心来品读教育经典和专业论著。本是最应该多读书、最善于读书的教师群体，在应试教育的异化、裹挟下，也变得心中只有分数、眼中只看成绩，而对于影响生命质量的文化因素——专业阅读却日渐淡化，甚至完全远离，以致形成了当下一个疏于读书、荒于读书或者只是阅读教材和教参书的群体。由此，导致了教师专业素质偏低，这无疑严重地影响和制约了我国基础教育的改革与发展。

教育是对生命的一种唤醒与达成，在教育的场域中，教师的专业素养将深刻而持久地影响着学生的发展与成长。因此，改变教师的专业阅读状态，让专业阅读成为一种专业生活的习惯、一种"行走"的方式，教师的专业发展才具有可持续性。

第三节 专业阅读促进教师更新教育理念

专业阅读，不能过于狭隘地理解为学科专业或教育学专业的阅读，而是应当包含哲学与教育、文学与艺术、文化与科学在内的多维阅读。对教师而言，专业阅读又可分为专业型阅读和素养型阅读两种。前者主要集中于教学实践性和实用性的阅读，旨在培养教师的专业能力、专业技能、专业品质；后者则集中于哲学、教育学、心理学等方面的阅读，其根本目的在于提升教师的人文内涵、文化品位、理论素养，形成教师自己的教育理念和思维方式。不管哪一种形式，都是教师专业发展的学术根基和重要途径，也是教师精神成长过程中所必须经历的心智锻炼。教师的工作是传道授业，是立德树人，为社会培养良好的公民和合格的劳动者，需要有广博的专业知识、敏捷的专业思维，以及娴熟的专业技能，所以，不管是哪一门学科的教师，如果缺失了专业阅读的必要训练和思维砥砺，就难以形成专业的大脑思维框架、承担起教书育人的重任，更不要说成长为真正的名师了。

一、转换教师角色

新一轮基础教育课程改革，是一场深刻的教育革命，它不仅彻底改变了原有的课程理念、课程结构，而且对教师的教育思想和教学实践提出了严峻的挑战。面对挑战，教师必须在教学实践中做出积极的回应。而这种回应，不只体现在教育观念的更新上，更应体现在对教师传统角色的重新定位上。在新课程改革背景下，教师已不能也不该再是文化知识的"搬运工"、他人思想的"贩卖者"，而应成为学生学习的促进者、课程资源的开发者和学生人格发展的导师。要真正实现角色的转变，适应新课程实施所带来的新变化，教师就必须自觉地更新教育理念，厚植专业知识，丰富自身的文化内涵，形成独特的人格力量；就必须主动地、虚心地向同行学习、向专家学习、向实践学习，通过高质量的专业阅读的滋养，培养反思意识，优化思维框架，实现自我重塑，努力在教育教学实践中把自己锻造成一名教育理念先进、专业素养丰实、实践经验丰盈的一专多能的复合型教育人才。

二、转变教师教学观

新课程改革的出发点与归宿，都是促进学生的可持续发展，并为学生的健康成长和终身幸福奠定良好的基础。因此，教师必须应课程改革的需要，主动摒弃陈旧、落后的教育观念，树立与新课程改革相适应的先进的教学观，促进从以"教为中心"到"学为中心"、从"授人以鱼"到"授人以渔"的思维方式和教学行为的转变；要建立全面发展的教学观，从课程目标和人才培养的战略高度突出思维过程与学习方法的地位，促进学生创新能力、思维品质的形成与提升；要敢于打破以学科为本位的教学理念的局限，把教学植根于生活、植根于学生的心田，关注学生的情感体验和人格养成；要按照新课程改革的理念与要求重构课堂教学模式，积极引导学生开展自主学习、合作学习和探究学习；要在教学实践中努力实现从滞后性思维向超前性思维、从封闭性思维向开放性思维教学方式的转换，着力打造高品质的现代化课堂，不断提升学生的学科核心素养。要达成这些目标，教师就得潜下心来，认真阅读教育教学论述，并把专业阅读贯穿于整个职业阶段和专业成长过程，从阅读中汲取先进的教育思想，拓展知识文化视野，提升教学技巧，改善课堂策略，形成自己的教学风格。

三、转变教师学生观

学生观，就是教师对学生的地位、权利、年龄、心智及其发展规律的认识。在传统教育中，很多教师往往将学生视为贮藏知识的器皿，主张向学生灌输系统的知识。此种现象，中外皆然。例如，十七世纪英国教育家洛克（J. Locke）曾推出著名的"白板说"，认为儿童最初的心灵如同一块没有任何观念和任何记号的白板，可由教师任意涂抹。在洛克看来，教师是一切教育教学活动中不可争辩的主体，应处于中心地位，具有绝对的权威。由于深受传统教育思想的影响和束缚，当下仍有不少教师把学生看成被动的客体，甚少或根本不考虑学生作为学习者的兴趣和学习需要，以致学生个性心理长期处在压抑、紧张的状态。而新课程改革的学生观，视学生为有思想、有感情、有独立人格的鲜活个体，强调教师的一切教育教学活动要以促进学生的个性发展作为出发点及归宿。所以，摒弃传统的旧观念，重塑新型的学生观，已迫在眉睫、刻不容缓。为此，教师就要与时俱进，既要学习、借鉴传统教育教学实践经验，实现自身专业品质的提升，也要借助专业阅读和教学实践，不断获取和更新教育思想、教学理念，肩负起新时代立德树人的神圣使命。

第四节 专业阅读促进教师完善知识结构

"读书就是最好的备课"，好教师应该是一名幸福的阅读者。苏霍姆林斯基曾指出"要把读书当作第一精神需要，当作饥饿者的食物"，心理学家肯·韦尔伯（Ken Wiber）认为"学习能让我们的思想与理解向深层次变化"。作为教师，要把读书当成一种爱好、一种生活方式、一个现代人所应具备的基本素质，忏于阅读、勤于阅读，要通过长期的专业阅读以不断地深化学科知识、丰厚文化底蕴，促进智慧的养成，完善与其专业相匹配的"专业知识结构"。推开一扇成长的大门，铺就一条通向成功的专业发展的康庄大道，并从容地站在新课程改革的前沿。

一、深化教师学科知识

学科知识是教师所具有的特定的学科知识，如语文教师对语文学科知识的把握，历史教师对历史教学的研究，等等。它是关于"教"的内容知识，主要解决"教什么"的问题，这是从事课程与教学的基础和前提。优秀教师的知识结构应是多能一专，既要具有广阔的文化视野，也要有精深的学科知识。但由于学科知识更新速度越发加快，教师如果仅仅局限并满足于自己学生时代所学的那点专业知识，显然是不能满足新课程改革的挑战的，更不能应对素质教育的要求。新课程理念下的教师，应该重视自身的专业素养的提高，加强专业阅读，需要了解自己所教的学科历史、发展趋势以及对社会、人类发展的价值，需要掌握该学科所提供的独特的认识世界的视角、域界及思维方式，需要把该学科最新研究成果和方法论纳入已构建的学科知识结构中，不断更新、丰富和深化自身的学科专业知识。我们很难想象，一个缺少高品质的专业阅读的教师，如何能将人类千百年来所创造的知识高度地集约化、系统化，构建起宏阔的学科知识体系，使自己的教学做到厚积薄发，深入浅出；如何通过"复活知识，让知识还原到它最初被发现的状态，让学生能够经历科学家当初发现知识的过程"①。

二、丰厚教师文化底蕴

教学是一门综合性艺术，需要多元文化的支撑，正如一些专家所言，课堂教学的广度，取决于教师知识视野的广度；课堂教学的厚度，取决于教师文化积淀的厚度。所以，有了精深的学科专业知识，教师只是解决了"教什么"的问题，而要懂得"怎么教"，将知识有效地传授给学生，教师还须具有丰厚的文化底蕴。也就是说，只有具备了符合自身的知识结构、审美品质以及精湛的教学技艺，教师才能巧妙地处理教学内容，恰当地选择教学方法，精心地设计教学方案，有效地组织教学过程，更好地点燃学生求知的火花，真正地激发学生尚未开发的学习潜能。再者，随着社会的不断发展、人类文明的持续进步，学科跨界、文理兼容、多元并举、个性发展已成为未来社会发展的趋势与必然。故而，在走向通往博学的路上，无论是文科还是理科的教师，无论是年长还是年轻的教师，只要有志于专业发展，有志于做一名合格的、优秀的教师，都应怀有向学之志、乐学之心，视专业阅读为一种生命的常态，一种安身立命不可或缺的过程，养成自觉而主动地涉猎各学科知识的良好习惯，不断提升文理交融、坚实广博的文化修养，形成高品质的职业素质。对教育而言，"只有当教师的知识视野比学校教学大纲宽广得无可比拟的时候，教师才能成为教育过程真正能手、艺术家和诗人"②，才能巧妙地、有机地结合知识传授以展现自己的情感、意志和人格力量，让学生在获取知识的同时，受到美的熏陶与浸染，领悟生命的成长意义。

---

① 朱永新：《阅读，是教师专业化的根本路径》，载《中国教育报》2019 年第 4 期。
② ［苏］苏霍姆林斯基：《给教师的建议》，人民教育出版社 1985 年版，第 5 页。

三、升华教师教学艺术

教学是一门科学,也是一种实践的艺术。任何学科,凡是成功、精彩的常规课或研讨课,无一不是语言优美生动,教学简约流畅,师生思维热烈碰撞,课堂效果和谐高效。要创造出这样的课堂艺术境界,教师仅有精深的学科知识、广博的文化底蕴是远远不够的,还必须具备能让学生如沐春风的教学艺术。这样的高超教学艺术,绝不可能唾手而得,而需要通过千锤百炼而获得的丰富的经验和日积月聚而形成的深厚的理论储备。这当中,固然需要专家的学术引领、同行的经验借鉴,但更需要由教师本人借助专业阅读所形成的专业素养、专业敏感度以及成熟的专业品质。正如苏霍姆林斯基所言:"一些优秀教师的教育技巧的提高,正是由于他们持之以恒的阅读。"事实亦是如此,教师只有坚持长期不懈的专业阅读,并经常地与实践交互、印证,思维才可能活跃,头脑才可清醒,对日常教学活动才能保持审视、省思与批判的态度,从而自觉地进入研究的状态,去浮华、求本真,洞悉教育的真谛,抵达教学的本质,掌握教育教学规律;也只有在这样的一种专业研读状态下,教师才会有思维的洞开、心灵的清澈、思想的深邃、情感的丰富,"才能创造一个真诚、深刻和丰富的课堂,才能带给学生以广博的文化浸染,才能让学生在广阔的精神空间中自由驰骋"[①]。

第五节 专业阅读促进教师提升专业智慧

毫无疑问,教育智慧是教师以学生为指向的多维度的、复杂的教育品质,也是一种辨析、判断、批判及创造的能力。这种专业能力,常常内化于教师的教育活动和教学行为之中,主要表现为教师对教育教学规律的深刻的洞察,对教材、教学资源的精确的把握,对课堂中突发事件的敏锐反应,对学生个体生命的悉心呵护与尊重,等等,甚至还可能成为教师的一种宝贵的教育品质。实践也充分证明了,教育作为一种关涉人的内心世界的活动,具有丰富的价值内涵和精神旨趣,既需要教育者主动地卷入到教育实践中磨砺锻炼,也需要通过专业阅读获取源源不断的教育智慧,如此才能以个体的经验、思想、智慧来提升其品质,预见其发展的未来。

---

① 肖川:《成为有智慧的教师》,岳麓出版社2012年版。

一、形成教师课程智慧

所谓的"课程智慧",是指教师以深刻的、灵活的和创造性的方式理解教材,巧妙地处理课程资源,有效地捕捉课堂中有用的"生成资源",并且灵活地加以利用,使课堂朝着既定的目标前行的专业能力。这种能力,具体表现为:吃透教材、补充教材与更新教材。吃透教材是上好课的前提,要求教师必须娴熟地驾驭教材,准确地把握教材的编写原则、编排体例、知识结构,明确课程的教学目标和教学的重点、难点,具备"用教材教"的基本能力。补充教材,是教师在不改变教材原有内容的前提下,根据教情与学情的需要,相应地将社会与科学发展的新信息、与学生生活经验密切联系的新知识等相关的内容引入课堂,使现有的"课本"与课外的材料相互补充、互相印证并有机融合,以拓展学生的知识视野,提升学生的认知层次。再者,课堂教学要体现特色与个性,教师一定要带着自己的个人智慧和经验融入课堂,并根据自己独到的体验与个性化的理解在原有的内容基础上进行恰当的补充、延展与整合。如果说补充教材是做"加法",那么更新教材则是在做"加法"的基础上做"减法",这更需要教师具备课程的智慧。更新教材,也称开发教材或更换教材,其技术难度更大,能力要求更高,它是对补充教材的一种超越。新课程标准认为,教学不是课程传递和执行的过程,而是课程开发与创生的过程。教师要具有参与教材开发的热情和发现教材编写中存在问题的慧眼,既要学会做"加法",补充学生的盲点,也要懂得做"减法",省略学生已知或无须再知的内容,为学生腾出更多的时间、空间去接纳更新颖、更优质的课程资源。一般来说,一个教师课程结构质量和运行水平常常取决于其课程智慧,所以,作为课程的实施者和创生者,教师必须要通过专业阅读来培养自身的课程参与、控制和创新意识,在教育教学的实践中提升自己的课程能力,努力做一名具有课程智慧的教师。

二、提高教师教学智慧

关于教学智慧,《教育大辞典》是这样定义的:"教师面临复杂教学情境所表现的一种敏感、迅速、准确的判断能力。"对教师而言,教学情境就是课堂教学环境中作用于学生而引起积极学习的情感反应的过程,包括教学内容的整合,教学方法的选择,教学方案的设计,教学语言的运用,教学过程的管理与组织,甚至还可以包括教学中偶发事件的处置,课堂生成的调控,等等。要让教学充满活力和智慧,有效地引导学生质疑、调查、探究,进行主动地、富有个性地学习,并在挖掘知识的伟大魅力过程中获得精神上的享受和美的熏陶。教师不仅要有合理的知识结构、高品位的人文素养和敏锐的艺术美感,而且还应具备大量依靠个人实践与顿悟而练就的敏感、睿智的判断能力与准确、果决的应变能力。但这些能力并不是与生俱来的，也不可能是后天自然发生的，而是依赖教师自觉地对具体的教学情境和教学事件进行内省、反思，并通过不间断的专业阅读和教学实践将感性的、表面化的经验提升，不断地增长教学智慧，进而形成实践的见解与创意。正如中央教育科学研究所原所长朱小蔓所说：一个人太渺小，没有那么聪明；一个人的精力太有限，没有那样的精力充沛，必须通过阅读他人优秀的著述来丰厚学科素养，催生教学智慧。

三、提升教师管理智慧

教育教学活动正常有序进行，不仅需要管理的技巧，更需要教师的管理智慧。管理智慧，是教师能力结构中一个重要组成部分，主要包括相关的管理技巧和教师的管理威信等，其核心是教师的民主精神。

什么是民主？简言之就是让民众作主。对教学而言，民主就是让学生成为课堂体验的主体，成为学习的主人。而要在教学实践中将其变为现实，教师就必须确立学生在教学活动中的主体地位，尊重学生的独立性与创造性，以平等的态度进行交流与对话。但长期以来，个别教师由于深受"师道尊严"观念的影响，往往放不下架子，习惯了"一言堂"的教学方式，在不知不觉中就把学生挤在课堂教学的边缘，使学生成为名副其实的学习客体，从而丧失了学习的热情、动力和乐趣。在新课程改革的今天，教师就要改变以自我为中心的传统教育观念，确立学生在学习中的主体地位，真心地把学生当作有情感的、鲜活的、思想性格各异的人，帮助他们由"边缘参与者"向"中心主导者"转变[①]；要摒弃僵化、保守的管理手段，充分发挥情感因素在教学中的作用，形成平等合作、相互信赖的亦师亦友关系，促进学生自主地、主动地构建知识，获得知识的提升、心智的发展与情感的体验。

民主管理无疑是重要的，但是教师的"管理技巧"和"教师威信"也不应该被忽视，它是民主管理的辅助策略。而教师的"管理技巧"和"教师威信"除了要在教育教学实践中不断自我锻炼、自我陶冶、自我完善外，还需要通过理论学习与借鉴前人或他人先进的经验、方法。因此，必须加强专业阅读，拓展管理视界，优化管理思维，丰富管理智慧，只有这样，教师才能真正成为一个富有教育管理智慧的"生命的牧者"。

四、练就教师行动智慧

行动智慧于教师而言，也称智慧型教育行动，指的是"在教育情景中，灵活

---

① 吴秀园、王继新：《同步课堂背景下中小学教师城乡教师专业发展的路径探索：基于实践共同体的视角》，载《现代教育技术》2018 年第 80 期，第 92-97 页。

地运用已有的知识和经验，对情景中的问题敏锐感受，机智判断，正确处理，在善的牵引下促使师生之间的生命得到自由、和谐发展的行动方式"①。这种寓于教育情境中的行动智慧，不仅体现在智力或身体方面，更体现在教师的教育情怀、专业体认以及职业幸福感方面，是教师综合素质的全面反映，也是教师专业素养成熟的重要标志。这种智慧带有浓厚的个人色彩和鲜明的个人特质，不但无法言传也不可转让，它与教师个体生命融为一体，成为不可分割的一部分，甚至还常常"躲藏"起来，只是在教育教学活动中偶尔、不经意地流露出来，却闪耀着睿智的光彩，能深刻地影响并熏陶学生。

（一）培养教师课堂问题的意识

问题是一切教学活动的逻辑起点，也是课堂教学的灵魂。问题的产生，往往是缘于认知过程中新旧经验发生了矛盾，学生却对此无从理解或在认识上产生模糊。正是因为这些问题，影响了学生的学习，甚至羁绊了学生的成长，所以教师务必认真地正视、谨慎地对待，要把问题看成是学生成长的序曲和进步的阶梯，指导学生在复习旧知识的基础上，以比照、分析新旧知识的方法寻找它们之间的差异与联系，指导、带领学生按照解决问题的思维过程，寻找问题的症结所在，形成破解问题的办法乃至策略。作为一名称职的教师，既要懂得如何让课堂教学更具有智慧性与深刻性，尽量做到少讲、精讲，给学生留出足够的质疑、提问的时间与空间，培养学生的问题意识和提问的方法，又要通过专业阅读与教学实践培养自身的课堂问题的智慧，能根据学生已有的知识、能力以及心理素质水平，设计出新颖、灵巧，便于激发学生思考与潜能的有价值的问题，引导学生捕捉信息、拓展思维，提升思维的品质。

（二）磨砺教师处理偶发事件的机智

教学中的偶发事件，是指课堂教学中意外发生的一种特殊的教育现象。所谓"偶发"，顾名思义，即是"偶尔发生"或"偶然发生"。这类事件，无论是积极的还是消极的，无论是有意的还是无意的，都往往具有偶然性、突变性、多样性和不易控制等特点。要处理好这些偶发事件，教师就必须依据已有的教育教学生活经验或通过专业阅读所掌握的教育教学理论对事态作出准确的预判和正确的决策，见机行事、沉着冷静、当机立断地采取应变的机智，既能在最短的时间内把学生的注意力引入正常的教学中，有效地达成预期的目标，同时又能最大限度地发掘偶发事件中的积极因素，因势利导，把偶发事件变成淬炼学生品质、铸造学生意志的最好的契机，以促进学生身心和谐发展。

教学机智，是教育智慧的外显和体现，是教师对瞬间的、当下的教学情境所作

---

① 李永莲、刘劲松：《浅议教师的智慧性教育行动》，载《现代教育科学》2009 年第 6 期。

出的合理而积极的反应，它既不同于教学经验，也不同于教学艺术，需要教师以扎实的知识为前提，以丰富的实践为根基。因此，教师需要养成终身学习的习惯，广泛开展专业阅读，摄取广博的文化基础知识、精深的专业知识和扎实的教育学及心理学知识，形成教育的信念与智慧，并通过教育教学实践活动的凝练，将感性的、表面化的、碎片式的经验内化为自身智慧的一部分，从而不断地增强自身观察的敏锐性、思维的敏捷性、思想的深刻性和处理偶发事件的机智性。

第六节 专业阅读促进教师构建专业精神

"精神"是什么？德国哲学家黑格尔认为，精神是人的意识、思维活动和一般心理状态，是人的生命体征的直接反映。而在中国传统文化的语境下，"精神"是指人的内心世界现象，包含了理性、情感和道德的各个要素。其中，"道德性又是人类精神性发展的核心标志，它在精神系统中起统摄、支架性作用"[1]。教师是一种专业性很强的职业，其职业实践指向人的心灵世界、情感世界，与其他职业相比，更强调"道德性"，更需要注重道德和个人修养的自我净化与完善，因此，教师必须以专业阅读的方式浸润自己的职业生涯，引领自我的精神成长，完成自身的人格升华，从而保持教育者的良知与高贵，构成一个"完整的人"的精神生态。

一、改变教师精神状态

德国哲学家雅斯贝尔斯（K. T. Jaspers）说过："教育是极其严肃的伟大事业，通过培养，不断地将新的一代带入人类优秀文化精神之中，让他们在完整的精神中生活、工作和交往。"[2] 可见，教师是教育目的、价值和任务的重要承载者和具体实施者。教师工作的特殊性，决定了教师必须具备良好的政治品格、道德修养，以及体现先进文化和现代文明的价值取向；必须热爱生活，奋发向上，充盈情趣，富有活力，永远保持着健康的精神状态，拥有化育天下的高尚德操。教师的人格与精神魅力很大程度上决定了教育的品质。作为学生灵魂的塑造者，教师倘要保持内心的淡定与从容，恪守为师的初衷和做人、做事的底线，让以天下为己任，为民族立魂、为国家育才的"儒士"精神重新回归，就必须改善自己内心的状况，形成自己纯粹的生活方式，以专业阅读来搭建起属于自己的真正的精神家园和赖以成长的心灵港湾。正如北京大学语文教育研究所所长温儒敏先生所说，"无论多么忙，最

---

[1] 朱小蔓：《情感教育论》，人民教育出版社2005年版。
[2] ［德］雅斯贝尔斯：《什么是教育》，邹金译，生活·读书·新知三联书店1991年版。

好有自己的精神家园，哪怕是一块不大的'自留地'。不要一窝蜂都在应对现实需求，评级呀，教学检查呀，还有没完没了的各种事情。当然这些都要应对，谁也不可能完全超越，但要保持一份清醒，一点距离，免得被动地全部卷进去。"的确如此，有了自己精神的家园和心灵的栖息地，教师的内心才会变得开放、鲜活、恬淡、温柔和细腻，才会坚定教育的初心，升华教育的境界，获得精神的成长，成为一个立于天地之间"大写"的人。

二、建立教师教育信仰

教育之所以为教育，正是在于它绝非单纯的文化传递，而是建基于信仰的人道主义事业，是一项唤醒生命、成就灵魂的神圣工作。因此，古今中外，人们都普遍对教师的这一份职业充满无限的期待和盛情的赞美。捷克教育家夸美纽斯（J. A. Comenius）说"教师是太阳底下最崇高的职业"，习近平总书记强调"教师是人类灵魂的工程师，是人类文明的传承者，承载着传播知识、传播思想、传播真理、塑造灵魂、塑造生命、塑造新人的时代重任"。正是因为肩负着立德树人、为国育才、为党育人的使命，教师在日常的教育教学实践中，必须主动地、自觉地反思体悟、更新再生，不断提升教育教学智慧，努力使自己成为一个有理想、有灵魂、有教育信仰的人。也只有以信仰作为精神的最核心要素和庄严神圣的教育承诺，教师才可能身处世俗的世界，却能保持纯洁的本心，抑制住灵魂的浮躁，对教育事业有着坚定的认同与执守；才可能在教育教学实践中，用爱心、责任和智慧在学生的内心世界里打下一个亮丽的底色，为学生幸福的人生和终身的发展奠基。很难想象，一个没有信仰的教师如何能摆脱寂寞与空虚、贫乏与肤浅，如何能关注学生心灵、启迪学生智慧、放飞学生梦想，成为一名富有教育智慧的"生命的牧者"；如何能做到淡泊名利，为兴趣而学，为理想而教，在三尺讲台上、在教书立人中"感受到惬意与轻松，感受到内心的充实与和谐，感受到精神与物质的富足，感受到心灵的舒展与个性的张扬"[1]。可以肯定地说，没有信仰的教师，绝不可能具有精神的高度、思想的挺拔、生命的丰盈；没有信仰的教育，只能是教学的技巧而已，这样的教育必然会导致学生精神的枯竭和心灵的荒芜。

如何成为有教育信仰的人？怎样使我们的教育成为有信仰的教育？除了要靠社会环境的影响、教育行政部门的倡导之外，教师的教育信仰的建立还必须通过自己来学习面向实践的教育理论。只有通过专业阅读与伟人对话、同智者交谈，才能扩大智慧与见识，培育善念与慈悲之心，实现生活的积累和思想的沉淀，久而久之，教师的内心就会衍生出更健康的情绪和更积极的人生态度。所以，教师特别是青年教师，必须始终保留着一份赤诚的教育情愫，以专业阅读来修炼自我，滋养心灵，

---

[1] 肖川：《成为有智慧的教师》，岳麓出版社2012年版。

温暖生命，塑造专业品格，提高精神品位，强健教育信仰的筋骨。而有了信仰的教师，就必然产生有信仰的教育，培养出有信仰的学生。

至于在教育教学实践中，如何把信仰变成实践行动，则是知与行的区别，已不是本节所要讨论的范畴了。

第七节　教师，应读哪些书

每种职业都有自己的特点，其阅读结构自然也会有所不同。教育作为一项成就梦想、铸造人格的事业，对教师的专业阅读也提出了特殊的要求。面对当下日新月异的教育，作为教师，无论是否有成长的自觉，都被赋予了专业发展的担当与责任；而要促进自身的专业发展，提升自己的专业修养，实现自我完善、自我超越，就必须与专业对话，与博览同行，完成对自身专业经验的反思和重塑。

"书籍是人类进步的阶梯"，无奈人生有涯而书海无际，任何人都难以做到开卷有益，因此，必须要对阅读的书籍有所选择。

那么，教师到底应读哪些书呢？

一、学科专业著作

不管是人文科学还是自然科学，每一门学科都有其自身的概念体系和研究对象，也有其独特的思维方式、表达方法和核心逻辑。如果教师不了解、不阅读优秀的学科专业著作，就难以"生长"出专业特质的敏感"触角"，难以正确地理解本学科的基本概念、基本原理，难以真正掌握该学科的知识结构、能力结构，难以清晰了解该学科发展的历史、现状，更难以洞悉该学科所承载的课程价值以及它所能赋予学生的学科能力。因此，教师应静下心来，花点时间，下些功夫，持之以恒地进行学科专业阅读，而且要竭尽所能地读通、弄懂、悟透，真正融化在血液里，使之成为自身教学思想、教学智慧的源头活水。

二、教育理论著作

"一个民族要站在科学的高峰，就一刻也不能没有理论的思维。"恩格斯在这里谈的是一个民族，其实也是对每一个公民的善意提醒。教育理论，是人们在长期的教育实践过程中总结、归纳、抽象、概括而形成的理性认识，是经过无数实践而获得的正确经验和智慧结晶。对于相当多的中小学教师而言，这些理论可能过于抽象，过于理论化，不易阅读，也较难理解，更不能够直接拿来用于教学实践，但它是一切教育教学活动的指南，是教师立身、发展的基础。这就好比盖房子，教育理论就是地基，只有把地基打好了，才能撑起摩天大厦。所以说，任何教师要成为名师，不仅不能缺失阅读教育理论著作这一环节，而且还要从优秀的教育理论著作中汲取知识、方法、经验和智慧，不断地厚植教育教学理论素养，重新构建自己的教育生活、教育世界。否则，就有可能在行进名师的途中走冤枉路、走错路，甚至南辕北辙。

三、社会人文著作

教师读书，不应该仅仅局限于教育及专业范围，还要根据自己的兴趣、爱好乃至自身的知识短板，有选择地读一些社会人文著作，诸如政治、哲学、经济、文化、历史、地理、文学、宗教等。这些被视之为人类共同的精神底色的图书，历经千百年时光流转的冲刷与沉淀，仍蕴含着丰富的思想和人生的哲理，具有永恒的普世价值；其既是教师的专业阅读之基，也是教师专业发展之本。例如，语文教师可以读《史记》，看《百年孤独》；物理教师可以在工作之余读一读《时间简史》，也可以利用周末或寒暑假去看一看《见微知著》。至于阅读方式，可因人而异，不必强求一致，或精读、细读，食不厌精脍不厌细，或浏览、略读，旨在扩大知识视野，丰富精神底蕴，引领、促进教师自身的专业成长。

四、教育专业报刊

目前，我国中小学教育教学专业报刊多达1600余种，而质量较高，在全国影响比较大的有100余种：人文科学类有《中学语文教学参考》《语文教学通讯》《历史问题》《人民教育》《北京教育》《中国教育报》等，自然科学类有《数学通报》《中学物理教学参考》《中学化学教学参考》《生物教学》等，综合类有《中小学教材教学》《教学月刊》等。这些教育专业报刊，紧跟课程改革步伐，密切关注教学热点，前瞻教育发展趋势，具有较强的指导性和实用性，是中小学教师教学、教研必不可少的案头资料。通过阅读教育教学的相关报刊，教师可以用相对少的时间明了教育教学的最新动态，掌握教育教学改革的方向，了解学科研究最前沿的动态和成果。

教师专业发展是一种隐性和潜质性能力，是一种动能。教师需要在理论学习与实践过程中不断锤炼和打造才能改造自己、发展自己，让自己的教学变得从容雍雅、气象万千。况且，当今社会高速发展，知识学习的迭代性亦随之进入了快车道，教师需要通过专业阅读汲取源头活水，不断地学习教育新思维、新理论和新方法，从而构筑起具有丰赡知识结构的专业大脑和日渐丰满的教育生活。

[附件8-1]

专业阅读伴随我成长

清城区银湖学校 林沛婵

书是浓缩的人生,翻开书阅读,犹如吟唱一首生命之歌,让人刻骨铭心,促人成长。

一、阅读是定人心魄的力量

书传递着生活的感悟,阐释着生命的哲理,体贴灵魂,定人心魄。读小学的时候,我不知道学习的意义,老师送给我一本《中外名人故事》,书的扉页有一句老师亲笔写的话:"天才是百分之一的灵感加上百分之九十九的汗水。"刚劲有力的字触碰到我内心最深处的部位。从此,我奔着这句话,读着老师送给我的书,踏着书中名人成长的足迹,尝试努力奔跑。读初中时,一群有爱的老师在我心中种下了梦想的种子。1998年,我以优异的成绩考进了清远市师范学校,深深记得师范办公楼大堂刻着陶行知的一句话——"捧着一颗心来,不带半根草去",还有教室墙壁上挂着高尔基的名句——"书籍是人类进步的阶梯"。在师范学习的岁月里,我扎堆群书,犹如一叶扁舟,在书的长河里渴望飘向未来。

师范毕业那年,我19岁,被分配到一个只有一百多名学生的偏僻乡村小学。刚开始我还以为是命运对自己的捉弄,殊不知,正是那段岁月,正是那些经典的语录,让我找到了人生的归宿。在年少轻狂的年龄,一开始,我失望、抗拒、逃避,我的一位恩师通过各种方法找到我,只为给我留下一句"在哪里存在,就在哪里绽放,不要因为环境的改变而忘记散发芳香",这句话直指人心,我眼噙泪水,带上书和简单的行李,以校为家。多少个日夜,多少个春秋,工作之余,书始终陪伴着我,是我的良师益友,它从不炫耀,默默无闻地坐在角落注视着我的喜怒哀乐。就这样,阅读让我对书的欲求越来越深,每当我想放弃、退缩时,又会在茫茫书海中,看见了一盏温暖的航标灯,照亮我前方漫漫修行路。

阅读伴随、引领我成长,它让我拥有一股定心魄的力量,使我乐观向上、拥有激情、学会奋发。书中一个个在平凡工作岗位上找到人生归属的故事让我不断认清事物的本质,倾听自己内心的声音:不忘初心,努力前行!《阿甘正传》中的阿甘无论什么时候都不忘努力奔跑的信念深深感染了我。我也是没有雨伞的孩子啊,我也要跟着奔跑,我把心倾注在学校,洒在孩子身上,最终交织出一幕幕动人的故事。我最喜欢跟孩子们说的是莎士比亚的一句话:"生活里没有书籍,就好像没有阳光;智慧里没有书籍,就好像鸟儿没有翅膀。"课余或者周末,校园里、北江河的沙滩上都留下了我和孩子们捧着书的身影,回荡着我们一串串欢声笑语。付出总有回报,每当节日,我的桌面上总会摆满礼物:除了孩子们亲手做的卡片和手工,还有一篇篇真挚的读后感……当我工作调动,孩子们自编自演,为我表演节目、准备读书分享会,我心里交融的是感动,幸福感、归属感油然而生。从此,在我心里,再落后的学生都是闪闪发光的宝石,再简陋的学校都是放飞梦想的平台。这一切都是来自阅读的力量！在僻远的乡村，在无数个孤寂的日子与阅读为伴，与孩子为伴，让我愿意并喜欢用自己温暖的双手打开孩子的心锁，愿意并喜欢用青春的激情融化孩子的心。

如今，我所教的有些孩子已逐渐走上了社会，过上了自己想要的人生，还不忘我曾经的鼓励："林老师，一直以来，您鼓励我们终生阅读，我一直笑着回想当年您给我们上阅读课，一起读书的情景。您指引着我们的成长之路，对我们影响至深……记得当年您离开我们的时候我难过得哭了，我不想埋藏我对您的喜欢……"啊，这一抹淡雅感动，刹那芳华！

二、阅读是幸福的源泉

感恩阅读，让我欣赏到不同的生命风景，从而使自己灵魂独特，精神饱满而丰盈，感恩阅读给我带来一股幸福的源泉。除了看纸质书籍，我还喜欢听书，不管是有声还是无声的读物，只要是好的精神食粮都是宝贵的。婚前，我从书中懂得很多觅得幸福感的道理，择偶不在于大富大贵，而在于心，我的另一半经济上并不富有，但内心富足。婚后，我也从书中知道婚姻重在经营，我的另一半爱我宠我，多年未改。工作多年来，一直有个幸福的家在背后支撑着我，使我觉得自己累并快乐着。阅读让我爱我所爱，行我所行，用心感受生活，记录生活，努力学习工作，珍惜当下的每一寸时光、每一次呼吸。

2020年，新型冠状病毒肆虐着华夏大地，我们这些普通人只能在家里"做贡献"，但内心却躁动不安。在这些非常时期的日子里，每晚阅读听书，细细品读，让心灵远行。听着病役阻击战中舍小家而为大家的动人事迹，感受着平凡人身上闪着的人性光辉，心柔软着，动容着，让人觉得相安相惜很幸福。一个人只要坚持阅读，慢慢学会让自己的心收纳温暖的人和事，就能把心放宽了，把世界拓宽了。我的世界有过任性、冲动、迷茫，但阅读让我成长，不忘善良与担当。有时候我在想：在匆忙浮躁的年代，假如离开阅读，假如自己没有一个幸福的家，自己还会像现在这样有好的心态，以饱满的热情在教育事业上奉献一分光与热吗？

三、专业阅读是专业素养和教学情怀的催化剂

"先做读书人，然后谈教育"这句话让我感受至深。读书是教师最好的修行，是教育教学路上的一盏明灯，它照亮人的心灵，照亮人成长的路径。作为一名教师，十多年来，我跌跌撞撞走在专业发展的道路上，在一次次专业阅读和学习研修中，经历着一次次精神成长。读经典、与教育家对话，让我犹如沐浴在阳光之下，灵魂得到尽情洗礼，在不断自省、自我完善中，我从一个刚走上讲台、缩手缩脚的学生成长为一名有教学自信、纯粹、乐于与学生一起分享成长快乐的教师。读书是专业成长的催化剂，它为教育滋养底气和灵气，使人站得高，远离浮躁；读书促人思考，使人沉淀底蕴。多年来，我撰写了几十篇教育教学论文、随笔，多篇获奖，不能说写得很好，只能说写得很用心，希望能让同行们产生教学共鸣。通过阅读、写作和一线教学实践，我感悟着教育的真谛，尽己所能发挥一丝丝余热。

十多年来，我经历过不同的岗位，但都是站在乡镇的教育战线上，经历了从乡到镇，从镇到乡，从乡回镇，又从镇回到乡的教学过程。我的人生历练着。别人对于我拖家带儿地"跑教"，满是不解，我自己有时候也很困惑，只能用"情怀"二字来解释，而"情怀"二字也来源于阅读的感悟。

2018年对于我来说是个收获年，那年我37岁，评上了副高职称，评上了区名师。然而，这些"帽子"戴在我的头上并没有让我觉得很高兴，而是让我感到很沉重。我心里是感恩的，同时又是焦虑的，因为我在渴望自己的工作有价值，而工作被肯定的同时，又害怕自己能力不够，愧不敢当。在教育教学的战线上走了十几年，一路过来，我能力平平，但阅读让我懂得态度先行。有人说："真羡慕你，这么年轻就评上了副高。"其实，也许很多人不知道我在背后的付出，我试过参加基本功比赛，独自一人备课、背说课稿，制作课件，三天三夜没睡觉；我试过教四个班的英语时，每天放学只剩下自己面对一堆看似永远也改不完的作业；我试过做课题时躲在多媒体室偷偷流眼泪，可能觉得流一下眼泪就没那么累那么苦；我尝试把每节课都当成公开课来上，常为了揣摩上好一节课彻夜冥思苦想。幸好，再苦再难我也没有忘记阅读，是阅读净化了我的心灵，让我最终选择了坚持。没想到，多年来，所有的喜怒哀乐皆成了现在幸福的源泉。

感恩阅读，是专业阅读促进了我教学的进步，孕育了我的教学情怀，真正让我得到成长。同时，我也非常庆幸自己是一名教师，希望自己在普通的岗位上继续喜欢阅读、继续热爱生活、继续用心工作，用一种良好的心态留住青春，珍藏童心，挥洒情感，燃烧思想，共享情怀。

愿阅读与教育齐飞，生命与使命同行！

第九章　教师专业发展的区域教研

　　随着新课程改革的蓬勃发展和素质教育的全面推进，我国基础教育面临着深刻的变革与严峻的挑战。如何从均衡教育水平、共享区域教育资源的角度出发，按照区域教育结构特点，通过优化、创新教研机制和教研方式，改变校际、教师之间彼此孤立与封闭的现象，建构具有区域特质的教研范式，形成一个从封闭单一走向开放多元的区域教研新格局，以此促进教师群体的专业成长，这应该成为教育部门乃至学校认真研究并进一步解决的问题。本章将从片区教研和名师工作室建设两个方面，探索区域教研对于促进教师专业成长的作用及意义。

第一节　发挥片区教研作用，促进教师专业成长

新一轮的课程改革对中小学课程结构进行了重大的调整，既强调了综合性，又凸显了开放性、选择性和发展性。基础教育课程功能综合化的发展趋势，必将会对中小学教师专业素养提出越来越高的要求，这就需要教育管理部门正视教育发展的形势和教师专业成长的需求，应势而动，顺势而为，通过创建新教学教研模式，例如建立片区教研共同体等，有效地整合各方资源，搭建一个集研修、学习、研讨于一体的多元平台，共同营造一个"美人之美，各美其美，美美与共"的专业发展氛围，全力打造一支高素质的师资队伍。

一、片区教研的概念界定

何谓"片区教研"？要界定片区教研的概念，首先要厘清"区域"的含义，因为从地理学、行政学的角度而言，片区只是"区域"中的一部分。"区域"，在现代汉语语境中有着"范围"与"地区"两个纬度的意义。早在汉代，郑玄在《周礼·地官·序官》中就将"廛人"的"廛"解释为"民居区域之称"。从最初见之于汉代的典籍距离现在已近两千年，但由于"区域"相关研究具有多学科性，且其本身所包含的内容纷繁复杂，所以，迄今为止国内外学术界对"区域"的解释还没有统一的说法。湘教版《高中地理Ⅲ》给出的定义是：区域，通常是指一定的区域空间，具有一定的面积、形状、范围和界线。学者于占国认为，区域是一个有一定特点的局部地区，这种特点包括社区、经济、文化、教育在内历史特定性和现实趋向性；这个局部地区，小则指区（县）级地区，大则指省、市地区。① 经济学家安虎森、郝寿义等人认为：区域是一个客观上存在的，又是抽象的人们观念上的空间概念，它往往没有严格的范畴和边界以及确定的方位（《区域经济学》）。美国区域经济学家胡佛则主张：区域是基于描述、分析、管理、计划或制定政策等目的而作为一个应用性整体而加以考虑的一片地区，它可以按照内部的同质性或功能一体化原则划分。

以上几种观点，或从地理学的角度定义，或从行政学的角度划分，或从社会学的角度考量，由于看问题的视角不同而产生了较大的分歧。而根据我们的思考，并结合以上中外学者的观点，笔者认为，所谓的区域，既是抽象的概念，也是客观的存在，从地理学来说，它是地球表面的地域单元；从行政角度而言，它是国家管理

---

① 于占国：《如何创造性开展区域教育教研工作》，载《现代教育科学》，2005 年第 5 期。

的行政单位，具有特定的结构、功能和类型。

"片区"是一个"区域"分成若干的分区，所以无论是从地理学来说，还是从行政学来看，"片区"都可被视为缩小版的"区域"。

澄清了"区域"与"片区"的概念，我们便可以对"片区教研"的含义作出基本的界定："片区教研"亦可称作"联片教研"或"片教研"，是指基于共同的愿景，区域内距离较近的几所同质学校，围绕一定的教育教学研究任务，由一所办学水平较高、师资力量较强的学校牵头共同开展研究和实践的一种重要的校本教研形式。

二、片区教研的功能定位

作为校本教研的一种模式，片区教研的主要功能，就是通过片区教研所产生的促进片区学校教育改革、师资队伍建设、教学质量提升等方面的有利作用及效能。它是片区教研所要达成的目标，也是片区教研在承载研究、指导、引领、管理、服务等基本职能的前提下亟待解决的问题。因而廓清区域教研功能，既有助于划清职责范围、理顺工作权限，也有利于县（区）教研机构更好地回应教育综合改革的诉求，推动片区教育综合改革。

（一）加强校际合作，提升教学质量

加强片区内校际的合作，建立起共同成长的"生态圈"，培育共同分享的文化理念；整合地区教研力量，实现同科互动、同伴互助、名师引领、共同发展，是促进片区内教研水平提高的重要的新举措。它以立足课堂、服务师生、提升教学质量作为工作的出发点和落脚点，以课堂为主阵地，以课例为载体，以行动研究、叙事研究为主要形式，通过搭建校际交流平台，开展集体备课、磨课、上课、观课、评课等片区教学研讨以及教师培训研修，充分挖掘不同学校的资源和潜力，着力解决教师在课程改革、教育教学实践中所遇到的热点问题、重点问题以及共性问题，例如，如何指导学生开展深度学习，如何以评价为手段促使学生发展，如何打造具有高度可持续性、可复制性教学范式，等等。通过校际的密切合作，有效集结区域内教师智慧，深入开展课堂改进的实践与研究，创生课堂改进主题经验，形成了具有一定影响力的优质课堂教学范式及典型案例，为片区内一线教师改进课堂提供了可操作性思路与方法，从而提升了课堂的教学效率和教学质量。

（二）整合片区资源，实现融通共享

教育资源是指为教育活动的有效开展提供的各种可被录用的条件。它一般以两种形态存在，一种是有形的，能够用价值指标或货币指标直接衡量，例如图书资源、网络资源、财务资源等；另一种是无形的，主要是指学校教育的软实力，包括教育理念、办学经验、学校品牌、学校文化等。整合片区资源，就是构建区域教育资源的管理模式，以盘活学校这些有形和无形教育资源并实现各校均衡发展为目标，建立健全教育资源整合的制度、管理责任制度和学科资源建设项目负责制度，形成优质资源共建共享机制；就是立足片区内各中小学实际，在充分发挥本区域优质学校的引领作用的基础上，根据片区内各中小学的实际情况，把各学科的资源建设任务分配给相应师资力量较强的学校，并要求承担资源项目建设的中小学按时间、高质量完成好该学科的课例、案例、试卷素材、媒体素材、文献资料等相关教学资源的管理、审查、筛选、入库的任务，确保教学资源建设质量、效益与可持续发展，以解决片区内中小学布点不合理、优质资源不均衡等实际问题，实现教育、教学资源在校际间的互享互通，提高教育教学资源使用的效益及效率，避免办学资源的重复浪费。

（三）开展片区教研，助推教师发展

教师参与教育科研是教师专业发展最重要且最有效的途径之一。作为片区教研管理部门的县（区）教师发展中心，应把培养片区教育教学骨干和学科带头人作为自己责无旁贷的义务，立足片区教育发展的实际，按照片区教育结构的特点与运作模式，构建基于教师专业发展的主题连片式教研、校际连动式教研、片区协作式的教学研究，高质量地开展主题式的教研活动，积极破解影响乃至制约片区内各学校教育教学质量提升的问题。而且，这种主题式教研，不应该囿于或拘泥于某一种现成的模式或某一种已有的框架，而应该重在实用，强化实效。例如，可以针对教师在教学实践中存在的普遍性、典型性问题，进行梳理、分析、归纳，提炼出有针对性的主题，作为每次教研活动的核心内容展开研究；以教学实践为平台，以课堂研究为支点，通过凝聚片区的教研合力、撬动教研体系的优化、建立多方参与协同创新的教研机制，从而解决制约片区教育教学发展的瓶颈问题，改善并优化区域教研教改新生态，促进片区内教师专业成长，以适应新课程改革所带来的严峻挑战。

三、片区教研的发展机制

要确保片区教研有序、持久、高效地运行，提升片区教研的质量，就必须立足片区内学校和教师发展的实际，建立与之相适应的制度文化和发展机制。

（一）划分片区，成立片区学校教研共同体

教师专业成长固然需要教师作为主体性的参与，但也离不开专业组织的帮助与指导，尤其是农村的中小学，大多地处偏僻，学校规模较小，师资力量薄弱，资源、信息均相对匮乏，如果没有教师专业组织的依托，缺失同行之间的讨论、切磋、交流，光靠教师的个体力量实现自身的专业成长谈何容易。所以，县（区）

教育教学管理部门必须积极、主动地介入、指导基层学校，基于片区教育教学发展的实际，建立起片区联动的教研共同体，培育共同体文化，促进校际合作，并通过教学互动、资源共建、专题合作、同伴结对、网络"群研"等诸种形式，增进教师群体的交流、对话。如此，才有可能打通从片区教研到学校课堂的"最后一公里"，促进教师群体的专业发展，实现片区内学校教学质量的全方位提升。

（1）按照地域相近、成员间交通方便的原则，将全县（区或县级市）区域内的基础教育学校分为若干个教研片区。各片区由街（镇）所在地的中心小学、中学作为基点，将相邻的学校按中小学为学段各自划为一个教研片区，每个片区约6～8所学校（含所辖村小），小学片区的教师300～500人；中学片区的教师200～300人。但是，教研片区的划分不应是僵固的、不可更改的，它可以根据不同阶段片区内学校的变化，每一学年进行一次新的调整，以求最大限度地满足同质化学校的协同发展。

（2）逐级建立片区、学校教研共同体组织体系，每个片区组成一个跨学科教研中心组，然后再根据目前中小学设置的科目成立若干个学科教研组，同时，为便于管理，由县（区）教研部门指定一所牵头学校。牵头学校一般在该片区内学科师资力量较强、教学质量较好、管理水平较高。牵头学校为片区教研活动的召集者、牵头人，在县（区）教研部门的指导下负责会议召集、活动组织、业务管理、资料归档等相关的教研工作。

（3）每个片区除了有县（区）教研员蹲点指导外，教研管理部门宜选聘若干名兼职教研员协助开展工作。兼职教研员从片区骨干教师中产生，采用自荐和学校推荐相结合的方式报名，县（区）教研部门通过考察遴选，最后提交县（区）教育局出文确认。片区兼职教研员的主要职责是辅助县（区）教研部门的蹲点教研员具体组织、策划、协调该学科教研活动，执行片区教研中心组所拟定的教研活动方案，围绕拟定的教研专题带头开展教学研究和课改实验，协助牵头学校收集、整理、反馈本片区学科教学教研的活动信息和教改动态。

（二）建章立制，确保"片区联动"教研有序进行

没有规矩，不成方圆。制度是一切工作成功的基本保障，没有规范的制度管理就没有片区教研质量的提升。因此，要充分发挥区域教研的整体优势，提高教研工作的针对性、实效性、长效性，带动片区教育教学工作全面、有序和高效地开展，就必须建立起有利于学校、教师专业支持、实践反思、合作分享的教学研究制度。

1. 建立片区教研工作团队

建立片区三级教研机构。一是成立片区教研领导小组，县（区）教研部门的负责人任组长，蹲片教研员及本片区教育部门主管业务的领导任副组长，全面负责片区教研的管理与指导；二是成立片区联合教研中心组，蹲片教研员任组长，成员由各所学校主管教学工作的副校长、教务处负责人、学科组长组成，负责片区教研

活动的计划拟定、组织实施、资料整理与存档；三是成立学校教研组，主要职责是组织学校本学科教师学习教育教学理论，开展教学实践，协助学校教务处、片区联合教研中心组完成相关工作。有条件的片区还可成立学科教研工作坊，工作坊由本区域内有影响力的名教师主持，主持人可从各校精心挑选业务骨干作为成员。这样，便形成了一支由专职教研员、兼职教研员、学科中心教研组成员、工作坊成员组成的教研骨干队伍，构建了一个以"片（教研员）—点（学科兼职教研员、学科中心教研组）—线（学科名师、骨干、学科全体教师）—体（各学科骨干、片区全体教师）"为主体的片区教研团队。

2. 建立片区教研工作机制

基于片区教研工作的系统性、稳定性和可持续性的需要，还必须建立与片区教研活动相适应的工作制度以及运行机制。一是建立"片区教研活动制度"，包括活动学习考勤制度、竞赛表彰制度、后勤保障制度、资料收集与管理制度，确保每一次活动都能如期、有效地进行。二是建立"研究任务负责制"，将每一次活动的研究任务分配给相关学校，要求承担任务的学校做到每一次活动有主题、有目标、有任务、有要求、有预期成果、有小结反思，夯实活动的过程，提升研讨的质量，让教研活动真正成为教师共同学习、共同探讨、共同实践、共同提高的舞台。三是建立"常规教研活动机制"，围绕教育教学中的重点、热点、难点开展常规教研和专题教研，聚焦课堂教学质量，培育、遴选和推广优秀的教学案例、教学模式。四是建立"成果转化研讨制度"，促进片区内承担研究任务的学校定期或不定期地组织相关人员针对阶段成果进行研讨、交流、总结、完善，形成可操作、可复制的基本范式或物化成可推而广之的典型案例，促进研究成果内化、再现。五是建立教师培训、研修机制：①建立教学质量网络监测平台，利用大数据对教师教学存在的问题进行精准分析，作出准确的预判，为学校有针对性地、科学性地实施教师研修与培训提供可靠的事实依据；②健全校本研修制度，以校本研修作为促进教师专业成长的载体，引导教师立足学堂、聚焦核心素养，开展案例剖析反思活动，研究质量评价，改进教学实践，促进自身专业能力的发展，提升教学水平和质量。

3. 建立教研员蹲片制度

片区教研能否顺利而有效地开展，蹲片的教研员起着颇为关键的作用，因为他们是片区学科的首席教师，肩负着对该片区学科课程建设、课堂教学、教师专业发展的顶层设计、组织实施的职责。正因为如此，县（区）教研部门在提升教研员职业修养、增强教研员的责任意识和服务意识的同时，还必须从制度上规范教研员的教研行为，理顺工作程序，进一步明确其工作职责。一是全面负责片区教研相关事务，创建片区教研网络，建立片区教研制度，领导片区日常教研事务，指导学校培育各具特色的适应学校发展的教研范式；二是履行工作职责，发挥工作职能，做到每月组织一次片区联合教研组的工作会议，每学期撰写一份片区教研工作总结，每学年要向片区教师作一次专题讲座；三是带领片区学科骨干、核心成员，深入课堂，走近教师，了解教学动态，诊断、梳理、聚焦课堂教学的主要问题，做好日常教研活动的设计，科学确立片区教研活动的基本流程和实施框架，指导学科教师开展集体备课、研讨课、示范课、观摩课等活动，推动教研内容创新、教研路径优化，为片区教学教研把准方向、掌好舵，真正发挥教研员在片区教研活动的主心骨、领头雁的作用；四是指导、带领片区教师孵化、培育、提炼教学和教研成果，加快优秀教研成果的推广、转化和应用，扩大优质教育教学资源覆盖面，推动优质教育教学资源共建、共享，促进片区教育科研的良性发展。

四、以片区教育科研助推教师的专业发展

新一轮课程改革对教师提出了全新的要求，更凸显了教育科研对教师专业发展的必要性、重要性。片区教研应着眼于影响提升教师水平的一些现实性、长远性发展的问题，并通过行动研究加以解决，才有可能加速教师的专业成长。

（一）以常规教研为抓手，培养校本教研力量

以提高课堂教学质量为主攻方向，围绕片区学校教师所关注的教材、教法、学法等相关问题，积极开展片区教研活动，联合攻关，分点击破，相互借鉴，互为促进，这是片区日常教研活动的常态与任务。常规的教研活动的主题，一般源自片区学校教师在教学实践中所遇到的问题与困惑，应由片区学科教研组共同研究确定，然后片区学科教研组将确定好的主题分解到学校学科教研组，再由校学科教研组将具体的任务分配到学校的学科备课组，逐级分解任务，层层包干负责，做到"三级联动"又各有侧重。一般说来，学校学科备课组着重抓好教材解读、目标设置和策略选择等方面内容，旨在帮助教师精准把握教材，打造高效课堂；学校学科教研组重在围绕教材中的重难点以及教师在教学实践中所遇到的现实困惑，组织本校同一学科的学科骨干教师开展专题讨论，集体攻关，形成解决性的方案，为本校本学科教师提供改进策略；片区学科教研组则着重跟踪教学热点，选准当下学科教学中的共性或热点问题，开展联校教研，让骨干教师带着问题观摩名师课堂，解析经典课例，领悟先进的教学理念，掌握科学的教学方法，培养骨干教师和学科带头人，建立一支想干事、有本事、能干事的校本教研新生力量。片区常规教研活动须将常规教研的重心"下移"到备课组，"前移"到课堂，形成互为依托、互相促进的"三级联动"机制，以实现教育教学宏观、中观、微观研究的有机融通，促进教师借助对话、交流、自我体验以提升专业水平，适应新课程改革的要求。

（二）以同课异构为载体，提高教师教学水平

教师教学水平的提升，应以课堂为主阵地，立足真实情景，通过课堂的实践、研究而达成。如果说名师示范、集体备课等是提高教学水平的有效途径，那么

"同课异构"则是进行课堂研究的重要载体和最佳突破口。所谓"同课异构",是指不同的教师群体或个体就同一教学内容,基于学生实际及现有的教学条件,进行不同的教学设计并付诸实践的一种教学模式。作为一种新兴的课堂模式,它的意义和价值在于激发教师创造力和能动性,通过重塑教学模式,重组教学流程,实现认知优化,以彰显教学个性和教学风格。要在课堂教学中做到"异构",教师决不能停留在对教参、对现成教案的照搬照抄,而必须精心研读教学内容,准确把握教材中的重难点,形成对教材的独到见解;必须认真研究教法,理清教学思路,优化教学环节,选择恰当的教学方法和教学策略;必须专心研究学法,把握学情,重视学习方法的指导,以顺应学生的认知规律和认知天性。只有如此,我们才有可能看到不同的教师对同一教材内容的差异化处理,领略到不同的教学策略所产生的不同的教学效果。所以,片区教研需要从促进教师专业成长出发,借助"同课异构"这样一种课堂教学案例研究,开展备课、"磨课"、"悟课"、集体"会诊"、连续干预,在常态的教学中发现问题、研究问题,不断地改进教学实践、优化教学策略;引导教师参与案例研究,撰写案例分析,阅读、吸收、借鉴他人的教学案例,从实践经验中去感悟、体验、省思、内化,提高处理教材、优化教学等方面的能力,并逐渐形成自己的课程观念、教学主张和教学风格。

(三)以课题研究为载体,提高教师科研素养

课题研究是片区教研工作的一项重要内容,也是提升教师学科素养的一项重要举措。因此,片区教研应立足于教师的专业成长,树立"问题即课题、过程即研究、效果即结果"的科研思想,既要从大的教育理念着眼,也要从具体细微的教学问题着手,以课题研究为载体,以课堂为主阵地,以行动研究、叙事研究为主要的研究手段,努力创造一个求真、务实、严谨、和谐的教育科研氛围,引领教师开展形式多样、层次丰富的教研活动,促使教科研工作走上常态化、自主化、互助化的良性循环的轨道。要达成这一目的,一是要坚持问题导向和需求导向,通过融合式、浸泡式教研活动的开展,引导、帮助教师将影响教育教学活动质量的共性问题转化为有价值的研究课题,通过课题研究,把教育科研与改进自己的教育教学的工作有机地结合起来,既可以使课题研究更有针对性和实效性,又能培养教师的课题意识;二是要抓住课题研究的开题论证、年度检查、中期评估、结题评奖等研究环节,为教师搭建参与式、实践式培训平台,使教师在研究的实践中掌握课题的确定、研究方法的选择、研究方案的制定、实施思路的设计、信息的收集与处理、结题报告的撰写、成果的应用与推广等研究方法与技能,从而提高教师的课题研究水平和科研素养。

片区教研既较好地弥补了校本教研规模较小、师资力量薄弱、专业引领不深的不足,解决了县(区)级教研交通不便、活动规模过大、计划性或系统性针对性不强等问题,在促进区域教育均衡发展中找到了两者之间的结合点、平衡点和突破

点，同时又能有效地把教师从相对孤立、封闭的环境中引领到开放的、广阔的天地里，增强了教师之间的互动、对话和协作的意识，为实现其自身专业成长提供了更宽广的平台。由此，我们可以预见，随着课程改革的不断深化，片区教研必将成为区域教学教研发展的一个重要方向。

第二节　发挥名师工作室作用，打造骨干教师队伍

我国名师工作室，始建于21世纪初的上海高等院校，最初称为"名教师工作室"。从星星之火到燎原之势，只不过是短短的十来年而已，名教师工作室已逐渐延伸至基础教育，遍及全国中小学，成为培养中小学骨干教师的摇篮。作为新课程改革和发展过程中涌现出来的名师培养的新形式，它以名师为引领，以研究为核心，以学科教学为纽带，以发展为旨归，既打破了学校、区域的限制，又改变了传统作坊式"师傅带徒弟"的套路，形成了融科学性、实践性、研究性于一体的区域教师研修、发展的共同体。这对于改善教师的成长环境，提升本学校、本地区的教育教学品质，都具有不可替代的作用，甚至可以说，名师工作室已成为广大教师尤其是骨干教师希望拥有、希望栖息的精神天堂。

一、名师工作室的性质与特点

名师工作室是因应新课程改革需要，同时顺应素质教育发展趋势，由教育行政部门牵头、统筹之下组建而成的。作为教师专业发展的高端平台、学科教学思想孕育的孵化器，名师工作室既不属于学校的行政机构，也不是纯粹的民间学术组织，亦官亦民，非官非民。正是因为如此，名师工作室具有自己鲜明的特质与运作的方式。

（一）名师工作室的性质

"中小学名师工作室"或曰"名教师工作室"，各地的称谓可能有所不同，但一般都是以名师为品牌，基于全员提高之目的，由一批有共同教育理想和教育追求的同一学科的骨干教师、教坛新秀等所组成的学术性组织。它是学校乃至当地教育教学资源的集聚点、创生地和骨干教师集体成长的家园。目前，我国中小学名师工作室按照研究任务的不同大致分为两类：一类是以某一名师为核心组建起来的，这类工作室往往以首席名师的名字及其专业特色来命名，主要任务是以名师的教育思想或者教学特色影响、带动其他教师，促进工作室全体教师的专业成长；另一类是由骨干教师团队组成的"研修工作室"，这类工作室是因研究主题及其研究方向凝

聚在一起的，并通过合作研究以达成共同成长。这两类工作室尽管研究任务各有侧重，但其基本功能都是搭建教师成长平台，拓展名师发展空间，开展学科教学示范，促进本校乃至本区域教育教学的良性发展。

名师工作室作为一个学习型的组织，由首席名师、成员、学员组成，人数一般为 20～30 人，主要以区域同一学科教师的名教师、骨干教师为主。首席名师是工作室的灵魂，负责制定该室的发展规划、教学示范与理论指导；成员辅助首席名师处理日常事务，指导学员学习；学员以自愿的方式报名入室，通过遴选确定。名师工作室，是一个名副其实的专业发展共同体。

（二）名师工作室的特点

不同的名师工作室由于其功能定位、组织形式乃至名师的爱好特长、才化禀赋等方面的差异，存在着各自的特点或不同的个性特征。但总的来说，中小学名师工作室主要价值取向基本是一致的，都是在名师的组织和指导下，通过对话、合作、共享以促进工作室全体成员的专业成长，提升本校乃至本区域学科教学的专业品质，因而又具有共同的特点，概括起来主要有以下几个方面。

1. 研究性

名师工作室是一个学术性组织，而非教育行政机构，故而日常一切教研活动都难以用行政化的思路进行组织、开展、推动。要达成全体成员的共同愿景、发展目标，就必须确立"工作即研究，研究即工作"的发展理念，并内化在日常的工作和研究之中，围绕存在于各成员之间或本区域性范围之内的教师所面临的教育教学中的热点、难点问题，开展小型、多样，有针对性的教研活动。通过资源集结、智慧汇聚、课改实验，着力解决在真实的教育教学情境中发现的具有共性或典型性的问题，重构、修正和优化教与学的理论与方法，研究、探索、提升教育教学质量的有效路径，在共同的研究中实现个人的人生价值。

2. 引领性

名师工作室的首席名师或主持人一般都是本区域、本学科的领军人物，具有丰富的教学经验、深厚的学科素养和丰硕的教科研成果。工作室的成员基本来自本校或本区域的学科教学、教研骨干。作为工作室的领衔名师，不仅要视工作室成员不同的文化背景、学术素养、教学风格实施差别化指导，引领工作室全体成员学习、研修，将他们培养成为新课程改革的先行者和学科专业的带头人，更应当在当地教研部门的统筹、协调、指导下，以自己先进的教学理念、丰富的教育理论、精湛的教学技艺做好专业指导、技能示范，促进本地区学科教育教学工作的有效开展，引领本校、本区域的行业发展，提高学校以及当地的教学品质。

3. 协作性

名师工作室集教学、科研、培训等职能于一体，既是教育科研的团队，也是教育教学实践的共同体。各成员之间既要保持个人独立的个性、独特的风格，"和而不同",用个人话语、叙事方式表达观点,又要有共同的理想愿景、文化精神,彼此认同、相互尊重,通过智慧集结、优势互补,共同探索提升教育教学质量的有效策略。同时,作为当地的学科教学教研领域的领头雁,也应发挥自身的优势,充分挖掘、释放名师及工作室全体成员的潜能,与所在区域的教育行政部门、学校建立协同机制,在教师培训、课题研究、课程建设、资源整合等方面联合开展研究与实践,共育名师,共享成果,携手进步。

4. **发展性**

发展是名师工作室最核心的目标,也是全体工作室成员乃至当地教育教研部门共同的美好愿景。这种发展主要体现在两个方面:对内,通过专家讲座、理论学习、课题研究、课程开发、教学指导等形式凝聚、引领工作室全体成员的发展,这是工作室作为教师专业发展平台存在的基本价值;只有当工作室全体成员包括"名师"都获得了较好的专业成长,才能更好地借助其自身的专业优势,为工作室所在的学校、区域培养学科带头人,锻造教学名师。对外,借助网络辐射、跟踪反馈、名师讲坛等方式,带动当地一批优秀教师梯队发展。满足工作室全体成员的成长与发展固然必要,但这还不是名师工作室组建的最充分的理由和最终目标,只有进一步发挥工作室的示范、辐射、引领作用,将其产生的成功经验、智慧、成果传授和复制到周边学校,将其先进的教育教学理念用于本区域教师的实践,实现对师生多层面的提升、对学校全方位的引领,聚力改变所在区域教学、教研生态,促进城乡教育的优质均衡,才能最大限度地放大名师工作室的效应,产生最大的效益。所以说,发展是名师工作室最基本的特质,也是其最重要的使命与责任。

二、名师工作室的专业发展思路

名师工作室是新时代创新区域教研中的一个新生事物,也是促进本区域基础教育内涵建设、质量提高的有效途径,因而,要立足工作室的实际,设立清晰的发展目标,并通过这一平台,拓展区域教研思路,定向发力,精准施策,谋求教师、学生、学校的共同发展,专注于目标的实现。下面,我们仅从专业的视角阐述名师工作室发展的思路。

(一)根植课堂实践

基础教育改革成败的关键是教师,而教师能否将先进的教育理念转化为具体的教学行为主要是看课堂的教学实践,因为课堂是学生学习、成长的场所,也是教师实现立德树人的主渠道。中小学名师工作室与高等教育的名师工作室在职能上有所不同,其主要工作是培养学生。因此,中小学名师工作室只有以课堂为主阵地,以教学为突破口,根植于课堂实践,引导全体成员研讨教材、钻研教法、规范教学、凝练风格,开展同课异构、典型课例研究,定期举办课例展示活动,把日常教学研究融入备课、说课、上课、观课、评课的全过程，重点解决课堂教学中存在的问题，转换行为方式，改进教学实践，例如教学环节烦琐、学生自主学习时间不充分、小组活动"伪合作"、学科核心素养落实不到位等问题，才有可能在发展学生的同时获得源源不断的发展动力。而且在课堂实践中，每一位成员都应正视自身存在的问题与不足，通过观摩、省思、交流、对话、研讨等活动，不断地寻找课堂教学的真谛，探索高效课堂的内在机理，分享彼此的收获与经验，打造富有个人特色的课堂教学风格。这是中小学名师工作室得以实现自身专业发展的有效途径。

(二) 开展教育科研

教育科研是教师专业成长的不懈的动力，也是教师对教育现象的把握从感性认识上升到理性认识的必由之路。因此，名师工作室的日常工作，不宜仅停留于教学的实践行动，而更应基于工作室成员、所在学校的师生以及学校可持续发展的需要，改善和创新教研机制，构建教育科研共同体，引领工作室全体成员边学习、边研究、边实践。一是要自觉地以新课程改革的理念去反思自己的教学实践，分析自己的课堂，研究自己的教学，将一些困扰教师进步、学生成长、学校发展的问题转化成研究的课题，以常态化的教育科研促进工作室的内涵式发展；将先进的教学理念融入课堂教学中，变成自己的教学行动，以提升自身的教学水平，凸现教学风格，打造工作室的特色与品牌。二是要以校本教研为基础，以行动研究、叙事研究为主要形式，以提升区域内学校教学质量为目标，从师生的成长、学校的可持续的发展需要着眼，开展真研究，研究真问题，寻找理论与实践的结合点与生长点，形成专题学术成果，并着力将工作室的研究成果进行转化与推广，构建可用性、复制性的基本范式，让研究成果真正落地生根，开枝散叶，为区域教育发展奠基，为师生的成长服务。

(三) 打造精品课程

中小学名师工作室不仅是课程的实施者，更应是课程的开发者和建设者，成为精品课程建设的标杆与示范。基于此，工作室应充分挖掘区域文化资源，盘活积淀的传统文化，最大限度地让优质资源"活"起来、课程开发领域"宽"起来、学校发展的生长点"链"起来。在此基础上，积极推进与区域学校之间的交流合作、优势互补，打造优质课例，通过聚集、连缀、融合、凝练，逐步形成具有工作室特色、学校特色、区域特色的课程系列，并渗透到校本或地方课程的框架之中，为学生的全面发展和个性发展提供优质的课程。例如，笔者所在的清远市师范学校附属小学的"黄雪雁语文工作室"，就是借助清远市师范学校这一深厚的文化背景，找到文化与育人的契合点，建设起艺术和人文相结合的校本课程。又如，清城区新北江小学的"阮燕萍班主任工作室"，在"润泽生命"教育的理念下，有机整合校内外优质资源，积极开发校本课程，并与国家课程、地方课程进行合理对接，构建

"以生为本，宽基础、多层次"的"善智文化"德育课程体系，致力培养志向高远、智慧灵动、举止优雅、体魄强健、劳技双馨的"新北江少年"。

（四）形成示范辐射

我国中小学名师工作室通常都是由各级教育行政部门牵头组织遴选、组建的，其建设的初衷是通过整合本校、本区域的优质资源，打造学科教学、教研高地，引领当地教师的专业化发展。因而，名师工作室不仅要实现自身的专业发展，更应成为当地教育资源建设的基地和名师成长的摇篮，有责任、有义务把促进本区域的教学改革和教师的专业成长作为自己的神圣使命，搭建高端的交流和合作平台，通过推广示范、学术讨论等活动将所取得的教学、教研成果传播到更大的范围、辐射更多的学校、惠及更多的教师，为区域的教育发展注入新的活力。例如，定期组织"名师在线"服务，举办研讨会、报告会、学术论坛、专题讲座等活动，展示工作室的研究成果，等等。必须充分发挥工作室的资源优势、技术优势、人才优势，协助当地学校、教育行政部门举办学科培训、专业进修、教学示范等相关事务，引领学科课程改革，培养教学骨干和学科带头人，以此回馈社会、反哺后进，为学校乃至本区域教育的可持续发展提供人才与技术支持。

三、以名师工作室引领教师专业成长

中小学名师工作室作为学术性的学习共同体，聚集了当地一批有共同理想和追求的优秀教师。其中，首席名师尤为突出，不但具有先进的教育理念、卓越的教学能力，而且具有为人师表的影响力和示范性，在引领工作室成员实现自我发展的同时，通过工作室的巡回辅导、专题讲座等方法和途径助推区域教师的专业发展。

（一）以团队文化提高教师道德素养

名师工作室固然是以教学改革为重点，以课题研究为载体，围绕教师成长这一目标开展工作，但教师的专业成长更需要先进思想和崇高精神的引领。因此，工作室必须要把教师的职业理想、道德修养、团队文化建设摆在首位，加强教师的职业道德建设和理想前途教育，将其贯穿并落实在日常的教育教学及教研工作之中，不断提高全体成员的道德素养，着力培养胸有大志、心有大我、肩有大任、行有大德的优秀教师。再者，教育的本质是一个灵魂唤醒另一个灵魂，因而它需要教师用一片赤诚之心培育人、高尚的人格魅力影响人、崇高的师德塑造人，这就要求名师工作室的名师、学科带头人，不仅要在教育教学实践中强化自我修炼，提升执业水平，专注专业成长，以渊博的知识、精湛的教艺引领本区域教师的专业发展，更要始终不渝地树立为人师表的意识，不断增强社会的责任感和历史的使命感，以自己的人格力量、道德情操，深刻地影响本区域的教师，成为教师精神成长可靠的引路人。

（二）以合作学习提高教师学科素质

教师的成长一般都要经历新入职教师、青年教师、普通教师、骨干教师和专家教师这五个职业阶段。在这个过程中，每一位教师都有其独特的生活、学习、成长经历和教育、教学经验，并由此形成鲜明的个性化的知识结构、思维方式以及信念体系。这种差异性和多样性，使名师工作室成员的个体心理有着本质的区别，而且其智力、水平也会受到影响而有所不同，以致在教育、教学及教研等方面，既有各自的优势与长处，也存在各自的问题与不足。正如苏霍姆林斯基所言：任何一位教师都不可能是一切优点的全面体现，每一位教师都有他的优点，能够在精神生活的某一个领域里比别人突出、更完善地表现自己。[①] 而基于专业成长的需要，他们势必要建立起互利互惠、优势互补的双赢格局，祈求通过集体的方式迅速地传递专业知识，分享彼此的经验。在这样一个不同质性的群体里，每一个成员都有自己的思想和看法，并渴望在问题的交流与思想的碰撞中取长补短，启迪思维，找到提升学科素养的支点，实现自身专业发展。另外，名师工作室作为一个开放、合作、发展的学术团体，集教学、课题研究、理论学习、学术研讨、教师培训于一体。在这里，既有名师专家的思想引领、理论指导与技能的示范，也有同伴之间的质疑、问难、学术争鸣，每一位教师都有机会在名师工作室这个舞台上通过自己的努力进行展示与发展，这就为教师提升自身的学科素养提供了着力点。

（三）以课题研究提高教师科研水平

中小学名师工作室作为一个学术共同体，其主要任务是通过开展课题或专题研究解决教育教学实践中的问题，为教学服务，为学生的发展与成长服务。而要开展研究，每一位教师都需要学习教育教学理论，需要对教育教学中发生的各种教育现象进行细心的观察与思考，需要对课内、课外存在的或发生的教育事件进行认真的审视与分析，需要对以往的教育教学经验、失误进行积极的梳理与总结，需要对教育教学规律进行理性的探索与把握。在这个过程中，工作室里的每一位教师都会在导师的指导下学会如何选题、找准研究的切入点和突破口，如何设计研究方案、优化研究程序和研究方法，如何分析实验数据、揭示内在的机理和规律，如何撰写结题报告、凝练课题成果和经验。此外，在教育教学研究中，工作室各成员也会通过相互学习、相互研究、相互启发、相互补充，实现思维、智慧的碰撞，完善知识结构，增进实践能力，产生新的智慧和新的思想。而有了专家的纵向引领，有了成员间的横向交流，教师的科研视阈就会在与导师的指导和同伴的互动中日渐开阔，科研水平就会在实践中得到进一步的提高，从而成为新课程的研究者和创生者。

---

① [苏] 苏霍姆林斯基：《给教师的建议》，杜殿坤编译，教育科学出版社1984年版，第6页。

第十章 教育信息化背景下的教师专业发展

　　云计算、人工智能和"互联网+"的普及与应用,不但成为当今经济活动和社会生活重要的技术支撑,而且作为先进生产力的代表深刻影响着人类行为方式、思维方式的变革,促进了社会的发展和文明的进程。南京大学教育研究院桑新民教授曾指出:"信息技术的飞速发展,必将促使我们传统社会的'读、写、算'三大文化基石发生巨大的裂变。"教师是教育之本,作为知识的传播者和人类文明的引航人,必须因时而变,顺应"互联网+教育"发展的需要,自觉地将提升信息技术的应用能力看成是一个贯穿职业生涯始终的实践过程,不断完善与自己专业发展相适应的知识结构,实现专业化发展。

第一节 信息技术、教育信息化含义

20世纪末，随着信息技术的蓬勃发展，教育信息化亦随之应运而生，而且成为教育现代化的重要标志。然而，关于"信息技术""教育信息化"的含义，迄今为止，学界尚未有一个权威的、统一的说法。

一、信息技术的含义

信息技术即 IT，英文全称为 Information Technology，是指用于处理和管理信息所采用的各种技术总称，主要包括计算机与智能技术、通信和传感技术。信息技术的词语最早出现在1958年《哈佛商业评论》的一篇文章中，但是，纵览人类文明的历史，我们可以发现，信息技术在其漫长的发展历程中至少经历了五次巨大的变革。

第一次发生在4000多年前巴别塔时代，以语言的产生和使用为特征。语言的出现，是人类社会发展史上的重大事件，也是历史上第一次而且是最伟大的一次信息技术革命。

第二次始于公元前14世纪，以文字的产生发明为特征。文字的发明为人类提供了精确记载历史的工具，促进了信息的传递与交流，标志着人类已告别了蒙昧，阔步地走向文明。

第三次产生于11世纪的中国，以活字印刷发明为特征。印刷术的应用，是人类历史上重大的文明成果，其不但促进了教育的普及与文化的交流，而且成了助推信息技术发展新的引擎。

第四次出现于19世纪，以美国人亚历山大·贝尔于1876年发明了电话为标志，这是通信发展史上最具有里程碑式的事件。随着欧洲工业革命的完成，广播、电报等传播工具的先后诞生，加快了信息技术革命的步伐，使全球信息共享成为了现实。

第五次形成于20世纪40年代，以电子计算机的出现为特征。通信卫星和电子计算机的问世，宣告着以智能制造为主导的新一轮信息技术革命的正式到来，使信息的采集、存储、编辑、处理以及应用等方面达到了空前发达的程度。

五次信息技术革命虽跨越了数千年，但每一次都对人类社会的发展与文明的进步都产生了巨大的推动作用。

信息技术虽然是当今社会使用频率颇高的词汇，但对于它的概念内涵，学者们迄今仍然众说纷纭，有着不同的看法。其中，影响最大的是联合国教科文组织所给出的解读："信息技术是指应用在信息加工和处理中的科学、技术与工程训练方法和管理技巧；这些方法和技巧的应用、涉及人与计算机的相互作用，以及与之相应的社会、经济和文化等诸多事物"①。但是，随着信息技术的发展与进步，人们对信息技术的认识、理解、研究也越来越深入，于是有学者从信息技术的本质上加以进一步的引申、演绎，导出了"三义"说，即从广义、中义和狭义三个层面进行系统、全面的解释。他们认为，广义的信息技术，指的是对信息进行采集、传输、加工、存储和表达的各种技术之和；中义的信息技术，是指对信息进行采集、传输、存储、加工的各种技术之和；狭义的信息技术，指的是利用手机、计算机、网络等各种硬件设备和软件工具及科学方法，对图、文、声、像进行获取、加工、存储、传输与使用的技术之和。

其实，在现实生活中，人们更多的是从功能和属性来对其进行界定。目前，国内比较流行的说法主要有以下几种。

信息技术是指在计算机和通信技术支持下用以获取、加工、存储、变换、识别、控制和显示各种介质的技术的总称。

信息技术是指能够扩展、延伸人类信息器官功能的技术的总称。

信息技术是管理、开发和利用信息资源的有关方法、手段与操作程序的总称。

上述三种提法或从使用目的、范围考虑，或从使用的层次着眼，但所要表述的内容基本是等价的，都试图从功能的维度揭示信息技术的本质内涵。

二、教育信息化的含义

教育信息化始于20世纪90年代，1993年美国政府公布了建设"国家信息基础设施"计划，1996年美国彼时的总统克林顿又在此基础上提出《总统教育技术倡议》，把发展以计算机教育为中心的教育信息化教育作为其未来教育改革的主体目标和重要举措。随后，中国、日本、法国等各国积极响应，相继制定了本国教育信息化的发展蓝图，于是一场信息技术教育革命的浪潮在世界悄然涌动。20多年来，教育信息化发展虽然方兴未艾，如火如荼，但是在广泛的教育实践中人们所使用的"教育信息化"概念在内涵和外延上仍存在着较大的争议，从而出现了不同的理解和诠释。

华南师范大学教授李克东认为，教育信息化是指在教育与教学领域的各个方面，在先进的教育思想指导下，积极开发并充分应用信息技术和资源，培养适应信息社会需求的人才，以推动教育现代化的综合工程。

亚洲幼教年会副主席史治国博士认为，教育信息化是由信息技术的持续发展而

---

① 联合国教科文组织、国际教育发展委员会：《学会生存：教育世界的今天和明天》，教育科学出版社1996年版。

引发的教育变革,是现代教育技术发展过程中的一个阶段。

上海师范大学教授黎加厚认为,教育信息化是以现代化信息技术为基础的新教育体系。

凡此种种,不一而足。

上述定义虽然从不同的角度或多或少地对教育信息化概念的核心要素进行了说明,但其技术化倾向十分明显,缺少了从社会学的视角加以审视,忽视了教育信息化的终极追求乃是为人类的发展与幸福服务,有失之于片面之嫌。

我们认为,教育信息化就是信息化教育,应该兼具"教育"和"技术"两种不同的属性,不能纯粹地从"技术"这一层面加以定义,而必须考虑到教育的社会性这一维度。基于这样的认知,我们尝试作一界定:教育信息化,是指教育系统的各个领域在国家及教育部门的统一规划和组织下,全面、深入地应用现代信息技术,培养适应信息社会需求的创新人才,以促进人类文明的进步与幸福的系统工程。

第二节　教育信息化给教师专业发展带来的挑战

我国教育信息化始于20世纪80年代的初期,但真正将信息技术作为一种工具与学科课程教学融为一体,却是在80年代的中后期才开始。尤其是在彼时"计算机与基础教育结合是国际教育发展的趋势"口号的提出,更是吹响了我国基础教育信息化改革的号角。教育信息化的蓬勃发展,对教师专业发展而言,既是机遇,更是挑战。

一、教师教育观念受到挑战

长期以来,中小学教学的领域一直处于半封闭乃至全封闭的状态,教师近乎成了学生学习的唯一知识源,从而造成了课堂教学师生之间不平等的主从关系、授受关系。但是,在教育信息化时代,学生获取"道"的路径已不再局限于教师,无形中颠覆了传统教育中"教师讲—学生听"这种以教师为主导的持久不变的教学模式,使两者在真正意义上成为一种主体间平等互动的关系,突破了持续两千多年的"师道尊严"师生心理行为规范与社会价值观念。教育信息化带来的巨大冲击,必然要求教师解放思想、更新观念、主动作为,自觉而积极地面对信息化、人工智能化的挑战,努力使自己成为教育信息化改革的思想进步者和实践先行者。众所周知,观念是行为的先导,正确的教育思想、先进的教学理念是教育者一切有效行为的基础与前提。试想,教师如果因循守旧、墨守成规,以"填鸭式""题海式"

"放养式"等陈旧、落后、僵化的教育思想和教育理念来教育人、发展人，如何能以教育的信息化带动教育的现代化，实现个性化教学，培养出"面向世界、面向未来、面向现代化"的社会主义的接班人和建设者？然而遗憾的是，目前我国仍有不少地方的中小学教师教育观念严重滞后，对教育信息化的教育特点、教育模式、教育规律以及发展前景缺乏足够的认识与深入的了解，以致不愿、不敢、不会借助信息技术整合学科教学内容，改变学生学习方式，提高课堂教学效率。所以说，观念问题、认识问题，乃当下进一步推进我国中小学信息化教育的最大障碍之一。

二、教师知识结构有待完善

随着信息技术的迭代开发、优化升级，计算机网络开放、互通、可移植等优点越发突出，这不但改变了时空结构，打破了学习资源的局限，使学生获取知识的渠道逐渐变得更为宽广、多元，而且使在线学习跨越了时空，为自主学习提供了不受任何时间、地点限制的条件，从而改变了学习者的认知方式和学习形态，让千百年来人们所憧憬的"弟子不必不如师"这一美好愿望最终有实现的可能，在真正意义上使师生成为一种主体间平等互动的关系。而随着教师话语权的降低，教师作为薪传者、承载者的传统职能渐次弱化乃至快速流失，其教师的角色势必会被重新定义，这种角色的转变又必然对其现有的专业素质、专业能力提出了新的要求与挑战。因此，任何一位身处教育信息化时代的教师，无论是否具有专业发展的自觉，都不能罔视信息技术的发展与普及对教育教学所产生巨大的影响，而必须与时俱进，把握时代脉搏，聆听时代声音，自觉运用信息技术开展学习，进一步优化知识结构，努力地让自己破茧成蝶，实现蜕变，成为一名新时代的合格教师，以善感的心灵、丰富的学识、精湛的教艺满足信息化环境对教师立德树人、授业解惑的职业要求。

三、教师教学方式遭受冲击

教育信息化的到来，使支撑教学方式变革的装备大量涌现，有效地扩展了人体的手、口、眼、耳、脑功能，并宣告了"一支粉笔、一块黑板、一本教材"时代的终结。而由信息技术、人工智能衍生出来的合作式教学、项目式教学、探索式教学和情景式教学，对教师原有的教学方法和教学技能带来巨大的冲击：教室不再是学习的唯一场所，教师不再只是知识传递的"教书匠"，教材也不再是教学仅有的范本。无疑，这是一场真正触及思想、灵魂的教与学方式的深刻革命。面对这样严峻的挑战，教师决不能漠视无睹、无动于衷或袖手旁观，而必须及时地作出回应，主动地转变育人观、教学观，积极地拥抱信息化新时代，以改革者的姿态迎接挑战；要立足学生认知水平和发展要求，自觉地运用信息技术赋能，重构学习空间，重组课程资源，重塑课堂模式，再造教学流程，实现课堂教学方式的变革与创新，以促进信息技术与教育教学深度而高质地融合。

四、教师创新能力亟待提高

目前，我国基础教育最大的症结是教师创新意识不强，创新热情不高，创新能力不足，由此也导致不少教师丧失了个性与自我。教育信息化的本质，就是人的现代化，而创新是实现人的现代化的基础与保障。面对问题和挑战，任何一个有责任感、使命感的教师再也不能不正视现实、原地踏步，更不能始终停留在"教书匠"的圈内，墨守成规，裹足不前，而必须要调整好心态，通过在职培训、自我研修等多种途径提升自身的创造能力和创新品质，与改革同行，与时代共进，与教育信息化发展同步。老师必须学会运用大数据对教学过程数据和行为数据进行精准分析，破解日常教学实践中教师仅凭主观经验来分析教情、学情的局限，以改进教学策略，优化课堂生态，真正"让课堂革命在主战场规模化、常态化、持续性的运用中发生"[①]；必须因应信息技术发展所带来的变化，根据学生的个性特点、个体差异，有机地整合课程资源，创造性地开发出符合学生认知特点的校本教材，因材施教，促进学生的知识构建和思维发展，为每一个学生的个性化成长打开广阔的空间。

第三节 教育信息化背景下教师专业发展的机遇

教育信息化的迭代发展在严峻地挑战着教师专业素质的同时，我们也应该看到，信息技术所构筑的网络化、数字化、智能化的学习环境，注定要改变传统的教学手段和学习方式，促使人类获取信息、交换信息、扩散信息的渠道与速度都发生了前所未有的急剧变化，从而内在地加速了教师专业发展的进程。作为一名新时代的教师，必须因应科学技术发展变化，借势而进，顺势而为，紧紧抓住教育信息化所带来的契机和条件，提升专业素养，完备专业技能，以促进自身的专业发展。

---

① 王创：《以数字教材规模化应用，促进信息时代的"课堂革命"》，载《教育信息技术》2019 年第 1-2 期。

一、信息化实践有益于提升教师教学能力

"互联网+教学"是一种无围墙阻隔、无时空限制、泛在教与学的教育新形态。它以技术赋能为手段,创设"直观化、形象化和互动化"情境式教学,通过重塑、重构教学流程和方法,优化课堂教学结构。因此,教师当应紧紧抓住信息化运用所带来的契机,不断提高自身的教育教学能力。

(一) 有益于教师培养学生的学习兴趣

孔子说:"知之者不如好之者,好之者不如乐之者。"可见,学习是一项艰苦的脑力劳动,而要变"苦学"为"乐学",让每一个学生的深度学习都能真正发生,就必须激发学生学习的动力,培养并维持其持久的学习兴趣。正如苏霍姆林斯基所说:"兴趣的源泉还在于运用知识,在于体会到智慧能统帅事实和现象,人的内心里有一种根深蒂固的需要——总想感到自己是发现者、研究者、探寻者。"[①] 而信息技术恰恰能以其得天独厚的优势帮助师生建设以技术为辅助的教学场景和学习场景,让每个学生都能增加更多沉浸式的学习体验。因为PPT、FLASH等计算机软件制作的教学课件、视频,集图像、声音、文字等于一体,具有情境化和形象化等特点,可以根据学生的兴趣变化模拟现实环境,设计课堂教学,充分调动学生学习的积极性、主动性,例如在设计教学画面时,可以通过色彩的搭配、亮度的明暗来增强情境的真实感,来促进学生智力活动的展开,或者改变解说的声音和配乐的强弱,对学生进行多感官刺激,激发学生认识事物、感受世界、发现知识的兴趣,培养学生自主学习的意识和情感。

(二) 有益于教师突破教材中的重点和难点

课堂教学中信息技术的运用,不仅能创设课堂教学情境,把学生的听觉、视觉、感觉等多种感官调动起来,协同参与认识活动,促进心理内化,弥补传统教学感官参与之不足,而且有助于拓宽知识呈现的深度和广度,突破教材中的重点与难点,提升课堂的效率。众所周知,一堂课成功与否的关键是看能否突破教材中的重点、难点。信息技术的应用,能将这些抽象的概念或难以理解的内容进行形象化的处理,把这些难以觉察的事物充分展现在学生面前,以达到最佳效果。从"教"的层面而言,运用信息技术进行教学,可以化动为静,化隐为显,化抽象为具体,化繁杂为简易,使复杂的、深奥的教学内容变得简明、浅显,既有助于教师把教材中的重点和难点讲清、讲透,便于学生理解、消化、吸收,又能延伸拓宽教学的时空度,从而达到教学过程的优化;从"学"的层面来看,信息技术的运用不但缩

---

① [苏] 苏霍姆林斯基:《给教师的建议》,教育科学出版社1984年版。

短了学生认识客观事物的时空,扩大了教学信息的传递速度和时效,而且有利于学生通过形象、直观的场景快速地找到事物之间内在的逻辑联系和本质联系,突破学习的难点、重点,从而使复杂的、艰苦的认知学习变得轻松一些、快意一些。

(三)有益于师生双方的有效互动

课堂教学是师生共度的生命历程,师生互动、沟通应该成为课堂教学的主线。《基础教育课堂改革纲要(试行)》对教学过程提出了明确的要求:"教师在教学过程中应与学生积极互动、共同发展,要处理好传授知识与发展能力的关系,培养学生的独立性和自主性,引导学生质疑、调查、探究,在实践中学习"。但在传统的中小学课堂上,教师作为主要的教学源,习惯灌输式的教学方式,习惯控制着学生对信息的访问与获取,甚至由于观念、技术等诸多因素所限,即使想改变这种关系,也往往难以奏效。信息技术的介入,不仅打破了传统教学"以教师为中心"的陋习,而且改变了师生互动的载体及相处的模式,实现了对课堂新型师生关系的多渠道、多载体、多场景的构建。例如,交互电子白板的教学应用,促成了师生无缝交互和零距离对话,达成了互动的默契与高效;电子书包的发展,最大限度地减少了思维外在的屏障,使师生双方的交流更加顺畅、广泛,也更具有平等和针对性。更可贵的是,在这样一个民主、和谐、温馨的课堂上,师生之间传统的主从关系、授受关系已相互交融,甚至不复存在,教师不再是课堂的控制者,而是学习的引导者。通过信息、技术手段,可以帮助学生获得、解释、转换信息,促进学生学习;学生也不再是学习的受体,而变成了课堂的主人,他们可根据自己的学习需要,或独自思考,或与同学交流,甚至还可以主动地以教材内容作为谈资和话题,与教师进行真正平等的对话、交流研讨,共同生成新的文本与构造新的意义。而师生双方内心的敞开与释放,才有可能达成教与学浑然一体、师与生心心相印,最大限度地实现由单向度的知识生产到双向度知识共享的转化。

(四)有益于教师提升课堂的教学效率

荀子曰:"假舆马者,非利足也,而致千里;假舟楫者,非能水也,而绝江河。君子生非异也,善假于物也。"中国古代的哲学智慧告诉我们,人的力量总是有限的,不可能包打天下,若要将不可能变成可能,光凭个人的努力恐怕是远远不够的,还须审时度势,借助外界力量,顺势而为。教学亦是如此,在这个善假于物的时代,要提升课堂的教学效率,教师除了要夯实学生的基础知识、基本技能,训练学生思维,促进其知识的内化外,还得充分利用好大数据、智能技术,改善课堂的教与学策略。众所周知,信息技术具有开放、共享、快捷、直观等特点,如果教师能立足学科教学与学生发展的实际,合理地将信息技术与课堂教学结合起来,运用互联网的思维、技术对教学模式进行合理的重塑,不仅能有效地拓展课堂教学的空间,把课本知识延伸到课外,扩大课堂的容量,而且还可以借助视频、音频、

MR（混合现实技术）等多种现代信息技术，模拟现实语境，把学生置于具体的、特定的教育教学情景之中，或将抽象的知识直观、形象地作用于学生的感官，增强学生的良性教学体验，以此改善学生的认知行为，加快知识传递的速度，缩短从形象思维到抽象思维的过程，有助于提升学生思维训练的质量，从而实现知识到能力、技巧到素养的跃迁。

（五）有益于教师实施个性化教学

每个学生或因先天条件不同，或因后天培养差异，有所能，也有所不能。因而，"教育应当致力于个性化的全面发展"，便成为一切教育的价值追求，成为人类自有教育以来最大的梦想。但长期以来苦于种种原因，尤其是教育教学手段的落后，人们所期盼的美好愿望一直难以实现。近年来，随着信息技术的发展与进步，知识传授的形式发生了结构性的变化，这为教师开展个性化教学提供了技术支持和解决的方案。例如，教师可以将大数据、人工智能、VI（视觉设计）、AR（虚拟现实技术）等多种新技术融入教学过程中，通过对学生的学习行为及过程化数据进行关联分析，及时地对学生的学习能力、困惑、效果等作出准确的预判，并根据不同学生的个体差异以学定教、量身打造个性化的学习内容，从而实现真正意义上的个性化学习。又如，课程平台引入教学后，所有课堂讲授的内容都可以视学情的需要采用微课视频的方式置于网络平台上，将部分课堂讲授转移到线上进行，颠覆了传统教育必须在教室完成的认知。这种线上、线下混合式教学，既提高了课堂的效率，也克服了传统教学不可能对每一个学生传授不同类型知识的短板，为不同认知风格的学生提供更有针对性和差异化的教学，并最大限度地满足不同层次学生的学习需求，从而促进了学生的创造性和个性化的发展。

二、信息化实践有益于提升教师班级管理效能

班级管理，是学校管理的一项重要内容，也是保证学校教育教学活动正常、有序开展的一个必不可少的环节。它不但能树立良好的班级风气，营造健康向上的成长氛围，还能将立德树人的目标落实到每一个教育教学活动中，实现全过程、全方位育人。但是，班级管理所涉及的项目众多、范围很广，例如出勤管理、作业管理、考试管理、奖惩记录以及德育综合评价等。如此繁杂的数据采集、录入、统计与分析，光靠传统的人工操作，且不说效率低、效果差，还无端地浪费了教师的大量宝贵时间，影响了教师的备课、上课，以及课后对学生辅导的质量。然而，有了网络信息技术的支持与协助后，班级日常管理便可以实现数字化、信息化，从而把教师从烦琐和低效的日常事务管理中解放出来，有助于教师指导学生学习、引领学生成长。例如，建立日常事务管理数据库，将班级学生的各种信息和成长记录进行系统、全面的记载，实行动态、实时管理；运用微信、QQ、博客和E-mail、钉钉

等社交工具，不但免去了家访、校访等诸多不便，而且促进了家校沟通，实现协同教育，强化育人合力，创造良好的教育教学环境；开设网络心理辅导平台，建立师生对话、交流的稳定渠道，可以及时了解学生的内心需求和心理变化，帮助学生解决学习中的困扰与个人成长中的困惑等心理问题；等等。如此，各项管理资源、要素和环节经过相互融合，达到了整体的优化，最终成为一种教育的有效力量。

三、信息化实践有益于提升教师的教育科研能力

随着信息技术的迅猛发展，大数据、人工智能、5G技术等所具有的强大的信息收集、信息处理、信息创造功能，不仅成为教师"育人"的工具，推动教育的转型升级，而且还成为教师"育己"的平台，为教学教研提供丰富的资源，促进教师学习场景、教研方式的有效转变，这无疑有助于提升教师自身的科研素养。

（一）促进科研意识的形成

新课程改革要突破瓶颈走向纵深，教师就必须转变角色，由"教书匠"教师转向"科研型""创新型"教师，成为教育教学活动的研究者。而教师要成为研究者，首先要树立科研的意识，形成从事教育科研的心向，具备发现、捕捉教育变革中所带来的机遇及其存在的问题并加以研究解决的能力。随着"互联网+"的迅猛发展，信息技术已从"辅助"教学工具走向教育前台，成为中小学教师教育教学必备的手段。这不但大大减轻了教师的工作负担，提高了工作效率，让教师有更充裕的时间去谋划、实施更有意义的事情，而且促使教师思考、探索，抓住机遇，主动作为，通过信息技术的赋能将学科知识进行有效整合，开展高品质的教学。在这当中，教师必然会唤醒反思意识、科研意识，激活参与教育科研的动力，从而自觉地将教育科研视为实现自身专业发展的必由之路。

（二）促进教师教育科研的开展

开展教育科研，对积累和发现的问题进行分析、反思，从而把握教育教学规律，要做到这一点，教师仅有满腔的热情是不够的，还需要丰富的教学智慧、敏锐的洞察力，需要丰厚的科研素养、宽阔的研究视野。信息技术的发展与进步，突破了时间、地域的限制，降低了学习的门槛，拓宽了教师参与教育科研的渠道，缩小了与专家、学者、同事、伙伴对话的距离，为教师开展教育科研搭建了优质的平台。通过这个平台，教师足不出户便可以向千里之外的专家讨教，分享专家的教研经验、心得体会和策略方法，以弥补自身知识的局限和科研能力、经验之不足，提升自身的科研素养。借助这个平台，教师不仅可以获得诸多工具的支持，还可以通过文献检索、资料收集、数据分析，实现信息指数式增长，从而拓展研究视域，丰富研究素材，深化研究层次，提高研究成果的质量；通过这个平台，课题主持人可

视课题研究的进展需要,将研讨的计划、内容、成果以帖子的形式发到网上,让课题组的成员以跟帖、对话的形式自由地展开讨论、发表意见或提出建议,通过思想争鸣、智慧碰撞、成果共享不断地将分布于环境的知识整合并融入自己的知识体系,打破自身教研经验及思维的局限性,在增强课题组成员的教育科研实践能力的同时,有效地在协同、开放的教研中促进课题研究走向务实和有效。

（三）促进科研成果的转化、应用

科研成果转化,一般"包括内部转化（由基础性成果向实践性成果转化）,与由内部向外部转化（即理论向实践转化）,而后一种转化环节还可包括成果'物化'于人的头脑,与成果'物化'于物而成为图书音像、文件法规、教学设备、仪器教具等两类形态"[①]。教育科研成果转化为教育教学实践,从而实现学校内涵发展,这是教育科研之魂。而要促进教育研究成果与教育实践结合,推进研究成果运用于教育改革,除了要认真研究教育科研成果转化过程中所面临的困难,及时调整策略外,还要充分利用网络传播的快捷性、扩散的普及性、受众的广泛性、呈现手段的丰富性等独特优势,加大对现有科研成果的宣传力度,搭建资源共享平台,形成开放的联动机制,促进多方参与和可持续合作,从而加速成果的开发、应用、推广,实现教育科研成果的转化、升值。

四、信息化实践有益于提升教师对教育资源的利用能力

教育信息化,不仅为课堂提供了丰富的信息的表示形式,而且改变了教学资源的存在方式和人们与它的关系,将生活中师生身上的各种显性或隐性课程资源进行合理的开发、整合、存储与应用,发挥着教育信息化的润物细无声的作用,为新课程改革服务,为学生成长服务。

（一）提升教师对自身资源的利用能力

新课程改革强调,教师不仅是课程的开发者和实施者,其所拥有的人生经历、生活经验及其独特的价值观、人生观就是课程资源,而且是最具活力、最具发展性的课程资源。正如当代教育家李希贵所说的,即便是刚刚毕业的青年教师也不例外,他们在信息化等方面,往往技高一筹;他们面对还不太熟悉的课堂教学所产生的困惑与迷茫,也同样是这个生态下最为珍贵的课程资源。因此,如何让每一位教师都能成为课堂教学资源的提供者,而不仅仅是使用者？这是保证新课程改革实施的基础性条件,也是新时期每一位教师应有的责任。这就要求每一位教师,都必须顺应课程改革的要求,主动适应信息技术所带来的教学环境、教学方法、教学手

---

① 解延年:《论教育科研成果转化与对策》,载《教育改革》1995 年第 6 期。

段、学习方式等诸多方面的变化，立足教情、学情，适时地将自身的经历、见闻和经验这些具体鲜活的、难以复制的、独特的教学资源通过现代化的技术手段，进行个性化加工、打磨，淬炼成为优质的课程资源，有机地融入课堂教学之中。倘能做到这一点，不仅可以大大地丰富现有的课程资源，进一步拓展学生的视界，增强课堂教学的真实性、情境性与实效性，而且还可以激发学生的兴趣，点拨学生的思维，升华学生的情感，成就学生丰富多彩的学习人生。

（二）提升教师对学生课程资源的利用能力

学生是教学的主体，同时也是宝贵的课程教学资源。这些来自不同地域、不同家庭背景的学生，其成长经历、生活经验、智力发展水平等都有着千差万别。这种差异性、不平衡性不仅存在于不同年龄阶段的学生身上，而且还表现在同一年龄阶段的不同学生身上。学生作为课程资源的生命载体，教师都应予以充分的尊重与珍视。但也不可否认，这些独一无二的教学资源，常常以一种碎片化或隐性的形式呈现，难以得到有效的应用。因此，教师倘能借助智能、大数据等现代化手段，把学生已经掌握的和能够发现的信息进行采集、挖掘、分析、分类，转变为可视、可听、可感的结构化的课程资源，不但可以使教学内容更加丰富、更贴近生活，改变传统教学过程中过于强调学科本位、教材本位的倾向，加强课程内容与现代社会、科技发展与学生生活的无缝衔接，而且建立在这种内隐性课程资源的教学往往最切合学生的"最近发展区"，更有利于学生自身创造力的释放，实现其认知能力、思维能力的全面发展。

（三）提升教师对生活课程资源的利用能力

美国教育家杜威提出，教育即生活。这就告诉我们，教育必须要以活动性、经验性的主动作业来代替传统书本式教材的统治地位。社会生活流变不居，是非善恶相互交织。教师不但要关心学生当下的生活状态和已有的生活经验，而且还要关注社会、了解社会，善于从社会生活中提取那些富有价值的素材作为课程资源和教学内容，以开阔学生的视野，丰富学生的情感体验，增强学生的是非辨识能力和社会责任感。例如，报刊《读览天下》、电视节目《焦点访谈》，无不是反映百姓生活，透视人生百态的，都是宝贵的、不可多得的教学资源。所以，教师要因应信息化教育发展的需要，借助信息技术手段搜集、开发、整合、优化生活课程资源，并根据学生的认知水平、学习经验和课堂需要，精心选择和有效组合、嫁接，结合教材内容制作成专题、微课或多媒体课件供学生学习或参考，努力构建开放而具有活力的课堂。

五、信息化实践有益于改善教师对教学活动的评价

科学、正确的教学评价,不仅能甄别、激励、指导,促进教师转变教育观念,更新教育实践,而且还有利于学生在认知、情感、人格等方面的发展。所以,教师必须适应信息社会的发展变化,主动将高科技成果运用到教育教学评价领域,发挥信息技术在评价中的数据采集、反馈的优势,搭建可视化、数据化分析平台,进一步完善评价手段、规范评价流程,逐步构建起完善的教学评价体系。

(一) 改善课堂教学活动评价

课堂作为教学的主阵地,既是素质教育实施的主战场,也是最能体现学生动态特征的地方。因而,通过对评价对象的学习方法、过程、效果以及态度等诸方面所作的表扬或批评,以调控教学、激励学生,便成了师生行之有效的交流方式,这也符合新课程倡导的"立足过程,促进发展"的评价原则。信息技术的应用,既可丰富和增强课堂即时评价的形式,如学生自评、生生互评、教师点评、小组共评,还可以基于数字化的教学平台,采集、分析和运用数据,实现教师课堂即时评价的时效性和人性化。例如情感激励:当学生提出有价值的学习问题或者分组来完成某一项开放性的学习任务,甚至在学习中遇到一个百思不解而陷入困顿的时候,教师都可以根据实际情形及时地给予反馈,给学生一个点赞或作出激励性的暗示,或提出进一步的期许和鼓励,可以是一个硕大的拇指或一束鲜花,也可以是一张卡通的笑脸或一个表情包,甚至还可以是一幅有趣的漫画图片。这类的易感物,往往积极、温情,富有人情味,既能加强师生交流,舒缓学生内心过大的学习压力和紧张情绪,又可以激发学生的学习兴趣,点燃学生心灵的火花,引导学生在评中学、学中评,学评结合,让评价的过程成为促进学生文化知识的内化与提升的过程。

(二) 改善学生课外活动评价

在新课程改革的今天,学生的课外活动越发受到重视,甚至被视为满足不同层次学生需求、促进学生个性化发展不可或缺的重要途径。但问题是,课外活动对学生成长的促进作用却因其开放性、综合性的特点很难以量化的指标作为唯一评价的标准,况且其所涉及的项目之多、范围之大、内容之丰富,也不是常规课堂所能比拟的。因此,要科学、客观地评估学生的课外活动的质量,不但要强化评价主体的多元化,鼓励学生参与到评价之中,成为课外活动评价的一个重要的组成部分,引导学生利用信息技术建立自己的成长文件夹,将自己参与课外活动的点滴,如日记、感想、心得体会,以及成功的经验或失败的教训等保存到个人成长文件夹中,经常记载,实时更新,实现对自己课外活动过程的动态管理,而且还应该借助互联网、大数据等将学生成长文件夹中课外活动的行为记录等通过后台运作直接以可视

化的、"量化"的成果呈现，为课外活动的效果评估提供清晰、可靠的证据。唯其如此，才能对学生课外活动作出比较客观的发展性评价，促进课外活动质量的提升；也唯其如此，才有可能避免将原本生动活泼、富有生命气息的课外活动符号化、抽象化。

第四节 教育信息化背景下教师专业发展的路径

教育信息化所表征的不仅是以量子信息、人工智能、移动通信、大数据、区块链等为代表的新一代信息技术，更代表着一种先进的思维方式和美好的科学愿景。教育信息化作为我国基础教育改革的内生变量，为新课程改革提供了强大的动力。因此，教师必须顺应教育发展的新趋势，积极应对信息技术发展带来的新变化，主动革新陈旧、落后的教育教学范式，努力成为教育教学的行家里手。

一、营造信息化教学氛围

建设良好信息技术环境，是培养教师信息意识的前提，更是提升信息教学能力的基础。信息化教学环境的营造，学校不但要在硬件上下功夫，建设智慧校园，改造传统教室，引进信息化教学工具，更要从软件上着力，通过创造良好的信息化教学氛围，提升教师的信息技术应用能力。一是重塑教师终身学习的理念，构建现代学校的学习型组织，鼓励、支持、引导教师专业发展，促进教师教育信息化素养的提升。二是充分调动每位在职教师参与信息素养提升工程的积极性、主动性和自觉性，尤其要发挥骨干教师、学科带头人的榜样示范作用，推动他们在日常课堂教学中有效运用信息化手段，放大"互联网＋教育"的实际效应，实现以信息技术达成高品质教育的效果。三是形成并健全常态化的信息技术运用机制，定期开展线上教学演示或教学大比武，鼓励和支持教师开展教学方法、革新教学手段，倡导以案例分析、学科探讨等方式提高教师信息化教学应用水平，缩减教师之间的信息化教学能力差距。四是高度重视学校制度文化的导向作用，建立、健全教师信息素养的评价和绩效考核规章制度，开展信息技术应用能力测评，并将测评结果纳入绩效评定、岗位晋级、职称评聘、评优评先等考核的范围，保证相应的奖惩制度、约束制度得以落实，提高广大教师利用信息技术开展教育教学的积极性，促使教师自觉、主动地参与到信息化教学的改革之中。

二、提高教师信息技术素养

提高教师信息素养和信息技术能力，是教育信息化环境下教师专业化成长中应该正视而且必须加以解决的问题。它不但关系教师信息技术运用的技能，更严重影响教师的教育教学效果，各级教育部门、学校以及教师本人都应该予以高度的重视。

（一）加强教师信息技术提升培训

教师是传授者也是学习者。提高教师信息素养和运用教育信息技术的能力，固然是教师自身的义务，但同时也是学校不可推卸的责任。因此，学校必须根据《关于实施全国中小学教师信息技术应用能力提升工程2.0的意见》的要求，坚持"以校为本、基于课堂、应用驱动、注重创新、精准测评"的培训原则，构建以教师为中心的培训机制，按计划、有步骤、分层次地组织教师培训、研修。需要强调的是，中小学一线教师的信息技术教育培训、研修，切忌空谈理论、学与用脱节，而要坚持理论学习与课堂教学相结合，案例分析与任务驱动相结合，引导教师以信息技术与学科知识整合为导向，通过开展信息技术支持的跨学科教学研修学习，把教师的培训从传统的以"学习如何使用设备"为目的转变为以"探索如何将技术运用于课堂以改变教学"为旨归，切实提高教师尤其是广大一线教师应用信息技术对课程知识、教材内容进行开发、重组、嫁接和优化的能力，着力提升教师信息技术运用水平，建设一支具有现代教育思想、掌握信息技术的中小学师资队伍。

（二）促进教师信息化教学和实践

教育信息化的根本在于应用，要以信息化推动课程改革、提升课堂质量，因而教师具有良好的信息理论素养是必须的，却又是不足够的，还需要具备娴熟的信息技术操作技能，具备对教育资源鉴别、获取、整合、应用的能力。这就意味着提升教师信息化教学能力将是一个长期的、持续的、动态的发展过程，不可能一蹴而就，必须将教师信息技术应用能力提升的工作常态化、长效化，并一以贯之于教育教学实践之中。同时，也意味着教师必须树立终身学习和终身发展的理念，要在教学实践中边干边学，边学边干，学以致用，学用相长，切不可坐而论道，学而不用，成为信息技术应用的"侏儒"。还意味着教师必须以学生的学习为中心，以学生的发展为目的，以信息技术为手段，积极探索信息技术在教育教学中有效应用的途径，创造性地解决课堂教学中发生的各种问题，优化课堂教学策略和教学方法，促进信息技术与学科教学的深度融合，实现信息化环境下新型教学的模式构建，以提升课堂的教学效率和人才培养质量。

三、建立教师信息技术个人业务档案

教师个人业务档案是教师专业成长档案中一个重要的组成部分,也是促进教师专业发展的一种崭新的、有效的途径。建立教师个人业务档案的最终目的,乃是从学习兴趣、学习能力、学习态度,以及信息技术的掌握和运用的程度进行量化分析,挖掘教师专业发展潜力,引导教师转变教与学的方式。所以,基于教师专业成长的需要,学校务必建立起教师信息技术个人业务档案,把反映、描述教师具有高度个人化的学习、应用、创生教育信息技术的相关资料进行收集、整理、分类,形成教师个人的数字化业务档案,集中并交由专人管理。档案内容可包括:教师基本信息,教学案例,教学反思,教学自制课件、示范录像课、优质的微视频材料,等等。教师信息技术个人业务档案所收集的材料,应能真实、客观地反映教师信息技术方面的成长历程,体现教师成长过程的个体差异性、成长方式的丰富性等特点。它是教师信息化素养、信息化应用能力、信息化教学与教研等全方位的记录和展示,也是教师在教育信息化实践中进步和成长的见证。

"宝剑锋从磨砺出,梅花香自苦寒来。"科学技术的发展为我们展示了未来教育发展的美好愿景,但是我们也必须清醒地认识到,信息技术的应用是现代教育的一场深刻的革命,教育信息化的实现也必将是一个不断发展、循序渐进的过程。处在教育信息化改革浪潮中的任何一位教师,都应自觉更新教育观念,主动寻求自身的专业发展,积极参与信息技术的学习与实践,努力提高信息素养和应用能力,使教育劳动成为体现人生意义、实现自我价值的创造性活动。

[附件 10-1]

以趣导学,以境教学,互动引学,探究促学[①]
——Unit 4 What can you do? Part A Let's try & let's talk 说课稿

清城区龙塘镇第二小学 阮焕英

一、教材分析

(一)教材地位及作用

这个单元是学习关于娱乐活动的。作为本单元的第一课时,重点学习"What can you do for…? I can…"的句型。根据教学内容,我创设了 Hope School(希望小学)情景,带领孩子们到希望小学表演,在猜、玩、读、演、唱等活动中培养学生用英语合作、交流的能力,在情景中以旧引新,从易到难,循序渐进地进行听、说、读、写的训练,极大地降低了学生的学习难度,增强了语言教学的人文性、生

---

① 本案例是清城区龙塘镇第二小学阮焕英老师在"清远市第四届农村小学教师信息化教学基本功比赛总决赛"的说课稿,该教师"说课"单项、总分均获全市第一名。

活性、创造性。这一课对整个单元的学习起着启发和引导的作用。

（二）学情分析

五年级的学生已经有两年英语学习的基础，有一定的英语基础和技能，有较强的好奇心、模仿能力和竞争意识，学生已经学过 wash、clean、play、read 等动词。本节课通过创设情景学习新知，以形式多样的操练方式，让孩子们真正体会"在玩中学，在做中学，在学中思"。

（三）教学目标

根据教学内容，结合学生的实际情况，我从三个方面制定了以下教学目标。

1. 语言知识目标

（1）能理解对话，根据正确的语音、语调和意群朗读对话，并能在角色中表演对话。

（2）能运用句型"What can you do for…? I can…"进行问答活动。

（3）能改编对话进行交流。

2. 语言能力目标

（1）能在情景中运用句型"What can you do for…? I can…"询问别人他们能做什么，并回答提问。

（2）能进行课余文化活动的交流。

3. 情感、文化、策略目标

（1）情感态度：培养学生积极参与娱乐活动，丰富课外生活，培养相互帮助的品质。

（2）文化意识：能了解中国武术的博大精深和形式多样。

（3）学习策略：能在教师的引导下，通过猜、玩、读、演、唱，以及小组合作采访等活动培养用英语合作、交流的能力。

（四）教学重点

理解对话，运用句型"What can you do for…? I can…"询问别人他们能做什么，并回答提问。

（五）教学难点

把所学的知识恰当地运用到实际生活中。

二、教法、学法

教法：英语课程标准强调教学应以学生为中心，以活动为中心，以任务为中心，以交际为中心。因此，本节课我采用了情境教学、场景表演、视听教学、任务型教学、活动教学、评价激励等方法进行教学，体现教师的主导性和学生的主体性，引导学生自主、合作、探究地进行学习，在真实的语言环境中，自然地交流主句型，发展学生运用英语的能力。

学法：好玩、好胜是学生的天性。根据学生的特点，采用了猜一猜、唱一唱、演一演、说一说等一系列的动口、动手、动脑的活动来落实对听、说、读、写的训练，有效促进语言技能的发展。注重指导学生在整个学习过程中的情境体验、自主探究、互动合作、情感升华。

三、教学过程

这节课我创设了带领学生到 Hope School 开 party（派对）表演节目的情景为教学主线，让学生在活动中感知、体验、实践、运用，生成新知。为了突出重点、突破难点，达到真正有效的课堂教学，我设计了七大教学环节。

Step 1 Warm up & Lead-in（激发学习兴趣，设置奖励机制）

好的开始就是成功的一半，为了提高学生的学习兴趣，课前我设计了两首歌曲。这两首歌曲不但能让学生动起来，还能让学生复习有关的动词，为下面的学习做铺垫。然后创设到 Hope School 开 party 表演节目的情景引入课题与评价，以小组竞赛的评价机制，贯穿整节课。

Step 2 Pre-learning（创设情景，学习新知）

1. 创设情景，以旧引新

头脑风暴先谈话引出 "What do you often do on the weekend? I play ping-pong/…"；然后用课件呈现老师的活动图片，老师问："What can I do?"，学生猜测 "You can…"；接着引导学生问老师 "What can you do?"，老师回答并引出两个新词组 "sing English songs, do some kungfu"。教学中，我注重培养学生的音素意识，运用自然拼读进行教学，并做到"词不离句，句不离篇"。利用信息技术制作的"功夫熊猫"视频，进行中国武术文化意识的渗透。

2. 形式多样，操练词句

在巩固操练中，我设计了 3 个有趣的学习活动来帮助学生记忆句型。

（1）通过游戏"玛丽跳跳跳"和"剪刀石头布"，操练句型"What can you do? I can…"。游戏非常有趣，学生的学习积极性非常高。

（2）Let's share（让我们来分享），通过现场小记者采访，操练句型"What can you do? I can…"，激发学生的表演欲望，提高学生的交际能力。

Step 3 While-learning（创设情景，学习文本）

（1）以 Miss White 用微信向老师发出邀请，引出 "We'll have an English party for the hope school." 和问题 "What can Mike do for the party?"，然后进行 "Let's try" 听力。以日常生活中常用的微信再次把学生带回 Hope School 情景中，让课堂学习生活化。

（2）接着，以 Hope School 为主线，继续出示问题 "What can Zhang Peng do for the party? What can John do for the party?"。学生带着问题观看 "Let's talk" 视频，整体感知文本，并对重点句型进行拓展。

（3）再次观看视频，以问题和日历动图学习 next，从而突破难点句型 "We'll

have an English party next Tuesday."。日历图形生动直观，可以直观地帮助学生理解和掌握新单词。

Step 4　Post-learning（回归文本，趣味巩固）

（1）听音跟读，有效模仿。标准、自然、优美的语音语调有利于高效交流和跨文化交际，同时有利于语言能力的发展。通过分句跟读和整体跟读，训练了学生按照正确的语音、语调及意群朗读对话，然后在"Try to read"及"Try to retell"中让学生进一步记忆文本。

（2）小组合作，角色扮演。口语的输出建立在对大量语音材料输入听辨的基础上。当学生具有了听音辨音能力和听觉记忆能力后，语言的输出自然是水到渠成的事情。

Step 5　Development（互动合作，能力提升）

（1）呈现 Miss White 的学生在 party 里的表演，操练"He/She can…"然后问"What can Lily's students do for the party?"，让学生观看视频。

（2）鼓励学生改编对话，并以小组形式表演，让学生在真实的语境中运用语言，做到"Learning by doing"。

（3）齐唱自编歌曲 What can you do?。既是让学生在轻松愉快的氛围中回顾新知，又起到画龙点睛的作用。

整节课的设计从前面的老师帮扶着学，到后面大胆放手交给学生，通过小组成员分工合作完成语言任务。教师既对学法做出明确的指导，又给学生自主学习、体验成功的机会，很好地体现了以趣导学，以境教学，互动引学，探究促学。

Step 6　Sum-up（情感渗透，总结评价）

（1）对学生进行情感教育的渗透。

（2）运用微课视频，回顾本课教学内容，同时认识情态动词 can 的用法，拓展更多文娱活动词语。

Step 7　Homework（联系生活，深化所学）

作业是课堂教学的有效延伸，我布置了听读课文及和同学表演改编对话两项作业，再一次巩固并拓展了本节课的内容。

四、板书设计

板书和评价紧扣教学目标，突出重点，互相联系，与本节课主情景相呼应。

五、教学反思

这节课较成功的地方是：课堂设计主线突出，情景创设真实有趣，真正做到让孩子"在玩中学，在做中学，在学中思"。对新词、新句的教学能做到"词不离句，句不离文"。信息技术的运用有很大突破，如游戏"玛丽跳跳跳"、学生录制的原创故事、微课视频等为课堂添色不少。

值得思考的地方是：人教版教材内容相对简单，面对能力较强的学生，教师该如何拓宽文本，既要基于文本又要高于文本，灵活运用语言，这对我们农村教师来说是最大的挑战。通过这堂课,我深深体会到,只有将信息技术作为教学手段融入课堂之中,并与文本内容有机融合、对接,才有可能拓展文本内容,深化学生体验,提升学生的思维品质,让我们的英语课堂绽放异彩。

第十一章　影响教师专业发展的主要因素

在西方，教师专业发展研究由来已久，甚至可以追溯到教育产生的源头，但是长期以来，由于影响教师专业发展的因素牵涉到方方面面，是一个十分复杂的系统工程，单靠学界的力量很难改善更无以改变，因此，很长时间以来，教师专业发展的研究一直成效不大，难成气候。直至进入20世纪中叶，由于教育担负着历史上任何时期更加沉重的社会期望，而教师专业发展却不尽人意，难以满足日益发展的社会对教育的期待，迫切需要通过教师的专业化来改善办学质量，在如此背景下，教师专业发展的研究才逐渐进入学界的主流视野，并在较短的时间内获得了快速的发展。相对欧美一些教育发达的国家而言，我国真正意义上的教师专业发展问题研究起步较晚，及至20世纪80年代方有一些学者翻译引进，到了21世纪初才出现了本土化的零星的实证研究。近10年来，随着新课程改革的纵深发展和素质教育的全面推进，教师专业发展研究才随之迎来了一个相对的发展高潮，出现了一批颇有价值的研究成果。

中小学教师专业发展之所以受到空前的重视，一方面，是由于教师是我国基础教育改革的主体，是决定改革成败的关键要素；另一方面，我国目前从事基础教育的教师群体整体上素质相对偏低，已成为制约我国基础教育改革的瓶颈。课程改革呼唤高素质的教师，而现实却是教师专业发展难尽人意，严重滞后于新课程改革的步伐。因此，作为教育工作者，我们应静下心来，以客观的精神、理智的态度去思考、分析、探索，寻找问题的症结所在，提出破解阻碍教师专业发展的有效对策，为教师的专业成长服务，为新课程改革向纵深发展提供强有力的支持。

第一节　影响教师专业发展的个体因素

大量的研究表明，影响教师专业发展的因素有很多，既有客观的环境因素，也有教师个人的主观因素，而最直接、最根本、最重要的乃是教师的个人主观因素。教师作为专业发展的主体，其专业品质、情意态度、自主发展的需求及应对教育改革的能力，在很大程度上影响乃至左右自身的专业发展。

一、教师自主发展的意识淡薄

教师专业发展，从本质上来说，是教师通过终身专业训练、习得专业知识、提升技能、完成教育使命而进行的自主发展的过程。按照教师主体的参与状态来划分，教师专业发展大致可以分为外控型专业发展和内控型专业发展两种。由于中国传统文化影响根深蒂固，不得不说，当下教师自主意识薄弱，自主发展精神普遍缺失，以致不少中小学教师专业发展，更多是仰仗教育改革的逼促或是学校规章制度的压力等外在力量的驱动，因而教师外控型专业发展的效果往往不尽人意。具体表现在：对教师职业规范、专业发展的价值认识模糊，自我发展规划意识薄弱，自我设计、自我更新动能与愿望严重不足，缺少发展的主动性和自觉性。而事实是，教师之所以成为教师，更多的是"自造"，而不是"被造"。教师不仅要具有高尚的"育人"情怀，更要具有高度的"育己"精神。可以想象，教师如果不能以"主体的姿态"主动去面对在专业发展过程中的问题与不足，是不可能在专业发展的过程中自主地、自觉地进行经验的反思和实践知识的构建的。甚至可以这么说，真正能够唤醒教师内在的潜力和生命活力的只能是教师自己，是源自教师自身发展的内在需要与追求。而教师一旦把自己放在发展的客体上，其自身的专业发展就只能是被动的发展，倘若这种被动式的发展失去了外在刺激，便有可能戛然而止。正如利伯曼（Lieberman）所指出的，"有效的教师专业发展建立在需求、反思和参与者需求驱使的尝试上"。其实，教师专业发展最理想、最成功的范式应是教师内控型专业发展，因为这种形态的教师专业发展，不只体现了教师奋发向上的自主精神和自我发展意识，还是教师拒绝职业倦怠、实现专业成长的前提和动力，更是展示其作为一名教育工作者积极向上的生活态度和为人师表的人格力量，这对学生的健康成长无疑具有潜移默化的作用。所以，进一步唤醒教师的主体意识，将他们的职业发展和研修学习从外部需要、社会价值引导到主体人格建设和主体价值实现，使之在完全意义上成为自己专业发展的主体和"责任人"，如此，教师才有可能真正从"自在"走向"自为"，从"自为"走向"自觉"，主动地承担起自身专业发展的主体责任,把自我对专业发展的认识提高到自觉的水平,为自身的专业发展开辟更为广阔的空间,从而实现"理智地复现自己、筹划未来的自我、控制今日的行为"① 之目的。重塑教师自主发展精神,帮助教师建立起职业发展的愿景和责任感,教师才有可能清楚地明白自己今后的发展方向和发展道路,进一步拓展专业成长的空间,增强专业发展的后劲。

二、教师缺乏应有的职业精神

教育是一个灵魂安抚和感知另一个灵魂的工作;教师是太阳底下最崇高的职业,肩负着培养人、发展人、塑造人的重任。教育的职能与教师的角色,决定了教师必须富有高度的责任感、良好的职业操守,仁而爱人,无私奉献,为国育才,为党育人;要求教师必须具有高尚的教育情怀和教育德操,以满腔的热情投入到立德树人的工作中去,在学生纯净的内心世界打下亮丽的底色,让学生感受到生活的美好和人性的善美,从小形成乐观、开朗、积极的人生态度。然而,市场经济的一些负面影响和享乐主义等市侩精神的侵蚀,使一些"人类灵魂工程师"丧失了应有的职业精神,造成了教师内心的惆怅、彷徨与职业的倦怠,职业幸福感骤然下降,甚至还有个别教师的价值观、人生观发生了异化与扭曲,出现了师德水平滑坡、理想信念动摇等问题。例如,有的教师虽然人在讲台,但内心从未栖息在这充满诗意与智慧的三尺讲坛上,没有真正热爱或乐于从事教书育人这一崇高的事业,而是滥竽充数,得过且过,缺乏最基本的教育信念和为人师表的责任感;有的教师敷衍塞责,认为"干多干少一个样,干与不干一个样",甚至经常把自己对学校的不满、社会的不平以及自身的烦躁、焦虑、压抑带到课堂中,发泄在学生身上,这严重地伤害了学生的身心健康;还有的教师价值观念异化乃至蜕变,注重功利实惠,从教不廉,甚至出现"有偿家教"等现象,完全丧失了作为一名人民教师应有的道德规范,抛弃了教育者当有的责任与良知。这样的教师,如何能够把教师的职业当作成就自己生命成长的事业,从而主动地进行自我塑造、自我完善?如何能够以积极而健康的心态引导学生快乐地学习与幸福地生活,在促进学生健康成长的同时,实现自身的人生价值?

三、教师专业知识结构失衡

基础教育课程改革对教师的素质提出了新的挑战,要求教师既要有厚重开阔的人文素养、系统扎实的学科知识,还要有丰盈的教学经验和教育智慧。因为教学活动是一个开放的、动态的过程,充满着情境性和不确定性,不但需要教师具备扎实

---

① 叶澜:《教育概论》,人民教育出版社 1991 年版。

的专业知识，更需要教师利用自身的教育经验和教育智慧，灵活、机智地应对课堂中出现的突发事件和临时生成的教学问题，做出敏捷的、合理的行为反应。然而，在传统的师范教育培养模式下，教师知识结构存在先天性的缺陷：学科知识面狭窄，仅局限于学校所学的书本；文化底蕴单薄，缺乏人文科学长久的浸润，尤其是教学实践能力、创新能力没有得到充分的培育与历练。毋庸讳言，当下许多教师尤其是年龄较长的教师，其学科知识本来就储备不足，从教之后由于缺少外出学习与培训机会，原有的知识得不到有效的更新、拓展，导致其学科知识日渐陈旧、老化。教师这种安于现状、得过且过的教学状态，导致课堂教学死气沉沉，缺失应有的生机、活力与灵气，因而难以带给学生知识、经验和发展的能力。即便是中青年教师，虽然对教育学、心理学等知识有所了解，但由于进取意识不足而疏于持续地学习与研修，以致有不少教师仅局限于浮光掠影的表层认识，深度、广度把握不够，系统性、理论性明显不足，无法对其自身教学理念、教学行为、教学效能进行深刻的反思，更难以对课本知识所承载的价值观、心理结构、文化精神作出理性的思考。同时，信息技术的进步与发展带来了教育技术理性的泛化，也造成了部分教师把研修、培训的注意力固定在教学方法的外显形式上，而忽略了对自身学科知识的迭代更新、实践智慧的淬炼锻造，使原本就不尽合理的专业知识结构更为失衡。

四、心理因素对教师专业发展的影响

教师是一个特殊的知识阶层，承担传递文明、传播真理、引领风尚的使命与责任，而教师专业发展是个性化劳动与创造性劳动结合起来的一个渐进过程，这就决定了教师需要具备特定的心理品质。苏霍姆林斯基说："我们的工作对象是正在形成中的个性最细腻的精神生活领域，即智慧、感情、意志、信念、自我意识。这些领域也是能用同样的东西去施加影响。"由此而可见，良好的心理品质是教师从事教书育人的必备素质，同时又是教师个体实现自身专业发展的重要保障。在众多的心理因素中，教师的认知力、兴趣、性格特征、自我效能感等四个因素对其专业成长的影响最大。

（一）认知力

认知力，即教师教学认知能力，是以教学系统作为认知对象，对教学目标、学习任务、学习者特点、教学策略与方法以及教学情景等进行分析判断的能力。这种能力体现了教师的分析、理解、判断、创新水平，影响教师对学生内心世界的洞察以及教育教学策略的选择，关系到教育教学活动的组织与有效教学的实现，也是提高教学工作效能的基础和前提。作为教师教学能力的核心成分，认知能力是教师在长期的教学实践中积淀的经验与创生的知识，是关涉教师的专业成长的重要因素。要成为一位合格的教师，就必须要在教育教学的实践中加强知识积累，强化自我反思,做到知行合一、体用结合,掌握更多的认知方法和认知工具。目前,我国中小学教师群体的认知能力尚处于较低的水平,具体表现在教学反思的意识淡薄、教学目标的理解力不足、情境的辨别力较弱等等,这也在一定的程度上影响了教师的专业发展。

(二) 兴趣

兴趣是指个体对事物关切或喜好的情绪。如果以兴趣的倾向性进行分类,可以分为直接兴趣和间接兴趣。直接兴趣,是一个人对某类事物或某一活动本身感兴趣,比如教师对音乐、舞蹈本身的喜爱;间接兴趣是指对某种事物可能导致的预想后果所持的积极态度,比如教师由于对运动后产生的愉悦,对健康的身心所带来的对美好生活的期盼,从而乐意参与体育活动。这两种兴趣,于教师专业成长来说都是不可或缺的,但间接兴趣对教师专业成长相对更为重要,因为它是基于对教育本质深刻认识、理解后而产生的稳定的品质,其动力作用更大,也更为稳定、持久。教师的兴趣是从事教育活动的积极态度与倾向,例如对教学的兴趣,对学生成长的兴趣,对自身专业发展的兴趣,等等。这种兴趣若能长久地稳定下来,便可形成对职业的敬畏、对所教学的热爱,这无疑有助于教师个性的形成与专业的发展。一般来说,兴趣稳定的教师才会精神充实,心中洋溢着美好的情愫,才可能眷注内心,珍视人性,自然地流露出对每个生命的关爱与呵护,才可能舒展学生自由的心灵和独特的精神世界。如果教师对所从事的教书育人工作了无兴趣,对教育生活百无聊赖,就必定会对知识失去好奇心和求知欲,长此以往,其专业发展便无从谈起。

(三) 职业性格

性格是对现实的稳定的态度,以及与这种态度相应的、习惯化了的行为方式中表现出来的人格特征,是一个人比较稳定的心理特征。教师的职业性格,就是教师对教育活动方方面面的态度,以及与此相适应的习惯化了的教育、教学行为方式。教育的责任是塑造灵魂,是滋养生命,而教师每天所要面对的都是富有情感、活泼纯真的学生,因而,教师职业性格对其教育行为的影响之大,对学生的成长影响之大,我们不容低估,更不应掉以轻心。任何事物都具有两面性,教师的学科知识和专业技能也是一把双刃剑,运用得好,它便是阳光,是雨露,是学生的成长沃土;反之,则可能变成嘲弄、体罚乃至毁掉学生一生幸福的利器。能否恰当、合理地运用,关键取决于教师的职业性格。而教师的职业性格也恰恰在影响甚至左右着自身专业成长。热情开朗、身怀梦想的教师,即便身处逆境,面对寒冬,心中也永远会春暖花开,让生活具有高远的立意,让教育充满智慧、充满人性的光辉;而一个满腹牢骚、长吁短叹的教师,即使是衣食无忧、韶华似锦,也不可能把自身专业成长放在首位,不可能在教育教学实践中不断学习、不断进步、不断确证自我和完善自我,更不可能在三尺讲台上成就职业的梦想、实现人生的价值。

（四）自我效能感

自我效能感，就是"人们对自身能否利用所拥有的技能去完成某项工作行为的自信程度"①。可见，教师自我效能感所涉及的不是技能之本身，而是教师自己能否利用所拥有的技能去完成某一具体工作行为的自信程度，而这种职业信心和职业意志，就是教师专业发展的内在源动力，对教师专业发展影响很大，具体表现在以下四个方面。

1. 影响教师目标的选择

教育研究发现，目标作为一种持久的、稳定的职业态度，直接影响着价值目标的判断、专业期望的形成与维持，甚至还影响着教师日常教学的工作热情和教育行为的选择与反应。而实践也证明，效能感对于教师目标的选择有着非比寻常的意义。一般而言，效能感较高的教师大多胸怀理想、踌躇满志、矢志不渝，坚信自己选择的目标是正确而有价值的，哪怕是在工作、生活中遇到困难或遭受挫折，也总能在逆境中看到曙光，在失败中看到希望，百折不挠、锲而不舍，直至战胜困难取得成功；而效能感较低的教师则对自身的教学技能缺乏自我肯定，对自己的教育理想没有太多的期许，不敢为自己的工作选择更富有挑战性的目标，看不到教书育人的价值和教师专业发展的意义。教师一旦在专业成长的路上出现困难和障碍，就会变得悲观、消极、颓废，缺乏一往无前、开拓进取、战无不胜的勇气，或瞻前顾后或畏缩不前，甚至自感前途渺茫，主动选择放弃。

2. 影响教师工作的动机

心理学研究证明，自我效能感与教师的工作动机有着千丝万缕的联系。教师的工作动机，是指能激发教师主动参与教育教学活动，并达到一定教学目标的驱动力量。教育生活的复杂性，在一定程度上决定了教师行为动机是多元的、复杂的，同时也会因人而异。即便如此，如果根据动机的来源进行分类，其大致分为内在动机和外在动机两种类型，而无论是哪一类型的动机，都受到自我效能感的影响。自我效能感低的教师，往往教育信念淡薄，责任心缺失，创造力贫乏，对教书育人工作丧失热情和活力，对新课程改革带来的教师专业发展的挑战与机遇视而不见、无动于衷，而且由此衍生出来的工作动机往往也是阻碍性的或非适应性的。因此，加强教师的情感教育，树立崇高的职业理想，培养和增强正确、稳固的自我效能感，对提高教师工作动机，尤其是内在的自我发展的动机具有莫大的意义。

3. 影响教师对专业的承诺

专业的承诺度，跟教师自我效能感有着密切的关系。美国学者帕克·帕尔默（Parker J. Palmer）认为：优质教学来自教师的自身认同和自身完整，而不是来自教学技巧；那些起作用的技巧，都是深受自我认同的指引而设计的。自我效能感高

---

① 班杜拉：《思想和行为的社会基础：社会认知论》，华东师范大学出版社2001年版。

的教师通常会认为自己所从事的职业是有意义、有价值的，是太阳底下最崇高、最神圣的事业。他们热爱并忠诚于自己所从事的职业，心甘情愿地投入其中，接受职业道德与职业规范的约束，并乐意终身为之付出与奉献，生命不息，工作不止。相反，自我效能感低的教师，往往会不自觉地把自己的工作矮化成谋生的手段，甚至是敷衍了事，缺乏专业发展的积极性与主动性，更缺乏对专业庄严的承诺。

4. 影响教师身心的健康

自我效能感在人类的自我调节系统中处于中心地位，具有重要的健康功能，尤其是对人应付心理压力时具有重要的影响作用。例如，自我效能感较低者，他们对自己的能力或品质评价过低，无论是生活还是工作往往都是把更多的注意力放在可能的不利和失败的后果上，瞻前顾后，忐忑不安，长此以往就会导致过度的焦虑、烦躁、恐惧，使自己处于亚健康状态，严重者还可能产生心理障碍或其他生理性的疾病。

心理因素对于教师的专业发展，既有积极的影响也有消极的作用。因此，教师要善于通过自我抚慰、自我干预等自我调适的办法来管控好自身的情绪，化不良的因素为积极的因素，变阻力为助力，以促进自身的专业发展。

第二节 影响教师专业发展的不良文化

影响教师专业发展除了教师的个人因素外，组织环境、生活环境等因素也不可小觑，例如学校的管理制度、管理风格、社会信任、教师文化等。其中，教师文化对教师专业发展的影响更为持久而深远，理应引起重视。

一、教师文化的含义

对教师文化的研究，早在20世纪90年代就有国内学者把它从国外引介进来。进入21世纪后，教师文化研究受到越来越多的关注，不但研究的内容、视角逐渐丰富与广阔，研究的方法、成果也日渐多元与丰硕。尽管如此，由于教师文化含义的纷繁、复杂，再加上学者的研究多是基于自身的研究视角、个人的立场与需要出发而作出阐述，因而众说纷纭，难成定见。

学者杨宏伟认为：教师文化是教师在教育教学等实践中形成和发展起来的，被大多数人认同的职业意识、教育理念、行为作风、人际关系以及情绪反应等群体行为。[1]

---

[1] 杨宏伟：《谈教师文化建设》，载《基础教育参考》，2004年第9期。

旅美文化人类学家王海龙认为：学校教师文化是一种组织文化，它是教师群体在共同的学校教育环境里，在教育教学过程中创造出来的物质成果和精神成果的总和表现。①

张九州、房费认为：教师文化指在某一学校之中，教师群体共同的价值观念和行为规范的总和。②

通过对上述几种有代表性的说法进行梳理和总结，我们可以发现，这些学者基本上是从教师这一职业群体的思维方式、价值取向、态度倾向与行为方式等某一方面或某若干方面对教师文化的含义进行界定的，但未免过于笼统，或失之片面，都存在不尽如人意的地方。参考学者们的观点，再结合笔者多年的研究，我们可以这样来理解教师文化：教师文化是由教师群体所创生，并以观念的形式隐性存在于教师群体的意识和思维之中，是学校全体教师需要共同遵从和共同维护的原则、规范和价值观。在现实中我们常常发现，教师文化往往外化为学校校风、教风以及校园文化之上，更体现在学校所有教师的教育教学行为之中，成为影响、制约乃至支配教师教育教学实践的精神力量。

二、教师文化的特征

作为学校文化的重要组成部分，代表教师群体共性和价值取向的教师文化，其本质特征，既是教师个体长期的教育实践修为，也是由这一特定的职业所赋予，繁多复杂，不一而足，但概括起来主要有以下五个方面。

（一）示范性

在基础教育中，教师的劳动是一种知识的转换与传递的过程，与其他劳动者最大的不同之处在于，教师每天的工作都是创造性的劳动，是一种不可重复的过程，而且其主要劳动对象是人格相对独立而心智尚未完全成熟的学生。教师的职业性质和劳动特点，决定了教师必须要以自己的思想作风和言行举止来示范和影响学生，促进学生健康幸福地成长。正如德国教育家第斯多惠所言："教师是学校最重要的师表，是最直观的、最有教益的模范，是学生最活生生的榜样""如果没有教师的集体的话，那是不能培养出学生集体"。而事实亦是如此，任何一名教师不管是自觉还是不自觉，有意识还是无意识，都在教育教学活动中以习惯、品行及思想深刻地影响着学生，成为学生成长中最重要的"他人"。

---

① 王海龙：《文化人类学历史导引》，学林出版社1992年版。
② 张九州、房费：《当代教师文化释义》，载《现代教育科学》2006年第3期。

(二) 开放性

网络技术的进步和信息社会的到来，为教师的传统交往提供了一种新的通信介质，带来了一种全新的交往方式。由此，师师之间，师生之间，教师与家长、领导之间交往越发频繁，交往的层次越发深入，交往的领域越发拓宽；教师与家庭、社区、社会的沟通与合作的途径也逐渐呈现出多元化的趋势。新课程改革强调人与人之间的心灵沟通，提倡课堂教学应在师生平等、开放的对话过程中进行；教师传统的"传道、授业、解惑"也不再是既定文化的简单复制与机械传递，而是民主、尊重、信任与关爱，是激励、鼓舞、引领和指导，是师生间、生生间的对话和探究在课堂中共同创造与生成。在这样的课程文化中，师生都应具备开放的心态和主动接纳的态度，真正走进对方真实的心灵世界，共同见证彼此的进步与成长。

(三) 合作性

传统的教师文化，由于智力水平、文化背景、生活习性不同而造成彼此孤立、封闭，甚至相互排斥。而新课程改革的综合性、统整性的特点，不仅需要有一个彼此协调、和谐合作的教师群体，而且还将教师之间存在的知识结构、思维方式等差异，视为一种宝贵的教学资源，要求教师通过对话、沟通、交流，实现优势互补、共同发展。事实上，在新课程改革背景下，教师已不能再是单打独斗、孤立存在的纯粹个体，而必须是基于学校发展愿景之下重构一种开放、信赖、支援、合作的同事关系，在日常教育生活中相互学习，共同探讨，彼此分享知识与经验，并在这种关系的重构中，达成教育、教学目标，并最终实现教师个体的专业成长。

(四) 发展性

教师群体文化是在长期教育活动中积累、沉淀、凝练而成的，并非在短时间内一蹴而就，因此具有天然的继承性与保守性等特点。然而，每个教师都是一个鲜活的发展的个体，其每天的教育活动与教学实践总是处于不断的变化与发展的过程之中，因而，弥散于教师日常生活和教育生活中的教师群体文化，也不可能一成不变。况且，社会变化不居，各种新思想、新思潮所带来的强烈的撞击，也会促使教师群体文化以及教师的文化自信走向危机与瓦解，这些都必将引发人们对原有的教师文化的重新认识、审视与自省，甚至在此基础上进行创生与重构，形成富有时代特色的新的教师文化。

(五) 创造性

历史唯物主义告诉我们，人是文化的产物，也是文化的重要载体，同时也是文化的继承者、创造者。教师作为学校教育生活的主体，不仅要在教育教学实践中自觉地传承原有的教师文化，而且还要在改进自己教育生活的同时，持续不断地创造新的教师文化。这种在共同的教学生活中形成、积淀、传承并持续发展而来的教师文化，不仅体现了学校全体教师的共同的价值观、教育理念、发展愿景，彰显了教师队伍的生命力和发展的韧性，而且还作为一种精神力量以隐性的方式反哺教师，潜移默化地影响着教师的成长，决定着教师的专业发展走向。这两者的关系，在动态上表现为适应中的共同发展，在静态上表现为制约中的相互促进。

三、不良的教师文化对教师专业发展的影响

教师文化是一种属于学校文化的亚文化，体现着教师这一特定群体的价值观念、思想规范、文化心态、生活样式等，是学校文化中最有活力和最具主体意义的文化，但教师文化也并非完美无缺的，而是瑕瑜互见的。我们应该在充分肯定其精华部分的同时，也要看到它的局限性，明确其中所存在的糟粕。例如个人主义文化、派别主义文化、人为合作文化中的某些消极的、糟粕的因素，这些因素都在一定程度上影响并阻碍着教师专业信念的形成、专业知识的更新和专业能力的提升。

（一）个人主义文化影响了教师专业发展

如果从汉语词源展开分析，我们便可发现，教师个人主义文化的内涵具有两层含义：一是"个人主义"，二是"文化"。关于"文化"，前文已有所述，这里不再赘言。而对于"个人主义"，不少人还是比较陌生的，因此有必要做一个概述。"个人主义"的思想源自美国清教主义，但真正赋予该词语哲学意义的却是美国文化精神的代表人物爱默生，时间大约是1835年。爱默生不仅从哲学的视角对"个人主义"进行定义，而且推崇备至，赞誉它是一种积极向上的人类精神，有助于人的个性发展和社会的文明进步，而在汉语的语境下，"个人主义"却带有浓厚的贬义色彩，这点与西文中的"个人主义"的内涵大相径庭。东西方文化观念的差异，造成了今天国人对"个人主义"截然相反的伦理诉求，一方面，我们承认它作为个体独立和自我发展价值等方面的正当性、合理性；另一方面，我们又批判它过于突出"自我"，缺乏分享、合作、互助意识，是赤裸裸的个人权利与个人物质利益的非理性索取。因此，当"个人主义"体现在文化中，便产生了积极要义和消极要义两种内涵。当个人主义文化的积极要义在教育教学实践中起主导作用时，它能充分发挥教师的主体意识，有效地培养教师独立判断和自我反思的能力，促进教师个性化和多样化发展；而当个人主义文化的消极要义在教育教学活动中占据上风时，则容易导致教师陷入孤立主义的藩篱，使教师之间正常的交流与合作变得举步维艰、困难重重。更何况，作为教师母体文化的学校文化，其本身就存在孤立、封闭的倾向，因而生活在这样文化环境中的教师，就更越发画地为牢、与人疏远、自我封闭，乃至提防排斥，没有合作共事的意识、意愿和习惯。这具体表现在，当在教育教学中遇到困惑、难题时，缺乏合作解决问题的要求与诚意，甚至把求助于

他人视为无能、怯懦和失败的表现；而在教育教学中有所创新、发现时，则秘而不宣，不愿意与其他教师交流、分享。他们所关注的只有自己的得失，从不考虑他人的成败，甚至还有个别教师各行其是、目中无人、自私自利，将自己利益凌驾于集体乃至社会利益之上，诸如此类，不一而足。可见，个人主义文化不但满足不了新课程改革对教师"角色互补，功能耦合"的群体关系要求，而且已成为封闭教师合作共事的不良的心智模式。这既影响了教师学习共同体的构建，也阻断了教师相互交流、彼此分享的渠道，不利于教师自身的专业能力提升以及专业情意的发展。正如某些研究者指出的那样，"学校中目前弥漫着的专业孤立、个人主义、技术心态及专业意识模糊，皆可谓教师专业成长之基本障碍"[1]。

（二）派别主义文化阻碍了教师专业成长

派别主义教师文化这一说法源于加拿大著名学者哈格里夫（A. Hargreaves）对教师文化分类的研究。其含义是指学校被分成许多独立的利益团体，教师忠诚并归属于不同的团体，形成不同的派别。这是一种内涵宽泛、成因复杂的教师文化。教师派别一般规模不大，是由教师出于共同情感、精神需要或共同的利益诉求自由结合而成的民间组织。目前，我国中小学主要表现为四种形态：一是由不同年级的教师所组成；二是由不同学科的教师所组成；三是由不同毕业学校的教师所组成；四是由来自不同区域的教师所组成。这些不同派别虽然没有成文的行为规范，但有着来自大家默认的心理约定。

学校中派别主义教师文化，纵然有其积极的一面，例如，派别内部教师之间因为利益趋同，价值共振，他们可以在一定程度上实现合作备课、相互交流、彼此启发、取长补短，并集结团体的智慧，共同解决教育教学的问题，这无疑对同一派别内部教师专业知识的积累、专业技能的提高和专业情意的提升发挥着积极的作用。但是，我们也应该清醒地看到派别主义教师文化所具有的低渗透性、高持久性、个人认同性及政治功能性等这些天然的特点。这不仅容易造成学校的裂变效应，形成一个个孤立乃至恶性竞争的小团体、小派别，例如，不同派别的教师因为价值观念的冲突很难拥有共享的目标，而且容易造成各派别之间的教师各行其是、相背而行甚至相互倾轧、彼此拆台，从而削弱了教师队伍的凝聚力、向心力、创造力和生命力。更为严重的是，派别主义教师文化所引发的"团体迷思"可能带来不同派别间的矛盾、攻讦，甚至对学校的场所、时间以及各种资源的无休止的争夺，也必将会导致不同派别团体之间的不平衡、不平等，加剧教师之间的猜忌、隔阂、怨恨，破坏学校发展的共同愿景，销蚀学校教师专业发展的整体力量。而事实也一再证明，教师专业成长如果不是牢牢扎根于教育岗位之上，不与朝夕相处的同行互学、互动、互鉴，取长补短，携手共进，而是抱团成伙，仅仅在自愿聚合的小团体内进

---

[1] 陈美玉：《教师专业实践理论及其应用之研究》，载《教育研究资讯》1996年第3期。

行交流，或者囿于派别之间的小圈子合作共事、相互支持，长此以往，必然会压制其进步的空间，抑制其发展的水平，甚至还会削弱其持续发展的潜力。

（三）人为合作文化阻碍了教师专业发展

人为合作文化，顾名思义，是指通过行政主导或推行的而不是以教师自发组建的形式建立合作关系的一种接受性文化，是教师文化中的一种常见形态。在这种合作文化之下的教师协作，不是因为教师立身教育岗位、教书育人的内在需求，也不是出于自身专业发展渴望的一种自主的行为，更不是基于共同的人生观、价值观和世界观而自愿或自觉地形成，而是一种人为安排、制度导向的官僚程序产物，"具有行政控制、强制性、实施取向、固定时空和可预测性等特点"[1]。实践证明，这种人为合作文化是一种外在的、浅层次的、低效率的文化状态。人为合作文化背景之下的教师，在强有力的行政干预下，或许能够迅速打破原有派别的运行状态，暂时聚集在一起合作共事，共同解决教育教学困惑，对于整个教师团体的专业发展也能起到一定促进作用。但是，人为合作文化毕竟是为实现某一个目标或完成某项专门任务而通过一系列特定的或临时的官方程序硬造出来的一种"文化合作"，如果持久存在，必然会导致教师作为专业人员自主选择权利的丧失。因而，对于这种人为的合作文化对教师教育教学实践所产生的负面影响，我们不应低估，更不应掉以轻心。一是在这种迫于行政压力而形成的合作下，教师常常处于被动的地位，很难积极而有效地嵌入整个教育教学之中，容易造成貌合神离或若即若离；二是受合作的时间、空间的限制或组织者的视界、境界的掣肘，教师的专业发展常常被局限在一些"形而下"问题的纠缠上，缺乏"形而上"的思想引领，难以实现理念上的突破和技能上的创新；三是由于对合作的目的、合作的内容、合作的方式以及合作所要达成的目标不甚了解，教师无法形成一个有机的整体、怀揣着共同的愿景、保持行为的一致性，为共同的目标而群策群力，以致教师之间的合作往往是"合而不作"或"只合不作"，流于形式，收效甚微。因此，只有建立在共同价值观基础之上的教师合作文化，增强参与合作的机制和激发内在的动机，才能真正实现教师之间的协作与对话，促进教师专业发展。

第三节　影响教师专业发展的低效的教师培训

教师专业发展是一个开放的系统，因而受到很多外部因素的影响和制约，例

---

[1] HARGREAVES A. *The Emotional Geographies of Teachers' Relations with Colleagues*. International Journal of Educational Research, 2001 (35).

如，社会环境、家庭结构、教育政策、教师在职培训等，其中，教师的在职培训因素影响较大，应该引起重视。利伯曼（Lieberman）指出："教师专业发展的概念是对过去在职教育和教师培训作了新的界定，它关注教师对实践的持续探究本身，把教师看成是一个成人学习者。"而遗憾的是，由于种种原因，我国目前中小学教师的在职培训却长期处于低效的状态，以致影响了教师的专业发展。

一、入职培训对青年教师专业发展的影响

基于目前师范教育中职前培养和在职培训相分离的情况仍然存在，因而新教师入职培训制度的建立，不仅在入职前培养和入职后培训之间架起了一个过渡的桥梁，而且还是促进青年教师专业成长与发展必不可少的推手。

（一）入职培训的必要性

作为教师终身教育中连接职前培养和在职培训之间的桥梁，入职教育的质量不仅影响着教师的专业知识和技能的增长，还影响着新教师的职业倾向和价值追求。新教师的入职培训既是教育工作实践的需要，也是终身教育思想的客观要求。

从专业发展的实际情况看，入职初期的青年教师在角色转化与适应过程中往往都充满着困难与挑战，主要表现为：专业道德上，如何将爱国守法、爱岗敬业、教书育人、为人师表这些道德观念转化为道德实践，如何让职业信念变成立德树人的责任和教育行为；专业知识能力上，如何将在师范院校习得的学科教学的专业知识转变成班级管理、教育评价、家长工作等教育实践能力和教学实践能力；心理适应上，如何从一名受教育者转化为教育者，从"会学"转变为"会教"，实现人生的又一次跨越。所有这些，对一名新教师而言，无疑都是考验与挑战。

从专业发展的阶段特征看，该时期教师专业发展的主要阶段特征是"求适应、求生存"。他们在经过一段教学实践后会发现，职前、职后所处的生活环境相差悬殊，教学工作不如想象中那样得心应手，班级管理也常常感到不知所措甚至孤立无援。他们迫切需要领导的理解、鼓励，需要同事的支持、帮助，需要通过职前培训学习尽快地完成角色转换，融入新环境，融洽新同事，掌握教学技能，加速自身专业成长，担负起人民教师教书立人的岗位责任。

从专业发展的价值上看，由于入职前在师范院校的求学期间缺少对教育学、心理学的系统学习，缺少在教育岗位的见习实践，相当一部分新教师很难在短期内适应岗位要求。因此，新教师的入职培训是其适应教师角色必不可少的一个环节，它不仅有效地修炼了新教师教学的实践能力、班级管理能力，大大缓解了入职初期的心理压力，为新教师"站稳讲台"搭建了一个缓冲空间，而且能帮助新教师树立职业理想、职业态度，清晰其职业努力方向，从而形成良好的思维方式、行为模式。

(二) 入职培训的影响因素

入职培训是教师专业素质养成的一项关键性工作，不但关乎每一位教师的专业发展的质量，同时也关乎教师从事教育工作的幸福感。因而，消除影响新教师入职培训的各种不利因素，促进其专业成长与职业发展应该成为教育部门关注的问题。

1. 缺少政策层面上支持

我国各级教育部门，迄今为止对新教师的入职培训虽然已有所重视，但仍没有专门针对新教师的培养计划，没有专门的政策指导文件，更缺少专门的师资培训机构和必要的激励措施。新教师入职后，绝大多数学校都直接把他们纳入原有的师资队伍，实行统一的、无差别化的管理。这种管理模式，固然有利于新老教师平等相处、融洽关系，开展教育教学活动，然而却忽略了新入职教师作为鲜活的生命个体发展最为迫切需要的专业精神、专业伦理的培育。在新教师职业发展的转折点上，一个教师所接受的教育追求和教学理念，将在很大程度上影响其整个职业生涯发展的质量，而遗憾的是，不少新教师正是因为缺失政策层面上的有效支持而错失了入职培训的最佳时期。

2. 新教师自我定位不准

不少新教师初入职场都是踌躇满志，认为教书并不是一件很难的事，凭自己在师范院校习得的知识对于执教中小学已绰绰有余，不需要进行职前专门的训练。这些没有经过多少教育教学历练的新教师，并不明白"资之深，则取之左右逢其源"的道理，更不明白教师学科知识素养只是胜任教学工作的基础性要求，要成为一名优秀教师还需要丰厚的文化底蕴，开阔的课程视野，高超的教育智慧。而这些新教师，因为自我定位的失误或目光的短视，直接影响了他们对职前培训的态度，或漫不经心，或得过且过，不注意提高自身的素质与教学技能，不重视对职业生涯进行长远的规划，白白浪费了职前历练经验的绝好机会。

二、在职培训对教师专业发展的影响

在职教师培训不是一个单一而孤立的系统，它是入职教育的延续与提高。近年来，中小学教师的职后培训虽然受到了教育部门和学校的重视，在实践中也取得了一定的成效，但由于历史及现实的诸多原因，总的来说，其效果还是不尽如人意。

(一) 教师参训动力不足

推进教师职后培训，使教师了解基础教育改革的指导思想、改革目标、相关政策以及各学科课程标准的解读，了解各学科改革的突破点以及对教学的实施建议，等等，无疑都是很有必要的。但从目前来看，不少教师对于职后培训的观念滞后，站位不高，没有从根本上觉察到专业成长是一个长期的、终身化的过程，更没有认识到教师在职培训是其自身的生命价值和专业理想得以实现的重要途径，甚至错误地认为教师培训是政府行为，是管理的需要，是不得已而为之的事情。由于教师主体在培训场域上的迷失，不少教师因此缺乏自觉、主动的参训意识，学习的积极性与主动性严重不足，甚至个别学校还闹出因报名培训者太少，只好直接分摊名额或者采用抓阄的办法来确定培训人选的笑话。也有一些学校看似报名者踊跃，人数也着实不少，但参与培训的教师功利性太强，完全是奔着文凭或评职称而来，一旦文凭到手或评上了职称，便失去了学习的动力与兴趣。这种不是基于自身专业成长需要的非自我觉醒式的在职学习，其效果自然也就无从谈起。

(二) 培训形式、内容单一

虽然职后培训的种类不少，但课程形式一般比较单一，内容缺少层次性、实效性和针对性，强调思想观念、理念理论，甚至以封闭的通识、匠技为内容，而对于教师亟待学习的思维形成、行动转化等方面的方法和手段往往有所忽视。"没有结合教师所熟悉的课堂教学实例和教师所依赖的学科背景来解读理念和传播理论"[①]，也没有兼顾前来参训教师的学科不同、水平不同、需求不同等个体差异，忽视了不同发展阶段的教师的实际需求，更未能做到在通识课程的基础上开展分学科、分层次、分类别的研修培训，以致出现了学非所教、教非所学等诸如此类的奇怪现象，教师在培训中很少能够获得心灵的震撼。培训形式呆板，教师授课方法落后、陈旧，照本宣科，无视参与培训学习的教师的自我反思力、创新品质等内在变化，缺乏专家与学员之间的有效对话与平等交流，造成了参加培训的中小学教师处于"失语"的状态，只能被动地、机械地接受知识灌输，未能主动地参与到培训活动中而获得真实的情感、实践体验与内在的反思批判能力，以致常常出现讲台上专家滔滔不绝、讲台下学员昏昏欲睡的尴尬景象。

(三) 培训体制不完善

教师职后培训既是国家不可或缺的事业，也是政府不能推卸的责任。这需要各级政府或相关的职能部门根据教育发展的需要和师资队伍建设的情况做出系统规划，合理安排，并在体制上给予强有力的保障。但是由于种种原因，我国目前教师职后的培训体制的建设相对滞后，具体表现在以下几个方面：一是从中央到地方各级教育行政管理机构职能部门对于教师职后培训应负的职责、管理的权限还没有清晰的厘定，以致难以从财力、人力及培训环境上有效支持职后培训的顺利开展；二是教师职后培训的监督机制、评价制度尚未真正建立，导致目前中小学教师培训处于一种无规矩、无监管、无考核等"三无"状态，培训质量也参差不齐；三是教

---

① 刘国军：《以教师专业发展为本：对进一步提高区域教师继续教育培训针对性和实效性的探讨》，载《兰州教育学院学报》2010年第8期。

师职后培训绩效机制有待完善，目前尚有相当多的地方还没有将教师职后培训作为教师资格再次认定、职务晋升、职称评定、评先评优的考核标准和必要条件，这也在一定程度上影响乃至挫伤了教师参与培训的积极性。

（四）培训经费不落实

目前，中小学教师的职后培训经费，虽然已基本列入地方政府财政预算，专款专用，但有些经济发展相对落后的地区因财政较为拮据，要由教育部门全面承担确实力不从心，因而其中的一小部分仍需要学校负责甚至教师本人垫付；即便是经济发达的东部沿海地区，不少乡村学校的职后培训费用也常常捉襟见肘，不得不将部分旅差费转嫁给教师，由教师代为预支。而对于原本工资就不高的教师来说，这是一笔不菲的支出。特别是青年教师家庭负担重，又是职后培训的主体，假如培训经费需要由他们自己来承担，哪怕是很小的一部分，也会影响乃至挫伤教师参与培训的积极性和主动性。培训经费严重不足，导致低成本运作，使教师职后培训流于形式，效果不佳。

（五）培训时间无保障

中小学教师尤其是乡村教师，由于缺编严重，师资短缺，以致工作量较大、任务较重，常常超负荷工作，而许多短期培训又大多安排在寒暑假之外的时间进行，工作时间和学习时间相抵触，教师很难抽出时间参与培训。即使有的教师勉强参加，也需要通过调课才能挤出时间。教师职后培训本是旨在促进教师专业发展，增强工作成效，提升教育教学质量，却因为培训时间安排不当或培训时间无法保障，不但削弱了教师参与培训的热情，还影响了教育教学质量，实在有违培训之初衷。

在职培训，是改善和提高教师自身业务素质的一个重要途径，是实现教师专业发展的一个重要载体。然而，由于当前教师在职培训从体制、形式、经费到培训时间的选定等方面都存在诸多问题，导致在职培训的价值大多停留在低层次层面，没有充分地发挥出教师在职培训应有的作用与功能。从这一角度而言，我国中小学教师在职培训确实有反思与改造之必要，无论是培训理念，还是具体操作方法，无论是课程设置，还是培训模式的创新，都有大幅改革的空间。

当然，影响教师专业发展的因素远不止这些，既有内因也有外因，例如教育情怀、家庭评价，政府的教育政策以及社会对教师角色的认知定式等诸多方面，是内外诸多因素共同交织作用的结果。教师专业成长是一个连续的、复杂的谱系，存在着许多模糊性、不确定性，所以需要教师个人、学校、社会齐心协力，内外并举，共同为教师专业发展创设条件、搭建平台，才有可能有效地促进教师的专业成长。

参考文献

[1] 程红兵. 学校文化建设的路径[M]. 上海：华东师范大学出版社, 2012.

[2] 崔允漷, 沈毅, 吴江林. 课堂观察（II）[M]. 上海：华东师范大学出版社, 2013.

[3] 杜威. 民主与教育[M]. 薛绚, 译. 北京：译林出版社, 2012.

[4] 高尔, 等. 教育研究方法导论[M]. 北京：江苏教育出版社, 2007.

[5] 广东教育学院教育系. 现代教育理论热点透视[M]. 广州：中山大学出版社, 2005.

[6] 韩建功. 课程改革中的教育科研方法[M]. 北京：中央民族大学出版社, 2004.

[7] 扈中平. 教育目的论[M]. 武汉：湖北教育出版社, 1999.

[8] 基础教育课程改革纲要（试行）[M]. 上海：华东师范大学出版社, 2001.

[9] 江山野. 课程改革论[M]. 石家庄：河北教育出版社, 2001.

[10] 克里希那穆提. 教育就是解放心灵[M]. 张春城, 唐超权, 译. 北京：九州出版社, 2010.

[11] 夸美纽斯. 大教学论[M]. 傅任敢, 译. 北京：教育科学出版社, 2001.

[12] 刘良华. 校本教学研究[M]. 成都：四川教育出版社, 2003.

[13] 吕红波. 教师反思的方法[M]. 北京：教育科学出版社, 2006.

[14] 马秀麟. 信息化时代教师的专业发展[M]. 北京：北京师范大学出版社, 2017.

[15] 莫雷. 教育心理学[M]. 广州：广东高等教育出版社, 2002.

[16] 任钟印. 夸美纽斯教育论著选[M]. 北京：人民教育出版社, 2005.

[17] 苏霍姆林斯基. 给教师的建议[M]. 杜殿坤, 译. 北京：教育科学出版社, 1984.

[18] 王德如. 课程文化自觉论[M]. 北京：人民出版社, 2007.

[19] 魏国栋, 吕达. 新课程中的教师角色与教师培训[M]. 北京：人民教育出版社, 2003.

[20] 吴俊升. 教育哲学[M]. 福州：福建教育出版社, 2006.

[21] 肖川. 成为有智慧的教师[M]. 长沙：岳麓书社, 2012.

[22] 肖川. 教育让生命更美好[M]. 北京：北京师范大学出版社, 2016.

[23] 叶澜，白益民，王枬，等. 教师角色与教师发展新探 [M]. 北京：教育科学出版社，2001.

[24] 郑金洲. 校本研究指导 [M]. 北京：教育科学出版社，2002.

[25] 郑中建. 学校文化 [M]. 上海：华东师范大学出版社，2000.

[26] 钟启泉，崔允漷，张华，等. 为了中华民族的复兴　为了每位学生的发展：《基础教育课程改革纲要（试行）》解读 [M]. 上海：华东师范大学出版社，2003.

[27] 朱永新. 教育的解放 [M]. 北京：教育科学出版社，2010.

[28] 邹尚智. 教育科研与教师自主专业发展 [M]. 北京：开明出版社，2010.

[29] 左腾学. 宁静的课堂革命 [M]. 钟启泉，陈静静，译. 上海：华东师范大学出版社，2012.

附 录

华东师范大学钟启泉教授指出："教育改革的核心环节是课程改革，课程改革的核心环节是课堂改革，课堂改革的核心环节是教师专业发展。"毫无疑问，新课程改革已经给教师的教学理念、知识储备和课程能力等带来了严峻的挑战，甚至可以说，教师的教育理念、专业才能、教学智慧不但决定了教育改革的质量和深度，而且还在一定程度上影响了课程改革的走向与成败。正是因为中小学教师专业发展对促进我国基础教育改革有着非比寻常、不可替代的意义，所以各级教育部门必须树立"教师第一"的人才理念，始终不渝地把教师队伍建设摆在教育事业优先发展的战略地位，不断地完善教师培养机制。此外，广大中小学教师也必须正视自身的专业成长，自觉地确立专业成长目标，通过不断的学习研修，以促进个人的身心、智慧、审美意识、精神价值等方面的全面进步，形成多元化的知识结构，使自己成为教育教学的行家里手。

中小学名师成长规律及启示

如果说教师是一支队伍，名师正是这支队伍的一员，只是相比之下，名师无论从人格魅力、教学风格、教育智慧、教育信念、教学成就抑或学术水平都是普通教师难以企及的，尤其是在我国基础教育改革中的中流砥柱作用，更是普通教师无法比拟的。因而，研究名师的集体性特征，寻找名师成长实现途径，让更多有理想的中小学一线教师成为名师，为新课程改革服务，无疑是具有重要的现实意义。

一、名师的同性特质

名师成长是一个复杂的自主发展的过程，具有明显的"不确定性""非线性"特点，但也并非无迹可寻，解读名师成长的轨迹，会发现中小学名师成长也具有一定的同性特质。

（一）高远的教育理想

西南民族大学肖雪慧教授在《教育是必要的乌托邦》中指出，乌托邦是对未来的一种思考或者设想，包含理想、希望和梦想，而教育是一种体现着人的理性的活动，因此，教育是必要的乌托邦。而现实中的学校，由于受到经济大潮的浸染与冲刷，已不再是与世隔绝的"世外桃源"；教师是一个高尚的职业，但同时教师也是普通人中的一员，生活依然离不开柴米油盐，每天还要承载来自社会、家庭乃至学校等方面的压力。毋庸置疑，当前不少中小学教师由于工作重、压力大而感到力不从心、焦虑沮丧，以致失去了教育者应有的情怀。这就注定了教师的专业成长不可能是一帆风顺的，挫折乃至失败都在所难免。为此，作为一名普通的中小学教师，如果没有崇高的教育理想，没有对教育事业执着的追求，是很难耐得住寂寞、抵得住诱惑的，十年乃至数十年如一日坚守在教学第一线，肩负着教书育人的重任；更难以在成就名师的漫漫征途中，坚定信念，焕发活力，以事业为己任，以育人为己乐，攻坚克难，成就职业的梦想。我们不敢想象，一个精神空虚、冷漠俗化，缺少教育情怀的教师，如何能把教育当成是毕生追求的事业，意气风发地站在三尺讲坛上书写育人的华章？又如何能以更积极的心态和更充沛的精力去提升自己的专业素养，耕耘幸福快意的人生？

（二）丰厚的教育智慧

"教育就是解放心灵"[1]，其本质就是"从内部将人的能力展开"[2]，培养人的生存技能和生活智慧，为其"遥远将来"做准备。教育这种特殊的社会实践活动，无形中要求教师不仅要有广博的专业知识、精湛的教学技艺，还需具备能让学生在习得知识、掌握技能的同时感到如沐春风的睿智。由此也可以推断，一个专业能力低下、教育智慧缺失的教师，其教学必然是捉襟见肘、顾此失彼，除了是一种敷衍和应付之外，岂可能游刃有余、雍容大度，诗意地栖居在教育的大地上？翻开我国当代教育史，我们不难发现：于漪、钱梦龙、程红兵、于永正等中小学名师的成长历程，就是其广学、精思、博览，不断增长教育才干的过程，就是其在自身教学的实践中不断累积、贯穿于终身的知识技能内化为教育智慧的过程。他们都是以其日益增长的学识、人格、智慧，传道授业，教化人心，为学生的终身发展和幸福人生奠基。

（三）良好的创新品质

良好的创新品质是每个名师必备的基本素质。随波逐流、循规蹈矩是名师成长过程中最大的敌人。因为，创新品质是教师实施创造性教学的前提，也是培养具有创新意识和创造能力学生的基础。只有具备良好的创新品质，教师才会摆脱教条，摈弃僵化，解放自我的创造力；才能激发创新热情，不断探寻教学的新思路、新途径和新策略，让自己的课堂永葆创造的活力和灵性；才能在教育教学实践中坚持以生为本，有意识地引发学生创新的欲望和创新的兴趣，多层次、多形式、多角度地发掘与发展学生的创造潜能与个性特长。分析窦桂梅、李吉林、于永正这些为人敬仰的名师的成长过程，我们可以发现，其成功的秘诀就在于他们在长期的教育教学实践中，善于自我反省、自我审视、自我否定、自我更新，不断地培植创新品质，练就创新能力，重建自己的知识技能体系和教育教学思想。

二、名师成长的启示

名师成长不是一蹴而就，而是有着长期性和周期性，从这一特性出发，能够发掘名师的轨迹，探寻实现路径，对更好、更快、更多地造就基础教育的名师有着借鉴和启迪意义。

（一）教师专业精神的发展

教育作为一种关涉人的精神旨趣的活动，无疑具有明确的目标追求和价值取向，这就意味着教师在"传道、授业、解惑"的同时，需要关注学生的情意发展。所以，作为名师，固然需要具备系统的学科专业知识、娴熟的教学技巧，但更为重要的是，要善于引导和帮助学生树立正确的道德观、世界观和价值观，永世长青地开启着、建构着莘莘学子的中国心灵。要培养德才兼备的社会公民，教师就须具有先进的教育思想和专业精神。因为，教师只有具备先进的教育思想和专业精神，才能洞悉教育的现象，揭示教育的真谛，预见教育的未来，让教育充满智慧、充满人性的光辉；才能站在教育的角度，站在中华民族复兴的高度去审视当今教育的灵魂与发展的方向；才能既清楚自己学科教学的价值、意义，又能跳出学科的局限，致力于学科建设，推进课堂改革，践行立德树人的责任，为学生的内心世界打下亮丽的底色。所以，优秀教师必然会把专业精神的发展放在专业成长的首位，锲而不舍，持之以恒，艰苦汝成，否则必然会带来教育思想的荒芜和灵魂的缺失。

（二）教师专业知识的发展

教师的专业发展是一个连续的谱系，因此，中小学名师的专业知识的建构，决不能一劳永逸，而是在教学实践中不断学习、不断发展、不断自我完善，着力构建一个与本学科覆盖无遗的完整的知识结构，唯有如此，才能在教育教学实践中舒卷自如，游刃有余。这种知识结构，也不应当局限于"学科知识＋教育学知识"[3]的传统模式，而应该是一个由条件性知识、本体性知识、扩展性知识、实践性知识四个层次组成的知识网络系统。而且这四个层面的知识，不是简单的叠加或延展，而是相互渗透、有机整合、融汇共生，呈现多元性、整体性、发展性的特征。

不仅如此，随着新课程改革向纵深发展，新时期的名师不仅要有合理的知识结构，还需要具备丰厚的人文底蕴、高品位的人文修养与艺术美感，形成富有学识的师者气质。因为，在新课程改革中，中小学教师既是知识技能的传授者、课程资源的开发者，也是学生人格发展的导师，肩负着教书育人、引导学生道德品质的健康发展的职责。倘若教师科学素养缺失、人文知识浅薄，何以洞察课文知识所承载的价值观和心理结构，何以创造性、批判性地使用教材，更何以引领学生和谐、健康且全面的发展？何况，新课程改革乃是一项任重道远、承前启后的伟业，不可能一蹴而就，其间新情况、新问题必定层出不穷，因而教师已不能再是课程教材的被动执行者，而亟须成为新课程建设的主体和生力军，开展多角度、深层次的研究，实现有效以至高效的教学，提升教学质量。我们需要尽可能准确地把握课程改革的走向和教育教学的规律，打造高品位教育，缔造更丰沛的教育教学成果。这一切都需要教师以专业知识、专业技能作为基础与支撑。毫不夸张地说，没有教师专业知识的发展，新课程改革势必步履蹒跚乃至寸步难行，所谓的"名师"也只是徒有虚名。

（三）教师批判意识的发展

人类数千年的文明发展史，就是一部在批判中继承、在创新中发展的人类进步史。哥白尼否定了托勒密"地心说"，促进了近代科学的蓬勃发展，开启了人类认识宇宙太空的视窗；爱因斯坦也因怀疑牛顿的经典力学而创立了相对论，不但使物理学在逻辑上成为完美的科学体系，而且将人类改造世界的能力推进了一大步。教育作为一种创造性的活动，它"没有成比例的因果关系和确定的显性目标，而是浸透着人文精神的一种不间断的无止境的探索的完善过程"[4]。所以，作为基础教育的领军人——中小学名师，固然要遵循教育的基本原则和核心价值，以虔敬的情怀和包容的气度学习、继承和借鉴前人的优秀成果，但也切忌人云亦云、墨守成规；要学会独立思考和自我反省，不轻信、不盲从、不唯书、不唯上，敢于突破习俗、传统以及思维惯性的束缚，反思和审视各种教育现象、教育事实，要善于以探索的心态和批判的勇气检视和反省自己的教学实践，不断地完善、超越和发展自我。只有这样，教育才可能摒弃陈旧与落后的陋习，超越于世俗与功利的羁绊，激励和张扬学生思维的独特性和思考的批判性，培养学生创新品质和创造活力；也只有这样，教师才可能解放心智、舒展个性，不懈进取，永续追求，以无畏的批判意识和时代精神去烛照教育，革故鼎新，创造适合学生的教育。

（四）教师实践能力的发展

教育的生命力在于教师的成长，而教师的生命力在于课堂实践。因为，教育作为一项实践活动，从教育目标、教育内容的编制到教育的评价体系的建立乃至完善，都特别需要经验的积累和实践的检验。国内外大量的研究结果显示，与普通教师相比，名师不仅拥有更为丰厚的文化底蕴、娴熟的教学技巧和敏锐的教育洞察力，而且还具有大量依靠个人实践经验与顿悟获得的难以言传的缄默知识。这种缄默知识，由于在长期的教育教学实践中不断地被审视、被修正、被强化，去粗取精，去伪存真，从而内化为教师强大的理性力量和教育智慧，并在教育教学的实践中发挥着无可替代的重要作用。美国著名学者波斯纳指出：教师成长＝经验＋反思。可见，优秀教师的成长，离不开对教育行为的反思和对教学经验的反刍。从普通教师成长为名师，可能时间有长有短、路径千差万别，但都离不开持之以恒的实践和探索。否则，教育智慧的培育、教育研究能力的提升都成为镜中之花、水中之月。我们所熟知的语文教育家李吉林，之所以成为中国基础教育实践与改革的标杆和典范，就是因为她这五十余年始终行走在教改的最前沿，上下求索，锐意重新，身体力行，实践不辍，用爱心、童心、诗心和慧心构成其自成高格的"情境教育"和"情境课程"。所以说，实践才是名师成长的必由之路。

（五）教师健康心理的发展

教师的一言一行对学生产生潜移默化的影响，同样，教师积极向上的心理会于无形中感染学生，影响学生心理素养的形成。语文教育家魏书生曾经说过：教师应具备进入学生心灵世界的本领，不是站在这个世界的对面发牢骚、叹息，而应该在这心灵世界中耕耘、播种、培育、采摘，流连忘返。由此可知，在现代中小学教育中，教师角色除却是传统的"传道、授业、解惑"经师外，还应成为学生人格发展的导师，是学生心理健康的维护者和幸福成长的守望者。教育作为人道主义事业，其终极目标就是解放学生心灵，帮助学生提升生命质量，实现其生命的价值，为其幸福的人生奠基，而这一目标的达成必然需要教育者春风化雨、润物无声的感化与熏陶。教师只有情绪饱满、精神充实，心中洋溢着幸福美好的情愫，才可能珍视人性、眷注内心，自然地流露出对每个生命的关爱和呵护，才可能舒展学生自由的心灵和独特的精神世界，促进学生绽放出生命的璀璨光华。故而，在走向名师的征途上，教师尤须注重培养良好的心理品质，悦纳自我，乐在其中，自觉"走上从事一些研究的这条幸福的道路上来"[5]，让自己的心灵变得丰富与深刻，让自己的胸怀变得开阔与博大，从而拒绝职业倦怠，体验和享受职业发展中所带来的乐趣与快感。

教师要想脱颖而出，成为梦寐以求的名师，就必须志存高远，放飞梦想，追求卓越，在教育教学实践中不断地自我努力、自我批判、自我完善和自我超越，舍此别无他途。

参考文献

[1] 克里希那穆提. 教育就是解放心灵 [M]. 北京九州出版社，2010：9.

[2] 杜威. 经验与教育 [M]. 北京：人民教育出版社，2000：1.

[3] 黄甫全. 新课程中的教师角色与教师培训 [M]. 北京：人民教育出版社，2003：5.

[4] 肖川. 教育的理想与信念 [M]. 长沙：岳麓书社，2009：8.

[5] 苏霍姆林斯基. 给教师的建议 [M]. 北京：教育科学出版社，1984：3.

（本文原载《教育实践与研究》2018年第5期，录入本书时略有删改）

中小学校长角色定位及素质要求简论

校长是学校的决策者、管理者，是教育规律、教育政策的践行者，其教育理念和管理水平决定着学校的命运和兴衰。因此，作为一校之长应该时刻牢记自己所肩负的职责与时代、人民所赋予的使命，明晰定位、扮好角色，不断地提高自身职业素质，办好人民满意的教育。那么，校长该有怎样的角色定位和核心素质呢？笔者不惮浅薄略作分析。

一、校长角色定位

苏霍姆林斯基说：校长领导学校，首先是教育思想的领导，其次才是行政上的领导。这就不难看出，校长不纯粹是行政官吏或学术头衔，而是一个集行政、学术、社会责任于一体的复合职务。在日常教学管理中，校长需要扮演多重角色，履行多重职责，其中，至少应该充当以下几种角色。

一是教育家。校长是学校的法定代表人，对外代表学校，对内组织管理，经营学校的物质资源、制度资源和人力资源。但是，校长如果只充当"管家"角色，显然是无法引领教师、学校的发展的。一名优秀的校长，应当是一名教育家，具备自己的办学理念、专业精神和教育智慧，能够对师生的发展进行前瞻性的理性思考，建立促进师生全面素质提高的有效机制；能够在吸纳和传承学校传统文化的基础上，把师生共同创造并形成共识的价值观、群体意识、行为规范、办学思想等，凝练成学校新的价值体系和文化精神；能够解放思想，放眼世界，面向未来，在根植于学校的传统文化、立足于学校的客观实际的基础上，整合校内外的各类办学资源，高标准、现代化地推进学校建设，形成办学特色。因此，校长要成长为教育家，这是新时代教育发展的诉求，也是我国中小学教育的理性回归。

二是文化人。作为一个承担文化使命的特殊阶层的文化人，无论是奴隶社会的巫史、封建社会的士人，还是近代的知识分子，尽管因社会迭变，"文化人"的称谓变得有所不同，但究其本质不外乎两个方面：其一，理想高远，取向执着，以匡正社会、扶助正良为己任，"达则兼治天下，穷则独善其身"；其二，有见识、有品位，守得住清贫，耐得住寂寞，"富贵不能淫，贫贱不能移，威武不能屈"。学校是文化知识的密集区，更是国民素质、民族性格创生的主体场所，其责任当然不仅在于传承知识、训练能力，更重要的是培养能够承担社会责任的全面、完整的人。作为学校文化传承载体——教师的灵魂，校长自然要有文化人的格局和胸怀，应该立德以高，立志以远，立身以正，淡泊名利，自强不息，自觉地以提升国民素质为追求，以复兴华夏为担当，以传播文化为使命，用爱拥抱教育，用理想践行教育；应该超越个人的价值，抛弃体制内的利益，站在人性发展与民族进步的高度，办好学校，"为学生的幸福人生奠基"[1]，培养社会主义的接班人和建设者。

三是社会名流。自古以来，中国都是尊师重教的国度，教师又被誉为"太阳底下最光辉的职业"而倍受社会的尊重。作为"教师的教师"的校长，无疑是社会精英中的精英，是影响社区一方风范的文化贤达，是引领时代文明的社会名流。随着时代的进步，学习型社会逐渐确立，尤其是中小学"逐步取消实际存在的行政级别和行政化管理模式"[2]后，校长作为社会名流的角色更加重要，更为凸显。校长一方面可凭借自己崇高的社会名望，参与社区事务，引领社会风气，影响政府决策，解决许许多多一般校长难以解决的问题；另一方面还可以自己的人格、学识魅力普聚精英、广纳贤才，打造品牌学校。

二、校长素质要求

"有怎样的校长，就有怎样的学校，一个好校长，就是一所好学校"[3]。校长是学校的灵魂，是教师的精神领袖，也是学校教育、教学的组织者和领导者。其素质的高低在一定程度上决定了一所学校现代化教育的质量和办学特色。那么在新时代背景下，一名优秀的校长应该具备何种核心素质？

一是思想引领能力。黑格尔说过：人是靠思想站立的，没有思想就没有教育。校长的办学理念融其哲学思想、教育观念、人格魅力和效益意识于一体，很大程度上决定了学校的存在状态和发展方向。因此，作为一名优秀的校长，必须具备以自己的思想引领学校、教师发展与进步的能力。其一，校长能够站在学校现代化的前沿，把握主流文化的脉搏，以先进的思想引导师生，以优秀的文化引领学校，把学校建设成为师生共同成长的精神家园。其二，校长要善于创设一个开放多元、宽松民主的教师专业化发展环境，搭建教师专业发展平台，建立科学的教师评价标准，引领教师积极开展教育教学研究，不断提升教师的专业水平。其三，基础课程改革是一项伟大的教育改革工程，它的成效影响中华民族的复兴。一名优秀的校长，不仅自己要高瞻远瞩，与时俱进，以广阔视野与发展的高度审视当下教育的灵魂，为学校的教育改革作出富有远见的构思，同时还必须因势利导，引领教师意气风发地投身于新课程改革的大潮，促进教师更新教育理念、转变课堂教学行为方式。北京十一学校的李希贵、江苏泰兴洋思中学的蔡林森，他们的成功办学经验无不证明了这一点。

二是宏观决策能力。决策决定成败，决策决定未来，校长能否进行科学的宏观决策，直接影响学校的持续发展。作为学校最高的行政首脑，校长要管人管事，管物管财，既涉及法律、法规，也涉及观念、方法，甚至还涉及世故、人情，问题纷繁复杂，矛盾千变万化。为此，校长必须具备宏观决策能力，善于将学校置身于时代发展的大背景中，认真研究学校发展中的新问题、新现象，从战略的高度、多维的角度审视教育的灵魂与学校的发展方向，研究、制订、完善学校发展的重大政策，加强对学校发展规划、师资队伍、建设经费的统筹与管理。只有这样，才能全面贯彻党的教育方针，有效推进素质教育，促进学校整体、快速、健康地发展；才能协调左右，妥善调适校内外纷繁复杂的关系，使各种资源得到合理的配置，实现学校可持续发展所需要的正常的秩序。但是，校长宏观决策能力的提高，绝非一朝一夕，而必须要在长期的办学的实践中不断地学习和探索，加强政策解读，把握大局大势，注重调查研究，培养思维品质，锻造创新能力，熟稔宏观决策的基本思路和基本方法。

三是知人善任能力。中国知识分子的传统价值取向："士为知己者死"。当前，社会正处于转型时期，教师的价值取向、道德观念发生了多元变化，知人善任就显得尤其重要。知人善任，前提是"知人"。要"知人"，校长就得聆听教师心声，心系教师疾苦，了解每一位教师的基本情况，尊重教师的人格，自觉维护教师正当的权益。"知人"的目的是"善任"，而"善任"的基础是"胸怀"。校长用人要有气魄、有胆识、有智慧，具有爱才之心、容才之量、用才之法，能根据教师的能力学识、爱好特长、性格特点，巧用平庸之辈，善用过己之才，力求合理配置、优化组合、人尽其才，扬长避短，让学校每一位教师的潜能、天性、尊严都可以得到最大的发展和实现，最大限度地调动教师能动性、积极性和创造性，绝不可任人唯亲，排除异己，打压"对立面"。正如罗斯福所言："一位最佳领导者，是一位知人善任者"，在这一点上，我们透过中国人民大学附属中学校长刘彭芝爱才惜才、知人善任的事例便不难领会。

四是教育科研能力。21世纪我国的基础教育，正面临着从宏观教育思想、教育结构、管理体制到微观的教育内容、方法和手段深刻的革命。这是中国基础教育百年一遇的良机，也是一次前所未有的挑战。面对这样严峻的形势，一名校长如果不懂得教育教学、管理科学的基本理论，没有一定的科研意识和科研能力，如何能够深刻领会教育改革的内涵，把握教育改革的实质，敢为人先，勇立潮头，大刀阔斧开展学校教育改革；如何能够洞悉教育现象，总结教育改革经验，探索教学规律，引领学校教育改革进一步向纵深发展；如何能够准确把握教育改革走向，抓住发展的机遇，乘势而上，顺势而为，创建特色学校，铸造学校品牌。因此，良好的教育科研能力和敏锐的科研意识，应该是当下每一位校长孜孜以求的目标，也是每一位优秀校长应该具备的核心素质。

五是协调、沟通能力。校长是学校的领队，必须具备较强的协调、沟通能力，才可以妥当地调适学校教育教学活动中的各种关系，发挥组织内的整体效能，合理地配置各种要素，完成学校教育教学任务。何况，教师是知识分子群体，来自五湖四海，文化背景不同，生活习性有异，如何为学校营造宽松和谐的人文环境，让学校内部成员"浸淫于一种丰富、和谐、光明、温暖、纯洁、疏朗、博大的氛围之中"[4]，进而促进成员之间友好相处、信任包容、团结合作、和谐共进，这就需要校长不仅要重视人与事的科学结合，更要善于做好人际关系的协调工作，建立学校内部良好的人际关系。尚且，经过经济大潮长期的冲刷与浸染，学校不再是封闭的"世外桃源"，而是社会的一个组织，必然与整个社会有着千丝万缕的联系，不可避免地存在甚至引发各种各样的矛盾。面对熙熙攘攘的红尘纠纷，如果校长协调有方、均衡关系、沟通得力，势必减少内部纷争，消弭各种矛盾，促使学校各种活动趋向同步化与和谐化，甚至还可以争取到社会、家长对学校工作的支持。

六是心理调适能力。校长本身首先应该是健康的个体，有着优良的性格和健康的心态。与一般的行政官员相比，校长心理素质要求更高，要情绪稳定，具有支配性和乐天性的品质。因为，心理素质健康的校长，才可能充盈着对生命的关怀，乐于发现并挖掘师生在个性、气质、情感、思维等方面的潜在资质；才可能舒展并尊重师生自由的心灵和独特的精神世界，鼓励并张扬师生思考的批判性、思维的独特性和思想的创造性，促进师生个体生命绽放出如鲜花般的绚丽；才能立足现实、放眼世界，把握时代脉搏，创办特色学校，培养出个性鲜明的可持续发展的人才。况且，校长既是学校的领导，也是家庭的一名普通成员，多重角色、多重身份极易引起形式不一的冲突。而校长社会活动繁多，日常工作千头万绪，缓解角色冲突的精力更少，倘若没有良好的心理品质，没有较强的心理调适能力，校长如何能从烦琐和平庸的境遇中解放出来，时刻保持内心的鲜活？又如何能激情澎湃、豪气冲天，充满创造的活力？

悠悠教育，唯校长之素质为最。校长，尤其是名校长，乃是教育的希望，重任在肩，责无旁贷，必须要坚持社会主义核心价值体系，静下心来苦练内功，涵养人格，开阔视野，增长才干，才能办好人民满意的学校，无愧于祖国和时代赋予的光荣使命。

参考文献

[1] 肖川. 教育的使命与责任 [M]. 长沙：岳麓书社，2010.

[2] 国家中长期教育改革和发展规划纲要（2010 - 2020 年）[M]. 北京：人民出版社，2010.

[3] 苏霍姆林斯基. 和青年校长的谈话 [M]. 北京：教育科学出版社，2009.

[4] 肖川. 教育的理想与信念 [M]. 长沙：岳麓书社，2009.

（本文原载《教育实践与研究》2017 年第 8 期，录入本书时略有删改）

后　　记

按照惯例，作品付梓之前作者总得说上几句话，交代一下写作的心路历程。我自然也难以免俗，然而拙作《中小学教师专业发展新论》的撰写，于我而言，实在算不上是一件多痛苦、多坎坷的事，所以不必"为赋新词强说愁"。本书是我的第一部教育专著，或许也是最后一部。该书从2019年12月开始撰写，迄今已有一年，看起来时间不算长，其实为了它我却准备了整整五年。虽然如此，书中的不少章节还是不能让我满意，于是写了又删、删了又写，修改了不知道多少回。我是用心在写的，尽管我不知道它能否出版，也不知道它能否对读者有些许的作用，我只是想把我三十多年教育生涯中的所行、所思、所感、所忧写出来，希望能为那些如我当年一样意气风发、心怀梦想的年轻教师提供一点思考和借鉴。

这部教师专业发展专著，既凝聚了我三十余年的经验和心血，也凝集着我的同行们的智慧与创造，书中的每一个案例、每一份资料都是他们辛勤劳动的结晶。同时，多亏了许廷镜博士对个别章节进行深度的修改，林沛婵、罗爱珍、阮燕萍、林展图、竹影等同事、同行给予我撰写本书的灵感和冲动；也多亏了华南师范大学博士生导师林天伦教授拨冗作序并大力推荐。正是他们真诚的帮助，该书今天才得以铅印出版。我从心底里深深地感谢他们。

最后，我要感谢我的母亲和外婆。在众人的眼光中，她们只不过是普普通通、平平常常的女人，但在我的心里，她们却是圣洁而伟大的女性。母亲生育了我，又和外婆艰难地抚养了我，打小的时候就送我外出求学，而她们自己却节衣缩食，靠着几个硬币过着清贫的日子，只是为我日后有一个好的前程。今天，我过上了称心如意的生活，她们却远行了近十年。"十年生死两茫茫，不思量，自难忘"，尽管已与母亲、外婆阴阳相隔，然而每每想起她们，便往事如昨，心中也无端地生出许多的不舍与牵挂。这漫长的十年，我常常午夜梦回，愧疚难当，早就想写点纪念的文字，而一直不遂心愿。如今，我把这本小书呈献给她们，权且作为一封迟来的家书，祈盼在天国的母亲、外婆也能看到，但愿母亲、外婆一切安好。

任何一部专著，都是人们交流、沟通的桥梁，拙作也希望能起到这样的作用。对于它，不管是批评还是点赞，我都将视为一次不可多得的学习机会；不管是交流还是分享，我都将其视为一份弥足珍贵的精神财富。但愿这本小书的出版，能成为我与同行对话的契机、与朋友交流的纽带。

2021年1月18日晨